지혜로운 선생님과
학부모들이 봐야 할
학교 폭력의 모든 것

# 학교 폭력,
# 우리 아이를
# 지켜 주세요

최우성 지음

BM (주)도서출판 성안당

# 학교 폭력으로 힘들어하는
# 모든 분들에게 도움이 되길

올해로 23년차 교사인 저는 학교 폭력 전담 장학사로서 무수히 많은 사안을 처리하고 접했습니다. 그 과정에서 터득한 노하우를 각종 강연, 인터뷰 등을 통해 공개하면서 학교 폭력에 대한 경각심을 일깨워주는 데 앞장서 왔습니다.

학생들 간의 사소한 장난, 갈등, 오해 등이 폭력으로 변질되는 모습을 목격했으며, 해당 학교 선생님들이 힘들어하는 모습 또한 가까이에서 지켜보았습니다. 물론 관련 학생 및 보호자의 상처와 안타까움도 동시에 눈에 들어왔습니다.

그동안 저는 일선 학교에서는 학교 폭력 업무 담당자, 관련 부서 부장교사로, 교육지원청에서는 학교 폭력 전담 장학사로 학교 폭력 관련 업무만 15년 이상 담당했습니다. 그 덕분에 이에 대한 경험치를 기록하고 보관하여 두 권의 저서를 집필할 수 있었습니다.

대부분의 학교 폭력은 학교 안, 학교 밖, 사이버 공간에서 발생합니다. 해당 업무를 처리하는 학교 폭력 책임교사, 학생들의 보호자들이 관련 사안이 발생하였을 시에 멘탈이 붕괴되고 흰머리가 늘어가는 모습을 보면서 뭔가 도움이 되고자 기록을 남겨 보았습니다.

　　정부와 교육부에서는 학교 폭력 근절을 위한 대책을 거의 매년 발표하고 있습니다. 하지만 피해 학생 및 보호자의 입장에서는 자녀의 상처와 트라우마가 치유되기를 바라는 마음이며, 가해 학생 및 보호자의 입장에서는 사안 초기에 진심 어린 사과와 재발 방지를 약속함으로써 학교장 자체해결을 바라는 마음임에도 서로 간의 의견 차이로 교육지원청 심의 개최까지 진행되는 것을 종종 보게 됩니다.

　　경미한 사안도 양측의 입장 차이 때문에 학교 안에서 갈등중재나 관계회복이 되지 못하는 상황을 보면서 도움이 되는 책을 내어보고자 고민하였습니다. 이번에 출간하는 이 책은 기존의 학교 폭력 도서와는 차별성을 띱니다. 학교 폭력 업무 담당자와 학부모, 학생들이 궁금해하는 것들을 일목요연하게 정리했다는 점에서 그렇습니다.

　　학교 폭력의 예방을 위해서, 학교 폭력 발생 시의 즉각적인 대응을 위해서 이 책을 선보이게 되었습니다. 학교 폭력으로 힘들어하는 학생, 학부모, 학교 선생님, 교육청의 장학사, 주무관, 갈등중재자 등에게 저의 경험이 도움이 되었으면 합니다.

2023년 9월
저자 최우성

# 차례

## 학교 폭력, 88문 88답

# 01

# 학교 폭력의
# 정의

학교 폭력의 정의를 한 문장으로 요약하면 '학교 내·외에서 학생을 대상으로 발생한 신체·정신 또는 재산상의 피해를 수반하는 행위'입니다. 학교 안팎에서 상해, 폭행, 감금, 협박, 약취·유인, 명예 훼손·모욕, 공갈, 강요·강제적인 심부름 및 성폭력, 따돌림, 사이버 따돌림, 정보통신망을 이용한 음란·폭력 정보 등에 의하여 학생에게 신체적·정신적·재산상의 피해를 입히는 행위를 가리킵니다.

※ 개념에서 제시하는 유형은 예시로 열거한 것으로, 신체·정신·재산상의 피해를 수반하는 모든 행위는 학교 폭력에 해당함.

※ (서울행정법원 2014구합250 판결) '학교 폭력은 폭행, 명예 훼손·모욕 등에 한정되지 않고 이와 유사하거나 동질한 행위로서 학생의 신체·정신 또는 재산상 피해를 수반하는 모든 행위를 포함한다.'

**학교 폭력 예방법 제2조(정의)**

이 법에서 사용하는 용어의 정의는 다음 각 호와 같다.

1. "학교 폭력"이란 학교 내외에서 학생을 대상으로 발생한 상해, 폭행, 감금, 협박, 약취·유인, 명예 훼손·모욕, 공갈, 강요·강제적인 심부름 및 성폭력, 따돌림, 사이버 따돌림, 정보통신망을 이용한 음란·폭력 정보 등에 의하여 신

체·정신 또는 재산상의 피해를 수반하는 행위를 말한다.

1의2. "따돌림"이란 학교 내외에서 2명 이상의 학생들이 특정인이나 특정 집단의 학생들을 대상으로 지속적이거나 반복적으로 신체적 또는 심리적 공격을 가하여 상대방이 고통을 느끼도록 하는 모든 행위를 말한다.

1의3. "사이버 따돌림"이란 인터넷, 휴대전화 등 정보통신기기를 이용하여 학생들이 특정 학생들을 대상으로 지속적, 반복적으로 심리적 공격을 가하거나, 특정 학생과 관련된 개인 정보 또는 허위 사실을 유포하여 상대방이 고통을 느끼도록 하는 모든 행위를 말한다.

다음은 학교 폭력의 정의를 유형별로 정리하면서 그 뜻을 조금 더 명확히 살펴보도록 하겠습니다.

# 02

# 학교 폭력의
# 유형

학교 폭력의 유형에는 신체폭력, 언어폭력, 금품 갈취, 강요, 따돌림, 성폭력, 사이버폭력 등이 있으며, 구분이 모호한 경우도 많습니다.

| 유형 | 예시 상황 |
|---|---|
| 신체폭력 | • 신체를 손발로 때리는 등 고통을 가하는 행위(상해, 폭행)<br>• 일정한 장소에서 쉽게 나오지 못하도록 하는 행위(감금)<br>• 강제(폭행, 협박)로 일정한 장소로 데리고 가는 행위(약취)<br>• 상대방을 속이거나 꼬여 일정한 장소로 데리고 가는 행위(유인)<br>• 장난을 빙자한 꼬집기, 때리기, 힘껏 밀치기 등 상대방이 폭력으로 인식하는 행위 |
| 언어폭력 | • 여러 사람 앞에서 상대방의 명예를 훼손하는 구체적인 말(성격, 능력, 배경 등)을 하거나 그런 내용의 글을 인터넷, SNS 등으로 퍼뜨리는 행위(명예 훼손).<br>※ 내용이 진실이라고 하더라도 범죄이고, 허위인 경우에는 형법상 가중 처벌 대상이 됨.<br>• 여러 사람 앞에서 모욕적인 용어(생김새에 대한 놀림, 병신·바보 등 상대방을 비하하는 내용)를 지속적으로 말하거나 그런 내용의 글을 인터넷, SNS 등으로 퍼뜨리는 행위(모욕)<br>• 신체 등에 해를 끼칠 듯한 언행('죽을래' 등)과 문자 메시지 등으로 겁을 주는 행위(협박) |
| 금품 갈취<br>(공갈) | • 돌려줄 생각이 없으면서 돈을 요구하는 행위<br>• 옷, 문구류 등을 빌린다며 되돌려주지 않는 행위<br>• 일부러 물품을 망가뜨리는 행위<br>• 돈을 걷어오라고 하는 행위 |

| | |
|---|---|
| 강요 | • 속칭 빵 셔틀, 와이파이 셔틀, 과제 대행, 게임 대행, 심부름 강요 등 의사에 반하는 행동을 강요하는 행위(강제적 심부름)<br>• 폭행 또는 협박으로 상대방의 권리 행사를 방해하거나 해야 할 의무가 없는 일을 하게 하는 행위(강요) |
| 따돌림 | • 집단적으로 상대방을 의도적이고 반복적으로 피하는 행위<br>• 싫어하는 말로 바보 취급 등 놀리기, 빈정거림, 면박 주기, 겁주는 행동, 골탕 먹이기, 비웃기<br>• 다른 학생들과 어울리지 못하도록 막는 행위 |
| 성폭력 | • 폭행·협박을 하여 성행위를 강제하거나 유사 성행위, 성기에 이물질을 삽입하는 등의 행위<br>• 상대방에게 폭행과 협박을 하면서 성적 모멸감을 느끼도록 신체적 접촉을 하는 행위<br>• 성적인 말과 행동을 함으로써 상대방이 성적 굴욕감, 수치감을 느끼도록 하는 행위 |
| 사이버<br>폭력 | • 사이버 언어폭력, 사이버 명예 훼손, 사이버 갈취, 사이버 스토킹, 사이버 따돌림, 사이버 영상 유포 등 정보통신기기를 이용하여 괴롭히는 행위<br>• 특정인에 대해 모욕적 언사나 욕설 등을 인터넷 게시판, 채팅, 카페 등에 올리는 행위. 특정인에 대한 저격 글이 그 한 형태임.<br>• 특정인에 대한 허위 글이나 개인의 사생활에 관한 사실을 인터넷, SNS 등을 통해 불특정 다수에 공개하는 행위<br>• 성적 수치심을 주거나, 위협하는 내용, 조롱하는 글, 그림, 동영상 등을 정보통신망을 통해 유포하는 행위<br>• 공포심이나 불안감을 유발하는 문자, 음향, 영상 등을 휴대폰 등 정보통신망을 통해 반복적으로 보내는 행위 |

학폭 사안 중 가장 많은 비중을 차지하는 것이 **신체폭력**이며 가벼운 몸싸움부터 심각한 신체적 손상을 가져오는 폭력까지 양상이 다양합니다. 가해자에게는 폭력의 심각성, 지속성, 고의성, 반성 정도 등에 따라 조치결정이 내려지는데, 집단폭행이나 폭력의 심각성 정도가 높은 경우 전학 조치까지 내려질 수 있습니다. 그러나 제2호 또는 제3호 조치가 내려지는 경우가 대부분입니다. 조건부 미기재가 되며, 가해 학생의 교육과 선도 가능성을 보기 때문입니다.

또한 신체폭력은 말 그대로 신체에 고통을 가하는 행위이므로, 학교에서는 응급상황 발생 시 학교 폭력 전담기구 구성원을 중심으로 역할을 분담하여 신속하게 조치해야 합니다. 사안을 먼저 인지한 교직원은 신속히 학교 폭력 전담기구에 알려야 합니다. 학교 내부에서 발생한 신체폭력에서 피해 학생이 위급한 경우에는 지체 없이 보건교사에게 알리거나 119에 연락하여 도움을 받아야 합니다. 보건교사는 119 등 응급의료센터의 지시대로 응급조치를 취하며, 즉시 관리자와 관련 교사에게 알려야 합니다.

또한 학교 안에서 발생한 신체폭력의 경우, 현장에 있던 모든 증거자료는 섞거나 없애지 말아야 합니다. 일반 범죄 현장을 보존하는 것과 동일한 맥락이라고 보시면 됩니다. 관련 자료들은 추후 학교 폭력 심의 과정에서 법적·의료적 분쟁이 발생할 시 중요한 근거 자료가 될 수 있습니다. 따라서 학교에서는 응급조치한 내용을 빠짐없이 기록하고 보관해야 하며, 사안보고서 작성 시 참고해야 합니다.

**언어폭력**은 욕설, 패드립, 저격글, 협박, 유언비어 등을 의미합니다. 최근 몇 년 사이에 익명 대화방에서의 욕설 등 사이버 언어폭력이 많이 발생하고 있습니다.

일방적인 폭력보다는 쌍방 간 진행되는 경우가 많고 성희롱이 포함된 언어폭력인 경우는 특별교육조치가 병행됩니다. 주로 1, 2, 3호의 조치가 내려지는데, 이는 사이버성폭력에 비하면 비교적 가벼운 조치들입니다. 단순한 언어폭력의 경우에는 부가된 특별교육 조치도 학생·학부모 각각 2시간으로 비교적 가볍다고 볼 수 있습니다.

언어폭력은 상대방의 명예를 훼손하는 구체적인 말을 하거나 해당 글을 인터넷, SNS, 문자메시지 등으로 퍼뜨리는 행위이므로 증거를 확보해야 합니다. 휴대폰 문자로 욕설이나 협박성 문자가 오면 어떠한 응답도 하지 않도록 해야 합니다. 어떠한 형태라도 대응할 경우 쌍방 가해로 인정이 되는 경우가 대부분이기 때문입니다. 인터넷상의 게시판이나 카페, 블로그, 카톡방, 익명방, 메신저방 등에서 공개적인 비방 및 욕설의 내용은 그 자체로 저장해 두도록 해야 합니다.

언어폭력 신고를 받은 학교는 관련 보호자에게 알리고, 피해 학생이 학교의 전문상담교사(혹은 전문상담사)에게 상담을 받을 수 있도록 해야 합니다. 또한 가해 학생이 언어폭력을 했는지 여부와 그 이유 등을 확인해야 합니다. 비록 장난삼아 욕설, 비속어 등을 사용했다고 하더라도 피해 학생이 고통받을 수 있음을 인식시켜야 합니다.

**금품 갈취**는 다양한 이유로 옷, 담배, 오토바이, 차량 등을 요구하는 것으로 주로 제1, 2, 3호의 조치에 해당됩니다. 물론 사안에 대한 조치결정이 언제나 경미하게 내려지지는 않습니다. 이는 심의 판단 요소에 따라 결정하기 때문에 사안에 따라서는 얼마든지 무거운 조치가 내려질 수도 있습니다. 그러니 아무리 적은 금액이라도 다른 사람에게 돈을 빼앗겼을 경우에는 그냥 혼자만 알고 넘어가지 말고, 반드시 학교의 담임교사나 책임교사에게 사실을 알려서 피해가 더 이상 늘어나지 않도록 예방이 필요합니다.

**강요**는 핸드폰 등을 뺏거나 강압적인 분위기로 사과를 요구하는 등의 행위입니다. 단순한 협박이라기보다는 언어폭력 등과 함께 나타나는 경우가 많고, 가벼운 조치가 내려지는 경향이 있습니다. 경우에 따라서 폭력서클과 연계하여 발생할 수 있으므로, 즉시 신고할 수 있도록 평소에 교육이 필요합니다.

피해 학생을 감지하는 방법으로는, 친구를 대신하여 심부름하기, 친구를 대신하여 과제하기, 친구를 대신하여 책가방 들기, 친구에게 음식물을 제공하고 옷, 휴대폰 등을 빌려주는 행위 등을 하는지 주시하시기 바랍니다. 이럴 경우 피해 학생은 상담을 통해서 어느 정도 피해를 받았는지, 다른 폭력 피해는 없는지 확인해야 합니다. 통상 학교에서는 가해 측 단순가담 학생들은 상담을 통해서 지도하며, 보호자에게 알리고 재발하지 않도록 합니다.

**따돌림**의 경우는 집단으로부터의 배제, 조롱과 뒷담화 등을 수반합니다. 은밀히 진행되는 경우가 많고 증거가 부족하기 때문에 정황만을 가지고 판단하기 애매한 경우가 많습니다. 주로 제1, 2, 3호의 조치가 내려지고, 학생·학부모에게 부과되는 특별교육은 모두 4시간씩으로 그 수위가 비교적 높습니다.

따돌림은 주로 괴롭힘을 동반하는데, 놀랍게도 대부분의 학부모, 교사들이 따돌림을 학교 폭력으로 인지하거나 인식하지 못하는 경우가 많기 때문에 특별히 주의해야 하는 폭력 유형입니다. 따돌림이 발생하고 그것을 인지하게 될 경우, 학교에서는 피해 사실을 공개하지 않도록 주의합니다. 혹시라도 바로 공개하면 피해 학생이 당황하고 난처해질 수 있으므로 심층상담을 통하여 피해 학생이 필요한 사항을 파악하여 대처해야 합니다.

또한 가해 학생을 불러서 야단치면, 가해 학생은 상대방을 더욱 심하게 괴롭히면서 따돌리고 보복하는 경우가 많습니다. 피해가 심각할 경우 학교 측에서는 피해 학생을 설득하고 독려하여 신고하도록 합니다. 담임교사, 전문상담교사(전문상담사), 책임교사 등은 수시로 가해 학생을 만나 지속적인 상담을 해야 합니다. 만약 신고하지 않으면, 가해자의 따돌림은 지속적으로 점점 심해집니다. 따돌리는 가해자는 자신의 행위가 폭력인지 모르는 경우도 있기 때문에 인지하도록 신속히 알려줘야 행동을 멈추게 됩니다.

주의할 점은 가해 학생과 피해 학생을 강제로 한자리에 불러 모아 화해시키거나 오해를 풀게 시도하는 것은 절대 금지입니다. 따돌림이 발생하면 피해 및 가해 학생은 교사가 따로 불러서 상담해야 합니다. 피해 학생이 정신적인 피해나 스트레스를 심하게 받은 경우에는 학교에 등교하지 않고, 가정에서 휴식을 취하거나 병원이나 심리상담 및 조언 기관 등에서 상담을 받도록 안내해야 합니다. 이 경우에는 담임교사 등이 피해 학생의 학습 상황을 수시로 점검해야 하며, 학습격차가 벌어지지 않도록 유의해야 합니다.

한편 가해 학생의 대부분은 본인이 무엇을 잘못했는지 모르는 경우가 많습니다. 학교나 가정에서의 따돌림이 학교 폭력임을 인식하는 노력이 필요합니다.

**성폭력**은 강도 높은 성추행과 성폭행, 성매매 등과 연계된 학폭 사안이며, 모든 사안에 접촉금지 조치가 수반됩니다. 학교장 및 교직원에게는 직무상(학생과의 상담 과정, 학교 폭력신고 접수 등) 아동·청소년 대상 성범죄의 발생 사실을 알게 될 경우 즉시 수사기관(112, 117)에 신고해야 하는 의무가 있습니다.

이때 신고 의사를 명확히 밝혀야 하며, 피해 학생 측의 의사와는 관계없이 무조건 신고해야 합니다. 동시에 피해 학생 측에 신고의무의 당위성을 설명해야 하며, 신고과정에서도 수사기관에 피해 학생 측의 의사를 충분히 전달해야 합니다. 특히 주의해야 할 지점은 성폭력에 관해서는 피해 학생의 프라이버시(사생활, 사적인 공간)가 특별히 보호되어야 한다는 것입니다.

따라서 학교장 및 사안 처리하는 최소한의 교원을 제외하고는 이와 관련된 사실을 주변에서 알지 못하도록 철저하게 비밀을 유지하여 2차 피해가 발생하지 않도록 해야 합니다. 또한 증거가 소멸되지 않도록 주의하여 피해 학생을 가능한 빨리 의료기관에 이송시켜야 합니다. 당사자가 정신적 피해가 커서 학교에 나오지 못하는 경우에는 관련 상담센터 등에서 심리 상담을 받게 하며, 사안 발생 시에는 긴급조치를 통해서 가해 학생을 피해 학생과 분리시켜야 합니다.

**사이버(성)폭력**의 예로는 친구 및 지인들의 사진을 도용하여 합성사진을 업로드하거나 노출사진, 음란물 등을 전송 및 요구하는 행위 등이 있습니다. 익명 앱을 통한 성희롱도 포함됩니다. 사이버 성폭력에 대한 조치결정은 무겁게 내려지는 편이며, 학생·학부모 특별교육도 각각 5시간 이상인 경우가 대부분입니다.

휴대폰이나 컴퓨터에 문자나 영상의 형태로 욕설, 협박성 문자가 오면 어떠한 응답도 하지 않도록 지도해야 합니다. 폭력성 문자나 영상이 왔다고 곧바로 똑같이 답장을 보내게 되면, 쌍방이 가해자이자 피해자가 되기 때문입니다. 인터넷의 게시판, 카페, 블로그, 톡방, 익명방 등에서 공개적인 비방 및 욕설의 내용은 그대로 캡처하거나 저장하여 근거를 남기도록 해야 합니다. 관련된 모든 자료는 반드시 증거 확보를 위해 저장하도록 합니다.

불특정 다수에게 공개되는 사이버(성)폭력으로 인해 피해 학생은 명예 훼손, 모함, 비방 등을 당하여 심각한 정신적 피해를 입을 수 있습니다. 그러므로 피해 학생을 학교의 전문 상담교사(전문 상담사)나 학교 밖 심리상담 및 조언기관 등과 연계시켜 상담을 받도록 해야 합니다. 책임교사는 사이버(성)폭력의 증거를 철저하게 확보한 후, 폭력이 지속되지 않도록 가해 학생을 지도해야 합니다.

사이버 학교 폭력은 원격수업 병행으로 인한 스마트 기기 사용량의 급증, 사이버 공간의 익명성 악용 등으로 발생 양상이 시간과 장소에 구애받지 않고 있으며, 그 수법이 점점 교묘해지고 은밀해지는 양상을 띠고 있습니다. 해당 학교 폭력에 대한 신고가 접수되더라도 피해 측에서 관련 증빙자료를 가져오지 못하는 경우, 가해 학생을 특정할 수 없는 경우, 사이버 공간에서 사안을 해결할 목격자가 없는 경우에는 적절한 조치를 취할 수 없습니다.

학교 폭력으로 신고되었다고 하여도 모든 사안이 교육지원청의 학교 폭력 대책 심의위원회의 심의를 거쳐 피해자 보호조치, 가해자 선도조치가 내려지는 것은 아닙니다. 학교 폭력 예방법 개정을 통해 일선 학교 학교장 자체해결로 갈등 조정, 관계회복이 되는 비율이 높아지고 있는 추세입니다.

03

# 학교 폭력의
# 최근 현황

그동안 학교 안팎에서 발생하는 학교 폭력은 특정 장소에서 이루어지는 물리적 폭력을 비롯하여 언어적 폭력, 따돌림 등이 대부분을 차지해 온 것으로 알려져 있습니다. 하지만 코로나바이러스감염증-19 사태로 인한 팬데믹으로 비대면 수업이 늘어나고, 그에 따라 학생 개개인이 인터넷을 사용하는 시간이 증가하게 됩니다. 그리고 그에 따른 부작용으로 사이버 학교 폭력의 비중이 급증함으로써 학교 폭력은 예전과는 전혀 다른 양상으로 전개되고 있습니다.

사이버 공간에서의 따돌림, 집단 따돌림, 욕설, 비방 등의 언어 폭력이 학생들이 사용하는 스마트폰, 컴퓨터 등의 매체를 타고 온라인상에서 확대되고 재생산되어 공유됨에 따라 피해는 나날이 심각해지고 있습니다. 인터넷 접속 시간이 증가하면서 사이버 공간에서 벌어지는 학교 폭력 역시 덩달아 증가하는 추세인 것입니다.

문제는 사이버 학교 폭력은 시간이나 공간에 따른 제약을 거의 받지 않기 때문에 하루 24시간 중 언제나, 그리고 어디에서나 발생할 수 있다는 것입니다. 또한 가해자가 단순한 장난이나 호기심으로 접근할 경우, 피해자가 감내해야 하는 고통이 어느 정도인지 자신은 알지 못하기 때문에 피해자에게 더욱 심한 상처를 줄 수 있습니다.

전국 초·중·고 학생 4%를 대상으로 실시한 2022년 학교 폭력 실태조사 결과, 피해자 10명 중 7명 가량이 언어폭력을 당했다고 답했습니다. 나이가 어릴수록 피해 응답률이 높았고, 가해 이유는 '장난이나 특별한 이유 없이'가 1위였습니다.

2023년 국책연구기관인 한국교육개발원(KEDI)의 '2022년 2차 학교 폭력 실태조사 분석보고서'에 따른 내용에 따르면, 전체 학생의 1.6%가 학교 폭력 피해를 당했다고 답했습니다. 초등학생은 2.9%, 중학생은 1.0%, 고등학생은 0.3%로 나이가 낮을수록 높았습니다. 지난해 1차 전수조사의 피해 응답률은 1.7%(전년 대비 0.6%포인트 증가)였고, 그중 초등학생이 3.8%로 가장 높았습니다.

학교 폭력 피해 유형에 따른 피해율을 중복 응답을 허용해 조사한 결과, 언어폭력이 69.1%로 가장 높았습니다. 다음으로 신체폭력 27.3%, 집단 따돌림 21.3%, 사이버폭력 13.9%, 성폭력 9.5%, 강요 8.6%, 금품 갈취 8.5%, 스토킹 8.3% 순이었습니다.


그중 사이버폭력을 따로 살펴본 결과 언어폭력의 비중이 77.6%로 가장 높았고, 다음으로 사이버 따돌림 33.2%, 명예 훼손 32.5%, 강요 13.2%, 스토킹 11.3%, 개인 정보 유출 11.2% 순이었습니다. 사이버폭력 발생 공간은 카카오톡 등 인스턴트 메신저가 53.2%로 가장 높았으며, 페이스북 등 사회관계망 서비스(SNS·36.7%)가 그 뒤를 이었습니다.

코로나바이러스감염증-19 사태 이전에는 일선 학교에서 나름대로 학교 폭력 예방교육의 일환으로 다양한 교육을 실시해왔습니다. 사이버(디지털) 범죄 예방교육, 교육과정에 어울리는 어울림 교육, 사이버 어울림 교육, 스마트폰 사용을 제한하는 조치(휴대폰 보관 가방, 수업 중 휴대폰 사용 제한) 등을 통해 학교에서 보내는 교육활동 시간 동안에 스마트 기기 사용 시간을 줄일 수 있었던 것입니다.

하지만 원격 수업을 병행하는 2020년부터 수업도 온라인, 학생들 간의 소통도 온라인으로 이루어지다 보니 소통 방법의 미비, 부적절한 언어 사용, 학업에서 오는 스트레스 해소 방법 미비 등의 영향으로 사이버 학교 폭력이 증가하는 것으로 분석됩니다.


보통 학생들은 사이버 공간에서 익명으로 움직이는 경향이 있습니다. 실명으로 이야기하는 공간에서는 자신의 의견을 가능하면 필요한 것만 말합니다.

예컨대 담임교사나 교과교사가 개설한 카카오톡이나 플랫폼상에서는 꼭 필요한 이야기만 올립니다. 하지만 학생들만의 은밀한 공간이나 익명 앱(어플)을 이용한 공간에서는 장난이나 호기심이 발동하기 쉽고 쉽게 자제력을 잃어버립니다.

우리 자녀가 사이버 학교 폭력 관련 당사자가 되지 않도록 노력해야 합니다. 물론 학교도 충분한 학교 폭력 예방교육을 진행해야 하며, 그것이 일회성으로 그치는 교육이 되어서도 안 됩니다. 또한 가정에서의 부모 역할 역시 중요하다는 점은 새삼스럽게 강조할 필요도 없을 것입니다.

사이버 학교 폭력 사안에서는 대부분 보호자가 뒤늦게 인지하는 경우가 많습니다. 학교 폭력 사안으로 접수된 후에 보호자 의견서를 작성하는 상황에서 비로소 인지하게 되어, 자신의 자녀가 학교 폭력에 연루되었다는 것에 대해 괴로워합니다.

이제 코로나바이러스감염증-19는 우리 교육현장의 일상이 되었습니다. 앞으로 사이버 학교 폭력은 다양한 양상을 보이면서 증가할 것으로 전망됩니다. 교육계가 나서서 사이버 공간상에서 일어나는 학교 폭력을 연구하고 예방하기 위한 프로그램을 개발해야 합니다. 익명성을 가장하여 교묘하게 독버섯처럼 자라나 기승을 부리는 폭력의 그늘에서 우리 학생들을 구출해야 합니다. 사이버 학교 폭력이 행해지는 공간에 대한 적절한 규제가 필요한 시점이라고 봅니다. 언제까지나 학생들 탓만 하고 있을 수는 없습니다. 어른들이 답해야 할 때입니다.

04

# 학폭 심의
# 절차의 이해

2020년 한창 인기 몰이를 했던 JTBC 금토 드라마 〈부부의 세계〉 13회에서 이준영(전진서 분)이 방황하면서 차해강(정준원 분)을 폭행하는 장면이 묘사되었습니다.

### # 〈부부의 세계〉 학교 폭력 장면

*PC방에서 자신이 과자를 훔치는 것을 목격한 친구 차해강이 방학식날에 충고하자, 자존심이 상한 이준영은 차해강을 때림. 농구장에서 벌어진 학교 폭력 상황을 친구들이 지켜봤고, 목격자들은 이를 휴대전화 카메라로 촬영함.*

차해강을 때린 이준영은 엄연히 폭력을 자행하였으니 학교 폭력 사안으로 처리될 것입니다. 본인이나 목격자가 학교에 신고하였을 것이고, 사안이 접수되었을 것입니다. 사안 조사를 위해 학교 폭력 전담기구 교원위원, 담임교사 등은 목격자 확인서, 당사자 확인서 등의 양식에 진술 내용을 토대로 확인서 작성을 진행하였을 것입니다. 이렇게 일방적으로 보이는 폭력은 가해자와 피해자가 명확하게 구분이 되지만, 조사하는 과정 속에서 피해자도 다른 유형의 가해자로 변질이 됩니다.

〈부부의 세계〉에서 가해자인 이준영의 부모는 학교로부터 연락을 받고 학교로 방문하여 사안에 대한 설명을 청취하면서, 피해자인 차해강 측의 강력 대응 방침을 듣고 힘들어합니다.

통상 당사자 학생뿐만 아니라 보호자도 확인서를 작성하며, 보호자는 자녀와 학교의 진술을 토대로 확인서를 제출하게 됩니다. 이에 따라 학교의 전담기구 책임교사가 사안 조사 보고서를 작성해야 하는 것이지요. 학교는 사안에 대해 교육청에 48시간 이내에 서면보고해야 하며, 학교 내의 학교 폭력 전담기구는 사안 발생 시점부터 14일 이내에 심의를 개최하여 학교장 자체해결 사안 여부를 결정해야 합니다.

드라마 속 상황에서는 가해자 이준영의 어머니인 지선우가 피해자 측 어머니를 찾아갔다가, 이준영이 물건을 훔치는 도벽이 있다는 사실을 듣고 화를 냅니다. 화를 참지 못한 지선우는 아들의 방을 뒤져서 그동안 훔친 친구들의 물건을 보고 말았습니다.

물론 학교나 책임교사, 담임교사는 당사자 부모들 간의 만남에 관여할 수 없습니다. 다만 심각한 폭력 사안이 아닌 경우, 사과와 화해 등을 통해 사안의 진행 과정을 조정할 수는 있습니다.

*# 〈부부의 세계〉 피해자가 입원해 있는 병실에서의 대화*

*해강: 너, 나 똘아이 취급한 것 사과해.*

*준영 모: 미안하다고 해, 어서.*

**해강 모:** 준영이가 제대로 된 사과를 할 마음이 없네요. 이만 가세요.

**준영 모:** (무릎 꿇으며) 미안하다, 해강아. 아줌마 봐서라도 한 번만 봐주면 안 되겠니?

**해강 모:** 지금 뭐 하세요? 부담스럽게.

**준영 모:** 다신 우리 준영이 그런 일 없도록 하겠습니다. 진심으로 사과드립니다.


결국 아들의 진심 어린 사과가 부족하다고 느낀 지선우는 아들의 학교 폭력 대책 심의위원회를 막고자 무릎을 꿇는데요. 〈부부의 세계〉에 등장하는 사안의 경우, 피해자 차해강은 이미 병원에 입원한 상태입니다. 그러므로 학교장 자체해결 가능 요건에 해당되지 않습니다. 바로 학교 폭력 대책 심의위원회로 넘어가야 할 상황입니다.


학교장 자체해결 가능 요건은 아래와 같습니다.

① 2주 이상의 신체적·정신적 치료를 요하는 진단서를 발급받지 않은 경우

② 재산상 피해가 없거나 즉각 복구된 경우(추후 재산상 피해를 복구해 줄 것을 확인한 경우)

③ 학교 폭력이 지속적이지 않은 경우

④ 학교 폭력에 대한 신고, 진술, 자료 제공 등에 대한 보복행위가 아닌 경우

〈부부의 세계〉에서 다룬 학교 폭력 사안은 4가지 학교장 자체해결 가능 요건을 충족하지 못했습니다. 입원한 피해자에게 기본적으로 2주 이상 진단서가 발급될 것이기 때문입니다. 그렇다고 학교장 자체해결이 완전히 불가능한 것은 아닙니다. 피해자 측에서 학교에 진단서를 제출하지 않으면 되기 때문이지요. 그리고 나머지 3가지는 충분히 해당될 것으로 보입니다.

그러나 실제 위의 드라마와 같은 상황이 사안으로 발생하면 애매하게 전개될 수 있습니다. 피해자라고 주장하는 차해강은 이준영에게 부모의 신상을 욕보이는 패드립을 하였기 때문입니다. 물고 늘어지면 피해자와 가해자는 서로 피해자이면서 동시에 가해자가 되므로 학교 폭력 대책 심의위원회에서 쌍방 처분을 받을 수밖에 없습니다.

드라마에서는 이준영이 패드립 당한 부분은 인정되지 않은 듯합니다. 이 경우 실제로는 쌍방으로 처리가 되기에 학교 폭력 대책 심의위원회까지 끌고 가기에는 당사자 측에서도 부담스런 부분이 존재합니다. 드라마는 어디까지나 드라마일 뿐이지요.

그렇다면 이제부터 실제 학교 폭력 심의 절차에 대해서 구체적으로 알아보겠습니다.

# 1.
# 신고 및 접수

## ◑ 학교 폭력의 징후

학교 폭력의 징후는 교사뿐만 아니라 보호자도 파악할 수 있습니다. 그러니 평소에 징후를 잘 살펴본다면, 학교 폭력을 초기에 감지하여 차단할 수도 있습니다. 다만 어느 한 가지 징후에 해당한다고 해서 학교 폭력의 피해 및 가해 학생으로 특정 지을 수는 없으며, 여러 가지 상황을 고려하여 신중하게 판단해야 합니다.

최근 사이버폭력의 경우 학교 내외에서 시공간의 제약 없이 발생하는 경향이 있습니다. 그렇기 때문에 주변인의 세심한 관찰과 관심으로 징후를 파악할 수 있도록 해야 합니다.

# ◗ 피해 학생의 징후(예시)

## 가정에서

☑ 표정이 어둡고 평소보다 기운이 없다.

☑ 이름만 불러도 놀라는 등 사소한 일에도 크게 반응하고 평소보다 예민하다.

☑ 학교 가는 것을 싫어하거나 두려워한다.

☑ 이유 없이 결석을 하거나 전학시켜 달라고 말한다.

☑ 몸에 상처나 멍 자국이 자주 발견되고 혼자 있고 싶어 한다.

☑ 절망감(예 죽고 싶다)이나 복수심(예 죽어라)을 표현하는 낙서가 있다.

## 학교에서

☑ 친구들이 자신을 험담해도 반발하지 않는다.

☑ 모둠 활동이나 학급 내 다양한 활동 시 소외되거나 배제된다.

☑ 쉬는 시간, 점심시간에 친구들을 피해 종종 자신만의 공간(화장실 등)에 머문다.

☑ 옷이 망가지거나 준비물, 소지품을 잃어버리는 일이 잦다.

☑ 학교 행사나 단체 활동에 참여하지 않으려고 한다.

☑ 특별한 사유 없이 지각, 조퇴, 결석을 하는 횟수가 많아진다.

## 사이버폭력 피해 징후

☑ 불안한 기색으로 정보통신기기를 자주 확인하고 민감하게 반응한다.

☑ 단체 채팅방에서 반복적으로 공격을 당한다.

☑ 용돈을 많이 요구하거나 온라인 기기의 사용 요금이 지나치게 많다.

☑ 부모가 자신의 정보통신기기를 만지거나 보는 것을 극도로 싫어하고 민감하게 반응한다.

☑ 문자메시지나 메신저를 본 후에 당황하거나 정서적으로 괴로워 보인다.

☑ 사이버상에서 이름보다는 비하성 별명이나 욕으로 호칭되거나 야유나 험담이 많이 올라온다.

☑ SNS의 상태 글귀나 사진 분위기가 갑자기 우울해지거나 부정적으로 바뀐다.

☑ 컴퓨터 혹은 정보통신기기를 사용하는 시간이 지나치게 많다.

☑ 잘 모르는 사람들이 자녀의 이야기나 소문을 알고 있다.

☑ 갑자기 휴대전화 사용을 꺼리거나 SNS 계정을 탈퇴한다.

_ 출처: 〈2023년도 개정판 학교 폭력 사안처리 가이드북〉(교육부)

## ◑ 학교 폭력 신고 방법

### 교내 신고 방법

• 구두

    - 피해 학생, 목격 학생, 보호자 등이 직접 교사에게 말하는 경우

    - 교사가 개별적인 학생 상담을 통해 파악한 경우

- 신고함
  - 일정한 장소에 학교 폭력 신고함을 설치하고 이를 안내한다. 자칫하면 신고 학생이 신고서를 넣는 자신의 행위가 주변 사람들에게 목격되는 것을 두려워할 수도 있다. 그러므로 신고함을 설치할 때, 이를 충분히 고려하여 그 위치를 정한다.
- 설문조사
  - 모든 학생에게 신고 기회를 부여하여 심도 있는 정보를 얻기 위해 설문지 조사를 실시할 수 있다.
- 이메일
  - 담임교사의 메일, 책임교사의 메일, 학교명의 메일 등

  ※ 담임교사가 학교 폭력의 예방과 신고 안내문을 정기적으로 발송하되, 신고서를 첨부하여 바로 회신 가능하도록 할 것.

- 홈페이지
  - 학교 홈페이지의 비밀 게시판 등
- 휴대전화
  - 전담기구 소속교사(교감, 책임교사, 보건교사, 상담교사)의 휴대전화, 담임교사의 휴대전화, 학교 공동 휴대전화(학교명의의 휴대전화)의 문자, 음성녹음, 통화 등
- 포스터 부착
  - 교실 벽에 학교 폭력 신고 방법 등을 안내하는 포스터를 붙여 도움을 줄 수 있다.

**교외 신고방법**

- 112 경찰청
  - 학교 폭력 및 사이버폭력 등 긴급상황 발생 시 긴급 범죄 신고
  - 사이버 범죄 신고 시스템(ecrm.police.go.kr)
- 117 학교 폭력 신고센터
  - 전국에서 발생되는 학교 폭력 신고를 접수하여 즉시 긴급구조, 수사 지시, 법률 상담, 연계 지원 안내 등의 업무를 한다.
  - 신고센터는 24시간 운영하며, 피해신고 접수 즉시 긴급구조, 수사, 법률 상담, 쉼터 연계 등 종합지원이 가능

    **(전화)** 전국에서 국번 없이 117

    **(문자)** #0117

    **(인터넷)** 안전 Dream(또는 검색어 117)으로 신고

    **(방문)** 117센터에 방문하여 신고·상담
- 학교전담 경찰관(SPO)
  - 해당 학교의 학교전담 경찰관에게 문자나전화로 신고

학교 폭력이 일어났을 때 곧바로 117이나 학교로 신고해야 하는데, 학생 입장에서는 보복에 대한 두려움이 가볍지 않습니다. 뒤늦게 신고하는 경우 피해 학생에게는 누적된 상처와 트라우마를 견디면서 생활해야 하는 부담감이 존재합니다. 따라서 사소한 폭력 행위라도 반드시 신고해야 합니다. 가해 행위에 대해 누구나 신고하고 공개하

는 적극적인 행동을 보여야만 비로소 학교에서 일상적으로 벌어지는 폭력 문화 자체를 완전히 뿌리뽑을 수 있습니다.

신고는 피해 학생 본인이 신고하는 경우와 피해 학생에게 얘기를 듣고 신고하는 경우, 목격자나 가해 학생으로 가담한 관련자가 신고하는 경우가 있습니다. 그런데 대부분의 목격자들은 바로 신고하지 못하고 주춤하는 경우가 있습니다.

학교 폭력을 뿌리뽑으려면 이를 바라보는 목격 학생이나 학부모의 인식 전환이 필수적입니다. 가정에서 부모와 소통이 원활한 자녀는 언제든지, 그리고 무엇이든지 부모와 이야기를 하면서 자연스럽게 목격한 부분을 얘기하고, 학교에도 신고합니다. 하지만 그렇지 못한 경우 자녀들은 혹시나 부모가 알게 된 학폭 사건을 자기도 모르게 학교에 알려, 신고한 것이 학교에 소문이 나고 그로 인해 가해 학생이 보복할까 봐 두려워합니다.

지속적인 관심과 학생들의 신고로 학교 폭력은 줄어들 수 있습니다. 초기에 신고하는 경우에는 가해 학생이 또 다른 학폭을 발생시키지 않지만, 신고하지 않는 경우에는 더 중대한 범죄로 이어질 가능성이 높습니다. 이것을 일명 '깨진 유리창 이론'[1]이라고 합니다.

---

1 유리창 파손 같은 경미한 범죄를 방치하면 그 일대가 무법천지로 변한다는 범죄 심리학 이론. 1982년 미국의 범죄학자 제임스 윌슨과 조지 켈링은 이 이론을 통해, 무질서 상태의 심각성과 범죄의 전염성을 경고하고자 하였다.

학교 폭력의 신고는 학교와 경찰을 통해서 할 수 있습니다. 신고하기 전에 피해 학생 및 보호자는 학폭 해당 여부의 판단을 위해 주변의 도움을 받고 싶어 합니다. 그래서 주로 학교의 담임교사, 전문상담교사(전문상담사), 학폭 책임교사 등에게 상담을 받는 과정에서 신고하게 됩니다. 학교 밖에서는 117 전화를 통한 학교 폭력 예방 교육 및 전화·문자 상담을, 푸른나무재단(청소년폭력예방재단)에서는 1588-9128 전화를 통한 학교 폭력 상담, 인터넷 상담, 개인 및 집단 상담을 진행하고 있습니다.

그런가 하면 학교전담 경찰관에게 전화나 문자로 도움을 청할 수도 있습니다. 학교전담 경찰관 제도는 2012년도에 학교 폭력을 예방하고 근절하고자 경찰이 학교별로 학교 폭력 사안을 전담하기 위하여 도입된 제도입니다. 2020년 학교 폭력 예방법이 개정되기 전까지는 학교에 존재하였던 학교 폭력 대책 자치위원회(학폭위)에서 학폭 사안을 심의할 경우, 학교전담 경찰관이 경찰위원으로 참여함으로써 심의조치를 하는 역할까지 맡고 있었습니다.

하지만 법 개정 이후에는 학교 폭력 전담기구가 교원 위원, 학부모 위원(구성원)으로만 구성됩니다. 대부분의 학교전담 경찰관들은 지역 경찰서의 여성청소년과 소속으로 학교에서는 SPO로 참여하고 있으며, 법 개정 후 교육지원청으로 이관된 학교 폭력 대책 심의위원회(일명 심의위)에는 소위원회에 경찰관 위원이 1명씩 참여하고 있습니다.

신고된 학교 폭력 사안은 담임교사 및 보호자에게 통보되고, 전담교사는 최종적으로 48시간 이내에 학교 폭력사안 접수보고서를 교육청에 올립니다. 자녀가 학폭 피해자일 경우 보호자들은 반응을 보면 초기에는 매우 격앙이 된 상태이기에, 사실관계를 명확히 확인하지 않고 신고부터 하고 보는 경우가 많습니다. 차분하게 주변의 도움을 충분히 받고, 침착하게 신고 접수할 필요가 있습니다.

피해 학생이 진술한 내용을 확인하다 보면, 사실관계 조사에서 피해 학생도 가해 학생에게 어느 정도의 가해 행동을 한 경우도 있으므로, 학교 내에 존재하는 학교 폭력 전담기구에서 학교장 자체해결 요건 충족을 확인하는 것이 필요합니다. 학교장 자체해결이 되지 못할 경우, 교육청의 심의위원회에 심의 요청을 하게 됩니다. 쌍방일 경우에는 학폭으로 피해 학생이 신고하더라도, 피해조치와 더불어 가해 조치도 주어질 수 있습니다.

## ◑ 초기 감지·인지의 중요성

교사는 학교에서 많은 시간을 학생들과 같이 보내므로, 주의를 기울이면 학교 폭력 발생 전에 그 징후를 발견할 수 있는 가능성이 많다. 교사는 학교 폭력 상황을 감지·인지했을 때, 신속하고 적극적으로 개입해야 합니다.

- **감지**: 학생들의 행동, 교실 분위기 등을 보고 학교 폭력이라고 느껴 알게 되는 것.
- **인지**: 학생 또는 학부모의 직접 신고, 목격자 신고, 제3자 신고, 기관 통보, 언론 및 방송 보도, 상담 등으로 인해 학교 폭력 사안을 알게 되는 것.

학교 폭력이 감지되거나 인지된 경우에는 학교장에 보고하여야 하며(법률 제20조 제4항), 학교장은 지체 없이 전담기구 또는 소속 교원으로 하여금 사실 여부를 확인하도록 해야 합니다(법률 제14조 제4항).

### ◑ 외부기관 연계

학교 폭력에 효과적으로 대처하기 위해서는 지역 사회의 다양한 지원 체제를 효과적으로 활용할 필요가 있습니다. 학기 초 각 학교에서는 안전사고 예방 대책을 세울 때 학교에서 가까운 거리에 있는 지구대, 병원, 법률기관, 상담기관 등과 업무협약을 맺어 평상시 긴밀한 협조체제를 유지하는 것이 좋습니다. 특히 성폭력에 대한 즉시 신고, 폭력서클 연계 사안 등을 처리하기 위해 학교전담 경찰관과 긴밀하게 협력해야 합니다.

## 주요 지원 체제

- **117 학교 폭력 신고·상담센터:** 전화로 어디에서나 국번없이 117을 눌러 신고하며, 24시간 운영함. 긴급상황 시에는 경찰 출동, 긴급구조를 실시

- **위(Wee)프로젝트:** We(우리들), education(교육), emotion(감성)의 머리글자를 모은 것으로, 학교 및 교육(지원)청에서 학생 상담을 지원. 위(Wee)클래스(학교 단위) - 위(Wee)센터(교육지원청 단위) - 위(Wee)스쿨(시·도 교육청 단위)

- **청소년상담복지센터(청소년안전망):** 위기 청소년에게 적합한 맞춤형 서비스를 제공하는 ONE-STOP 지원센터

- **청소년전화 1388:** 청소년의 위기, 학교 폭력 등의 상담·신고 전화

- **푸른나무재단(1588-9128):** 학교 폭력 관련 전화 및 사이버 상담을 실시하고, 학교 폭력 피해 학생 및 가족 대상 통합지원, 학교폭력SOS지원단에서는 화해·분쟁 조정 지원, 사안처리 진행 자문 및 컨설팅 지원

- **청소년꿈키움센터(법무부 청소년비행예방센터):** 학교 폭력 가해 학생 및 보호자 특별교육, 찾아가는 학교 폭력 예방교육 등 운영

- **대한법률구조공단(132):** 법률상담, 변호사 또는 공익 법무관에 의한 소송대리 및 형사변호 등의 법률적 지원

# ◑ 유형별 초기 대응 요령(예시)

## 주요 대상별 초기 대응 요령

### 피해 학생 조치

- 피해를 당한 학생의 마음을 안정시키고(심호흡, 안정을 유도하는 말 등) 신변 안전이 급선무다.

- 가벼운 상처는 학교 보건실에서 1차적으로 치료하고, 상처 정도가 심해 학교 보건실에서 치료할 수 없을 때는 2차적으로 병원으로 신속히 이송한다.

- 탈골, 기도 막힘, 기타 위급상황이라고 판단된 경우 자리에서 움직이지 않고 119에 도움을 청한다.

### 가해 학생 조치

- 상황을 종료시키고 피해 학생과 분리한 후, 가해 학생을 진정시킨다.

- 피해 학생의 상태가 위중하거나 외상이 심한 경우, 가해 학생 역시 충격을 받을 수 있으므로 돌발행동에 주의를 기울이며 대화를 시도한다.

- 질책이나 지나친 맞장구는 삼가고, 중립적으로 가해 학생의 입장을 청취한다.

  ☞ 가해 학생과 대화가 진행된 경우

  가치 판단 없이 가해 학생의 입장을 간단히 요약하고, 이후 조사과정에도 협조할 수 있도록 안내한다.

  ☞ 가해 학생이 대화를 원치 않는 경우

  가해 학생의 마음을 존중하고, 이후 조사에는 협조할 수 있도록 안내한다.

## 보호자 조치

- 보호자에게 신속히 연락하고 해당 시점에서 파악된 사안의 내용을 침착하게 전달한다.
- 보호자의 학교 방문이 필요하거나 가능한 경우, 자녀와 만날 장소, 시간을 협의한다.
- 학교 측의 대응 계획을 정확히 안내하고 이후 조사과정에 협조를 부탁한다.
- 학생이 귀가했을 때, 심리적 안정을 취할 수 있도록 당부한다.

## 목격 학생 및 주변 학생 조치

- 현장 접근 통제 후 목격 학생, 주변 학생의 충격 수준을 파악한다. (심하게 불안해하거나 우는 학생이 있는지 조용히 파악)
- 현장에서 폭력에 직간접적으로 노출되어 힘들어 하는 경우, 지도 교사가 있는 안전한 공간에서 휴식, 진정할 수 있도록 안내한다.
- 상황을 정리하여 전달하고, 사안이 잘 처리될 수 있도록 이에 대한 언급을 자제할 것을 당부한다. 특히 사안에 관련된 학생들에 대한 낙인을 찍어 따돌리는 일이 없도록 주의시킨다.
- 학생들이 동요하거나 의구심을 갖는지 등을 모니터링하고, 필요한 경우 학교의 사안처리 과정을 안내하여 불안 요소를 해소한다.

# 2.
# 사안조사

## ◑ 학교 폭력 전담기구의 구성

**학교 폭력 예방법 제14조(전문 상담교사 배치 및 전담기구 구성)**

③ 학교의 장은 교감, 전문상담교사, 보건교사 및 책임교사(학교 폭력 문제를 담당하는 교사를 말한다.), 학부모 등으로 학교 폭력 문제를 담당하는 전담기구(이하 "전담기구"라 한다.)를 구성한다. 이 경우 학부모는 전담기구 구성원의 3분의 1 이상이어야 한다.

④ 학교의 장은 학교 폭력 사태를 인지한 경우 지체 없이 전담기구 또는 소속 교원으로 하여금 가해 및 피해 사실 여부를 확인하도록 하고, 전담기구로 하여금 제13조의2에 따른 학교의 장의 자체해결 부의 여부를 심의하도록 한다.

⑤ 전담기구는 학교 폭력에 대한 실태조사(이하 "실태조사"라 한다.)와 학교 폭력

예방 프로그램을 구성·실시하며, 학교의 장 및 심의위원회의 요구가 있는 때에는 학교 폭력에 관련된 조사결과 등 활동 결과를 보고하여야 한다.

⑧ 전담기구는 성폭력 등 특수한 학교 폭력 사건에 대한 실태조사의 전문성을 확보하기 위하여 필요한 경우 전문기관에 그 실태조사를 의뢰할 수 있다. 이 경우 그 의뢰는 심의위원회 위원장의 심의를 거쳐 학교의 장 명의로 하여야 한다.

**학교 폭력 예방법 시행령 제16조(전담기구 운영 등)**

① 법 제14조 제3항에 따른 학교 폭력 문제를 담당하는 전담기구(이하 "전담기구"라 한다.)의 구성원이 되는 학부모는 「초·중등교육법」 제31조에 따른 학교운영위원회에서 추천한 사람 중에서 학교의 장이 위촉한다. 다만, 학교운영위원회가 설치되지 않은 학교의 경우에는 학교의 장이 위촉한다.

② 전담기구는 가해 및 피해 사실 여부에 관하여 확인한 사항을 학교의 장에게 보고해야 한다.

③ 제1항 및 제2항에서 규정한 사항 외에 전담기구의 운영에 필요한 사항은 학교의 장이 정한다.

### ◑ 학교 폭력 전담기구의 역할

사안 접수 및 보호자 통보

• 전담기구는 학교 폭력신고 접수대장을 비치하고 117 신고센터,

학교의 장, 교사, 학생, 보호자 등 학폭 현장을 보거나 그 사실을 알게 된 자 및 기관으로부터 신고받은 사안을 기록·관리한다.

- 학교 폭력 신고 접수대장은 학교의 장, 교원의 학교 폭력 은폐 여부를 판단하는 중요한 기초자료로 활용되므로, 사소한 폭력이라도 신고한 것은 접수하여야 한다.

- 접수한 사안에 대해서는 즉시 관련 학생 보호자에게 통보하고, 통보일자, 통보방법 등을 기록한다.

**교육(지원)청 보고**

- 인지 후 48시간 이내에 교육(지원)청에 보고하는 것이 원칙이다.
  - 긴급하거나 중대 사안(성폭력 사안 등)은 유선으로 별도 보고
- 아동·청소년 대상 성범죄 사안은 반드시 수사기관[2]에 신고한다.

**학교 폭력 사안조사**

- 학교 폭력을 인지한 경우 피해 및 가해 사실 여부에 대해 조사[3]하여야 한다. 전담기구의 협조 요청 시 해당 교사는 적극 협조한다.

**사안조사 결과 보고**

- 신고된 학교 폭력 사안에 대해 조사를 실시하고, 조사 결과를 보고서로 작성하여 학교의 장에게 보고한다.

---

2 경찰청(112), 학교 폭력 상담 및 신고센터(117), 학교전담 경찰관
3 인지 및 조사: 학교 폭력을 인지한 경우, 학교의 장은 지체 없이 전담기구 또는 소속 교원으로 하여금 가해 및 피해 사실 여부를 확인하도록 해야 한다.

- 심의위원회 개최를 요청하는 경우, 위 보고서를 보완·수정하여 학교장과 심의위원회에 보고한다.

## 학교장 자체해결 부의 여부 심의

- 학교장 자체해결의 객관적 요건 충족 여부 및 피해 학생과 보호자의 학교 폭력 대책심의위원회 개최 요구 의사를 확인한다.

## 졸업 전에 가해 학생 조치사항 삭제 심의

- 법률 제17조 제1항에 따른 가해 학생 조치사항 제4호, 제5호, 제6호, 제7호의 삭제 심의

※ 다만, 2023. 2. 28. 이전 신고된 학교 폭력에 따른 가해 학생 조치사항인 경우에는 제4호, 제5호, 제6호, 제8호의 삭제를 심의

- 심의대상자 조건을 만족할 경우 졸업과 동시에 삭제 가능 여부를 심의한다.

## 집중보호 또는 관찰대상 학생에 대한 생활지도

- 관련 학생 담임교사와 함께 지속적인 상담 및 기록을 진행한다.
- 학교 폭력 가해 학생 조치 기재유보 사항 기록 및 관리 (학교생활기록부 기재요령 참조).

## 학교 폭력 실태조사

- 법률 제14조 제5항에 따라 학교 폭력 실태조사를 실시한다.

※ 학교의 장은 법률 제14조 제17항에 따라서 실태조사와 관련하여 행정적·재정적 지원을 할 수 있음.

## ◑ 단계별 조치사항

| 단계 | 처리 내용 |
|---|---|
| 학교 폭력 사건 발생 인지 | • 117 학교 폭력 신고센터로부터의 통보 및 교사, 학생, 보호자 등의 신고 접수 등을 통해서 학교 폭력 사건 발생 인지 |

| 단계 | 처리 내용 |
|---|---|
| 신고 접수 및 학교장· 교육(지원)청 보고 등 | • 신고 접수가 된 사안을 학교 폭력 신고 접수대장(〈양식 1-1〉)에 반드시 기록<br>• 학교장 보고 및 담임교사 통보<br>• 가해자와 피해 학생의 분리(〈양식 1-2〉)<br>• 신고 접수된 사안을 관련 학생 및 그 보호자에게 통보<br>• 교육(지원)청에 48시간 이내에 보고(〈양식 1-3〉) |

| 단계 | 처리 내용 |
|---|---|
| 즉시조치 (필요시 긴급조치 포함) | • 필요시 피해 및 가해 학생 격리. 가해 학생이 눈빛·표정 등으로 피해 학생에게 영향력 행사 못하도록 조치<br>• 관련 학생 안전조치(피해 학생: 보건실 응급처치·119 신고·병의원 진료 등, 가해 학생: 격리·심리적 안정 등)<br>• 피해 학생 및 신고·고발한 학생이 가해 학생으로부터 보복행위를 당하지 않도록 조치<br>• 피해 학생의 신체적·정신적 피해를 치유하기 위한 조치 우선 실시<br>• 성범죄인 경우 「아동·청소년의 성보호에 관한 법률」에 따라 반드시 수사기관에 신고하고, 성폭력 전문상담기관 및 병원을 지정하여 정신적·신체적 피해 치유<br>• 사안처리 초기에 긴급한 필요가 있는 경우, 법률 제16조 제1항 및 제17조 제4항에 따라 긴급조치 실시 가능(〈양식2-3〉) |

| 사안조사 | • 피해 및 가해 사실 여부 확인을 위한 구체적인 사안조사 실시 (〈양식 2-1〉, 〈양식 2-2〉)<br>• 관련 학생의 면담, 주변 학생 조사, 설문조사, 객관적인 입증자료 수집 등<br>• 피해 및 가해 학생 심층면담<br>• 조사한 결과를 바탕으로 육하원칙에 따라 사안조사 보고서를 작성(〈양식 2-4〉)<br>• 성폭력의 경우, 비밀유지에 특별히 유의<br>• 장애 학생과 다문화가정 학생에 대한 사안조사의 경우, 특수교육 전문가 등을 참여시켜 학생의 진술기회 확보 및 조력 제공<br>• 필요한 경우, 보호자 면담을 통해 각각의 요구사항을 파악하고 사안과 관련하여 조사된 내용을 관련 학생의 보호자가 충분히 이해할 수 있도록 안내 |

| 학교장 자체해결 부의 여부 심의 | • 법률 제13조의2 제1항 제1호~제4호의 요건에 해당하는지 여부를 서면으로 확인(〈양식3-1〉)<br>  - 2주 이상의 신체적·정신적 치료를 요하는 진단서를 발급받지 않은 경우<br>  - 재산상 피해가 없거나 즉각 복구된 경우<br>  - 학교 폭력이 지속적이지 않은 경우<br>  - 학교 폭력에 대한 신고, 진술, 자료제공 등에 대한 보복행위가 아닌 경우 |

| 자체해결 요건 충족 | | 자체해결 요건 미충족 |
|---|---|---|
| 피해 학생 및 보호자의 서면 확인<br><br>• 피해 학생과 그 보호자의 학교장 자체해결 동의를 서면으로 확인(〈양식 3-2〉) | <br>**부동의** | 학교 폭력 대책 심의위원회 개최<br><br>• 피해 및 가해 사실 내용에 관하여 종합적으로 정리하여 학교의 장 및 심의위원회에 보고 |

신속하고 정확한 사안조사를 위해서 학교의 전담기구에 속하는 교원 위원, 학부모 위원들에게는 역할이 정해져 있습니다. 사안조사는 대부분 교원 위원(교감, 학생부장, 책임교사, 보건교사, 전문상담교사 등)이 담당하며, 교직원은 전담기구 사안 조사에 협조해 주셔야 합니다. 관련 학생은 아래의 사안조사 확인서를 작성해야 하는데, 몇 가지 주의할 사항은 다음과 같습니다.

　　인적사항을 정확하게 적고 사안과 관련된 학생들의 이름을 기재합니다. 사안 내용 작성은 중요한 부분입니다. 학교 전담기구나 교육청 심의위원회 심의 시에 중요한 서류로 작용합니다. 따라서 피해 입은 사실, 가해한 사실, 목격한 사실 등을 육하원칙에 의거하여 상세히 기재해야 합니다. 물론 분량이 많은 경우, 별지를 사용해도 무방합니다. 대부분의 학생이 자필로 작성하는데, 읽기 힘든 글씨체는 위원들이 확인하기가 어렵습니다. 가급적이면 모든 위원이 확인서를 읽고 이해할 수 있도록 정자체로 작성해야 합니다.

　　무슨 말인지 모르게 작성하는 사례도 종종 있습니다. 통상 해당 학교에서 학생 확인서의 잘못된 사례를 즉시 확인하는데, 간혹 그렇게 하지 못하는 경우도 있습니다. 사안조사에서 학생 확인서는 학생이 서면으로 진술하는 부분이라는 점을 기억해야 합니다. 마지막으로 필요한 도움이 있다면 해당란에 요청사항을 적으면 됩니다.

(교육부, 〈학교 폭력 사안처리 가이드북〉 참조)

# 관련 학생 확인서(피해, 가해, 목격)

| 성명 | | 학년/반 | | / | 성별 | 남 /여 |
|------|------|------|------|------|------|------|
| 연락처 | 학생 | | | 보호자 | | |
| 관련 학생 | | | | | | |
| 사안 내용 | | ※ 피해 입은 사실, 가해한 사실, 목격한 사실 등을 육하원칙에 의거하여 상세히 기재하세요. (필요한 경우 별지 사용) | | | | |
| | | | | | | |
| 필요한 도움 | | | | | | |
| 작성일 | 2023년    월    일 | | 작성 학생 | | | (서명) |

# 보호자 확인서

*사안번호: ( )학교 2023-( )호

> 1. 본 확인서는 학교 폭력 사안조사를 위한 것입니다.
> 2. 자녀와 상대방 학생에 관련된 객관적인 정보를 제공해 주셨으면 합니다.
> 3. 사안 해결을 위해 학교는 객관적이고 적극적인 자세로 임할 것입니다.

| 학생 성명 | | | 학년/반 | / | 성별 | 남 / 여 |
|---|---|---|---|---|---|---|
| 사안 인지 경위 | | | | | | |
| 현재 자녀의 상태 | | | 신체적 –<br>정신적 – | | | |
| 자녀<br>관련<br>정보 | | 교우 관계 | (친한 친구가 누구이며, 최근의 관계는 어떠한지 등) | | | |
| | | 학교 폭력 경험<br>유무 및 내용 | (실제로 밝혀진 것 외에도 의심되는 사안에 대해서도) | | | |
| | | 자녀 확인 내용 | (사안에 대해 자녀가 보호자에게 말한 것) | | | |
| 현재까지의 보호자 조치 | | | (병원 진료, 화해 시도, 자녀 대화 등) | | | |
| 사안 해결을 위한<br>관련 정보 제공 | | | (특이점, 성격 등) | | | |
| 현재 보호자의 심정 | | | (어려운 점 등) | | | |
| 학교 및 교육지원청에서는 엄정한 사안처리와 더불어 학교 폭력 관련 학생의 회복과 성장을 위한 단위학교 관계회복 프로그램 및 화해중재를 지원하고 있습니다. | | | | | | |
| 본 사안 해결을 위한<br>보호자 의견, 바라는 점 | | | (예시)<br>1. 단위학교 관계회복 프로그램 관련 안내 및 참여<br>2. 화해중재 관련 안내 및 참여 등 | | | |
| 작성일 | 2023년 월 일 | | 작성자 | | | (서명) |

- (학생 확인서)와 (보호자 확인서)는 사안조사와 전담기구 심의의 근거자료이고, 교육청 심의위원회 개최 요청 보고자료이므로 가급적 반드시 작성
- 관련 학생과 보호자가 적절한 요구를 취할 수 있도록 각 절차, 즉 '학교장 자체 해결 → 단위학교 관계회복 프로그램, 화해중재 신청 → 학교 폭력 대책 심의위원회 개최 요청'에 대하여 구체적으로 안내해야 함.
- ※ 학교 폭력 사안처리 과정에서 필요시 학교는 양측의 동의를 얻어 관계회복 프로그램을 운영할 수 있으며, 학교 폭력 관련 학생 및 보호자에게 관계회복 프로그램, 화해중재단에 대해 안내해야 함.

전담기구에서는 관련 학생과 학부모가 작성한 확인서를 토대로 심층면담을 실시하고, 주변 학생들을 조사하며 설문조사 등을 통해 객관적인 입증자료를 수집합니다. 그리고 최종적으로 전담기구 구성원 중 책임교사는 조사 결과를 바탕으로 육하원칙에 따라 학교 폭력 사안조사 보고서를 작성합니다.

전담기구에 소속되어 있는 교원위원이 주의할 사항은 다음과 같습니다.

① 신속하게 증거 자료를 확보해야 합니다.

② 가능한 수업시간 이외의 시간에 조사를 진행해야 합니다.

③ 조사한 내용이 심의위원회에서 활용될 수 있습니다.

④ 성급하게 화해를 종용하지 않습니다.

⑤ 심의위원회 결정 전까지는 피해자와 가해자를 단정짓지 말고, '관련 학생'이라는 용어를 사용합니다.

⑥ 피·가해 학생을 대질시키거나 강압적인 조사를 하지 않습니다.

⑦ 가해 학생이 여러 명일 경우, 분리하여 조사합니다.

⑧ 다른 학생이 작성한 확인서를 상대방에게 공개하지 않습니다.

가해 학생 보호자를 상담할 때에는 신고 내용 및 상대 학생의 피해 사실 등을 객관적으로 설명하고 이후의 사안처리 과정에 대하여 안내하도록 합니다. 이는 가해 학생 측의 방어권 보장을 위함입니다.

학교 폭력 책임교사는 관련 학생들의 긴급조치가 필요한 경우, 긴급조치 보고서를 작성해야 합니다. 긴급조치 사유로 학교장은 사안 접수 이후 학교장 자체해결 혹은 심의위원회 개최 요청 전에 긴급조치를 할 수 있으며, 심의위원회 운영 상황을 고려하여 조치결정 전에도 긴급조치를 할 수 있습니다.

피해 학생 보호를 위하여 긴급하다고 인정, 또는 피해 학생이 긴급보호의 요청을 하는 경우 제1호, 제2호, 제6호 조치를 취할 수 있으며, 반드시 심의위원회에 보고해야 합니다.

또한 가해 학생에 대한 선도가 긴급하다고 인정할 경우 법률 제17조 제1항 제1호, 제2호, 제3호, 제5호, 제6호(제5, 6호는 병과조치 가능)

하며, 심의위원회에 보고 및 추인 과정을 거치게 됩니다. 추인 시 조치결정 통보서와 학교생활기록부에 기재됩니다.


## ◑ 가해자와 피해 학생의 분리

학교의 장은 학교 폭력 사건을 인지한 경우, 대통령령으로 정하는 특별한 사정이 없으면 지체 없이 가해자(교사 포함)와 피해 학생을 분리하여야 한다(법률 제16조 제1항).

※ 2023년 4월 12일 학교 폭력 근절대책에 따라, 피해 학생을 최우선으로 보호하기 위하여 즉시분리 기간을 3일에서 7일로 연장.


• 분리의 취지

  - 피해 학생의 심리적 불안감을 해소하고, 2차 피해를 방지하며 고조된 학교 폭력 갈등 상황을 완화하고자 함.

※ 관련 학생 쌍방이 서로 피해를 주장하며 분리를 요청하는 경우에는 양측의 의사를 모두 반영하여 상호 분리를 하여야 함.


• 학교의 장이 학교 폭력 사건을 '인지'한 경우

  - 피해 학생 소속 학교에 신고·접수된 학교 폭력 사안을 학교장이 보고 받아 알게 된 날을 의미한다.

## 분리 절차

| 학교 폭력 사안 인지<br>(접수) | 분리 방법 결정<br>\* 24시간 이내 처리 | 가해자 분리 |
|---|---|---|
| • 피해 학생에게 분리 의사 확인<br>※ 분리 의사 확인서<br>〈양식 1-2〉 | • 분리 대상과 기간, 공간 등 분리 방법 결정(전담기구 또는 소속교원 협의를 통해 학교장이 결정)<br>※ 학교장의 판단으로 협의 없이 분리 가능 | • 최대 3일을 초과하지 않음(기존 3일에서 7일로 연장).<br>• 가해 관련 학생 및 보호자에게 유선 통화 등으로 통보 |

※ 학교는 분리 시행 전 관련 학생들에게 제도의 취지, 기간, 출결, 이후 사안 처리 절차 등에 대해 충분한 설명을 하여야 함.

### 분리의 예외 사유

- 피해 학생이 반대의사를 표명하는 경우
  - 피해 학생이 가해자(교사 포함)에 대한 분리를 반대하는 경우
- 가해자(교사 포함) 또는 피해 학생이 「학교 안전사고 예방 및 보상에 관한 법률」 제2조 제4호에 따른 교육활동 중이 아닌 경우
- 법 제17조 제4항 전단에 따른 조치로 이미 가해자와 피해 학생이 분리된 경우
  - 가해 학생에 대한 학교장 긴급조치로 이미 가해 학생과 피해 학생이 분리된 경우

분리 기간은 분리 방법 결정 시점으로부터 최대 7일 범위 내에서 실시하되, 제16조 제1항 또는 제17조 제4항에 따라 긴급조치가 시행되어 가해자와 피해 학생이 분리된 경우에는 종료된다.

- 가해자와의 분리 시행 당일은 분리 기간에 산입(초일 산입)되며, 공휴일이나 토요일이 분리 기간에 포함되더라도 이를 기간에 포함하여 계산함.
- 가해자와 피해 학생의 분리 기간 중에도 제16조 제1항 또는 제17조 제4항에 따라 긴급조치를 시행할 수 있음.

## ◑ 교육활동의 정의와 범위

**학교 안전사고 예방 및 보상에 관한 법률**

• 제2조(정의) 4. "교육활동"이라 함은 다음 각 목의 어느 하나에 해당하는 활동을 말한다.

가. 학교의 교육과정 또는 학교의 장(이하 "학교장"이라 한다.)이 정하는 교육계획 및 교육방침에 따라 학교의 안팎에서 학교장의 관리·감독하에 행하여지는 수업·특별활동·재량활동·과외활동·수련활동·수학여행 등 현장체험활동 또는 체육대회 등의 활동

나. 등하교 및 학교장이 인정하는 각종 행사 또는 대회 등에 참가하여 행하는 활동

다. 그밖에 대통령령으로 정하는 시간 중의 활동으로서 가목 및 나목과 관련된

활동

**학교 안전사고 예방 및 보상에 관한 법률 시행령**

• 제2조(교육활동과 관련된 시간) 「학교 안전사고 예방 및 보상에 관한 법률」

(이하 "법"이라 한다.) 제2조 제4호 다목에서 "대통령령이 정하는 시간"이란

다음 각 호의 어느 하나에 해당하는 시간을 말한다.

1. 통상적인 경로 및 방법에 의한 등하교 시간

2. 휴식시간 및 교육활동 전후의 통상적인 학교 체류시간

3. 학교의 장(이하 "학교장"이라 한다.)의 지시에 의하여 학교에 있는 시간

4. 학교장이 인정하는 직업체험, 직장견학 및 현장실습 등의 시간

5. 기숙사에서 생활하는 시간

6. 학교 외의 장소에서 교육활동이 실시될 경우 집합 및 해산 장소와 집 또는

기숙사 간의 합리적 경로와 방법에 의한 왕복 시간

2021년 6월 23일부터는 피해 학생 보호 강화 방안이 시행되고 있습니다. 학교 폭력 예방법 제16조 개정(2020.12.22.)에 따라 2021년 6월 23일부터 학교장은 학교 폭력 사안을 인지(신고, 발견, 확인 등)한 경우에는 피해 학생 분리 보호를 적용해야 합니다.

학교장 판단에 따른 피해 학생 긴급 보호조치는 폐지됩니다. 하지만 피해 학생 요청에 따른 학교장 긴급 보호조치는 그대로 유지됩니다.

## ◑ 참고

- 학교는 가해자 분리 시행을 위해 교내에 별도 공간을 마련하고, 분리 기간 동안 관련 학생의 학습권 보장을 위해 교육자료 제공, 원격 수업 등의 방안 마련

- 가정이나 학교 외의 장소(Wee센터 등)를 이용하여 분리를 시행한 경우, 분리 기간은 「학교생활기록 작성 및 관리지침」의 '기타 부득이한 사유로 학교장의 허가를 받아 결석하는 경우' 출석인정 결석으로 처리 가능

- 학급과 학년이 달라도 분리 의사를 확인해야 하며, 분리를 원하는 경우 수업은 각자 소속 학급에서 수강하되, 쉬는 시간과 점심시간, 교실 이동 시간 등에 대한 동선의 분리 및 생활지도 계획을 수립함으로써 피해 학생 보호에 노력해야 함.

- 동일한 피해 학생이 동일한 가해 학생과 최초 분리 이후, 분리 이전 사안에 대해 연속적으로 신고할 경우, '분리'의 취지에 벗어난 것으로 보고 최초 1회 분리만 실시함. 단, 최초 분리 이후 새로운 사안이 발생하여 신고하였을 경우에는 분리 실시할 수 있음.

- 피해 학생 1명이 학급, 학년 전체를 신고한 경우, 학교 여건 및 환경, 피해 학생 의견 등을 종합적으로 고려하여 피해 학생을 분리하여 보호 가능함.

- 가해 학생이 학교장 허가 교외 체험학습 중인 경우, 이미 가해 학생과 피해 학생 간 실질적 분리가 이루어진 경우로 분리를 위한 별도의 조치는 불필요함. 단, 분리 결정 일수보다 학교장 허가 교외 체험학습 일수가 적을 경우, 학교장 허가 교외 체험학습 일수를 제외한 나머지 일수에 대해 분리 시행함.
- '가해자와 피해 학생 분리'는 가해 학생에 대한 징계성 조치가 아님을 안내

## ◑ 긴급조치

**피해 학생 보호를 위한 긴급조치**

- 긴급조치 결정권자: 학교의 장
- 긴급조치 사유: 학교장은 피해 학생이 긴급보호를 요청하는 경우에는 학교장 자체해결 혹은 심의위원회 개최 요청 전에 제1호, 제2호 및 제6호의 조치를 할 수 있다.

※ 다만, 학교장은 심의위원회 운영 상황을 고려하여 심의위원회 개최 요청 이후라도 동(同) 위원회의 조치결정 전까지 긴급조치를 할 수 있음.

- 긴급조치 범위
  - 학내외 전문가에 의한 심리상담 및 조언(제1호)
  - 일시 보호(제2호)
  - 그밖에 피해 학생의 보호를 위하여 필요한 조치(제6호)

※ 제6호 예시: 피해 학생의 보호를 위한 학교 자체의 특별보호 프로그램을
　 운영할 수 있음.

- 피해 학생 긴급조치는 심의위원회에 즉시 보고하여야 한다.


**가해 학생 선도를 위한 긴급조치**

- 긴급조치 결정권자 학교의 장

- 긴급조치 사유: 학교장은 가해 학생에 대한 선도가 긴급하다고
  인정할 경우 학교장 자체해결 혹은 심의위원회 개최 요청 전에
  우선 제1호부터 제3호까지, 제5호 및 제6호의 조치를 할 수 있
  으며, 제5호와 제6호는 동시에 부과할 수 있다.

※ 다만, 학교장은 심의위원회 운영 상황을 고려하여 심의위원회 개최 요청
　 이후라도 동(同) 위원회의 조치결정 전까지 긴급조치를 할 수 있음.

※ 부과 가능 조치: 제1호, 제2호, 제3호, 제5호, 제6호, 제5호+제6호
　 2023년 4월 12일 학교 폭력 근절대책으로 '긴급조치'로서 출석정지(6호)
　 또는 학급교체(7호)를 할 수 있도록 학교의 피해 학생 보호를 강화하였음.

- 긴급조치 범위
  - 피해 학생에 대한 서면사과(제1호)
  - 피해 학생 및 신고·고발 학생에 대한 접촉, 협박 및 보복행위
    의 금지(제2호)
  - 학교에서의 봉사(제3호)
  - 학내외 전문가에 의한 특별교육 이수 또는 심리치료(제5호)
  - 출석정지(제6호)

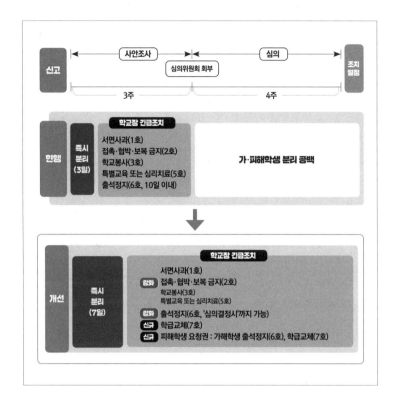

- 학급교체(제7호)

- 피해 학생 요청권 : 가해 학생 출석정지(제6호), 학급교체(제7호)

• 학교장이 우선 출석정지를 할 수 있는 사안은 2명 이상이 고의
적·지속적으로 폭력을 행사한 경우, 전치 2주 이상의 상해를 입
힌 경우, 신고, 진술, 자료제공 등에 대한 보복을 목적으로 폭력
을 행사한 경우, 학교장이 피해 학생을 가해 학생으로부터 긴급
하게 보호할 필요가 있다고 판단하는 경우이다(시행령 제21조).

※ 학교장이 우선 출석정지 조치를 하려는 경우에는 해당 학생 또는 보호자의 의견을 들어야 함. 다만, 학교장이 해당 학생 또는 보호자의 의견을 들으려 하였으나 이에 따르지 아니한 경우에는 그러하지 아니함(시행령 제21조 제2항).

- 가해 학생에 대한 긴급조치는 심의위원회에 즉시 보고하고 추인을 받아야 한다.
  - 긴급조치의 경우 사실관계가 확정되기 이전의 결정사항이므로, 심의위원회에서는 '일부 추인' 또는 '추인하지 않음' 결정이 가능하다. 다만, '일부 추인' 또는 '추인하지 않음' 결정을 내렸더라도 긴급조치를 결정할 당시에 그 필요성이 인정된다면 '긴급조치'가 문제되지 않는다.
  - 긴급조치로 '출석정지'를 내렸으나 심의위원회에서 추인하지 않은 경우, 기타 부득이한 사유로 학교장의 허가를 받아 결석하는 경우로 보아 출석으로 인정할 수 있다.
  - 가해 학생 선도를 위한 긴급조치에 대해 심의위원회가 추인하는 경우, 심의위원회의 조치가 되므로 학교생활기록부에 조치사항을 기재해야 한다.

- 가해 학생 긴급조치로 출석정지를 내리고 학교장이 사안을 자체해결한 경우, 학교장은 긴급조치를 직권으로 취소하고 그로

인한 결석 기간을 기타 부득이한 사유로 학교장 허가를 받아 결석하는 경우로 보아 출석 기간으로 인정할 수 있다.

- 학교장이 긴급조치를 한(내부 결제 시행) 때에는 가해 학생과 보호자에게 이를 통지하여야 하며, 가해 학생이 거부하거나 회피하는 때에는 「초·중등교육법」 제18조에 따라 징계하여야 한다.

## ◑ 학생 및 보호자 상담

### 학생 상담 시 유의사항

1. 가급적 조용하고 안정적인 환경을 만들어 주고, 학생이 긴장하거나 불편하지 않도록 편안하고 허용적인 분위기에서 상담을 진행합니다.
2. 피해 학생의 2차 피해를 예방하기 위해 상담 내용이나 상담을 받고 있다는 사실이 다른 교직원이나 학생들에게 알려지지 않도록 유의하며, 사안조사 보고서 작성 및 심의위원회 심의를 위해 필요한 정보에 대해서는 사전에 피해 학생의 동의를 구한 후 전달할 수 있습니다.
3. 관련 학생을 한 장소에 모아 상담하는 것은 피해 학생에게 위축감, 불안감을 줄 수 있으므로, 각자 개별적으로 상담합니다.

4. 가해 학생에게 훈계나 평가를 하는 것은 오히려 역효과를 줄 수 있으므로, 비난이나 심문하는 태도를 취하지 않습니다.

5. 초등학교 저학년, 장애 학생, 한국어 능력이 없거나 부족한 중도 입국·외국인 학생과 탈북 학생, 기타 심리적으로 불안정한 학생 등 상황 전달 및 자기표현이 부족할 수 있는 학생들에 대해서는 안정적인 분위기를 조성하는 등 더욱 세심하게 배려합니다.

## 피해 학생 상담

- 초기 상담 시 피해 학생의 이야기를 판단이나 충고 없이 적극적으로 경청하고, 적절한 위로와 지지를 해 줍니다.
- 피해 학생이 신체적·심리적·정서적으로 어떤 어려움을 겪고 있으며, 필요한 도움은 무엇인지 상황과 욕구를 파악합니다.
- 가해 학생으로부터 보복을 당하지 않도록 학교에서 책임감을 가지고 지도·관리할 것을 알려줍니다.
- 사안처리 절차(학교장 자체해결, 심의위원회 개최) 및 내용, 진행과정, 보호조치 등을 설명해 주어, 학생이 안심하고 학교생활을 해나갈 수 있도록 도와줍니다.

## 가해 학생 상담

- 초기 상담과정에서 학생에게 낙인을 찍지 않고, 가해 학생의 이야기를 판단이나 충고 없이 경청합니다.

※ 경우에 따라서는 쌍방 피해로 결론이 나거나 피해 학생과 가해 학생이 뒤바뀌는 상황이 전개될 수 있음을 고려해야 함.

- 가해 학생들이 폭력을 사용하게 된 상황(가정적 요인 포함)에 대해 충분히 탐색합니다.

- 폭력은 용인되지 않으며 가해 학생이 저지른 행동은 잘못임을 알려주고, 피해 학생이 당한 충격과 상처를 이해시킵니다.

- 가해 학생에게 사안처리 절차(학교장 자체해결, 심의위원회 개최) 및 내용, 진행과정, 보호조치 등을 설명해 주고, 자신의 잘못을 인정하고 사과하려는 욕구가 있는지 여부를 파악합니다.

- 피해 학생에게 사과할 의사가 있을 경우, 먼저 피해 학생이 사과를 받아들일 마음의 준비가 된 상황에서 진심 어린 사과를 해야 한다고 안내합니다.

※ '진심 어린 사과'란 단지 난처한 상황을 모면하기 위한 것이 아니라, 자신의 잘못을 솔직하게 인정하고 상대에게 정중하게 미안한 마음을 표현하는 것.


**목격 학생 상담**

- 목격 학생의 심리적 충격 여부를 확인하여 적절한 위로와 지지를 해줍니다.

- 목격 학생의 이야기를 판단이나 충고 없이 적극적으로 경청하고, 힘들거나 불편한 경우에는 언제든 상담을 통해 도움을 받을 수 있음을 안내합니다.

• 사안조사 과정에서의 비밀 보장에 대해 충분히 안내하여 보복에 대한 두려움을 갖지 않도록 합니다.

## 보호자 상담 시 유의사항

1. 피해 학생과 가해 학생 어느 한쪽을 편든다는 인상을 주지 않도록 주의하며, 객관적인 태도를 유지합니다. 학생과 보호자의 상황과 심정에 대한 이해와 공감을 통해서 신뢰를 형성하고, 불필요한 분쟁이 추가적으로 발생하지 않도록 반응합니다.

2. 보호자가 감정적으로 격양되더라도 동요하지 말고 침착하게 대응합니다.

3. 보호자의 상황과 심정을 충분히 이해하고 공감함으로써 신뢰 관계(라포)를 형성하되, 보호자의 의견에 대한 동조나 반박은 추후 불필요한 분쟁을 야기할 수 있음을 감안하여 신중하게 반응합니다.

4. 보호자가 사안의 내용이나 정황에 대해 문의할 때는 명확하게 확인된 사실만을 전달하고, 가해 학생 징계 수위나 피해 학생 보호조치 수준에 대해 언급하지 않습니다.

5. 장애 학생의 보호자가 장애로 인해 의사소통이 어려운 경우, 특수교육 전문가 등의 참여를 통해 충분한 상담이 이루어질 수 있도록 합니다.

6. 다문화가정 학생(중도입국 학생, 외국인 학생 등)의 보호자가 한국어 구사능력이 미숙하여 의사소통이 어려운 경우, 통역을 통해 충분한 상담이 이루어질 수 있도록 합니다.

7. 당사자의 개인 정보(주소, 전화번호 등)를 당사자의 동의 없이 상대방에게 알려주지 않습니다.

### 피해 학생 보호자 상담

- 피해 학생의 보호자는 자녀가 학폭 피해를 입었다는 사실을 알게 되어 놀라고 당황스러워하는 한편, 가해 학생에 대한 분노와 원망, 억울함, 자신의 자녀에 대한 미안함 등으로 자녀를 대신하여 무엇이라도 해주고 싶은 마음이 들 수 있다는 것을 이해해야 합니다.

- 피해 학생 보호자의 감정이 격앙될 수 있음을 이해하고 수용하는 것이 중요합니다.

- 피해 학생 보호자가 말하는 상황이 해당 사안과 직접적으로 관련한 사실이 아닐지라도 처음에는 온전히 들어주는 것이 필요합니다.

- 피해 학생 보호자가 심리·정서적으로 어떤 어려움을 겪고 있으며, 필요한 도움은 무엇인지 상황과 욕구를 파악합니다.

- 교사의 개인적 의견을 묻는 경우, 공정한 업무 처리를 위해 개인적 의견을 언급할 수 없음을 정중하게 전달합니다.

※ **(예시)** 학교 폭력 사안을 처리할 때 공정하게 업무를 처리하기 위해 개인적 주관이 개입되지 않도록 항상 조심하고 있습니다. 저의 개인적인 의견을 말씀드리지 못하는 점 양해 부탁드립니다.

- 피해 학생의 심리적 안정을 위해 가정에서의 보호자 역할을 안내합니다.
- 피해 학생이 학교에서 상담을 받는 것을 불편해하는 경우, 외부 전문기관에 연계하여 상담을 받을 수 있음을 안내합니다.

**가해 학생 보호자 상담**

- 가해 학생 보호자 역시 자녀가 다른 학생에게 폭력을 휘둘렀다는 사실에 당황스러움과 혼란스러움, 의심, 미래에 대한 불안감 등을 경험하게 됨을 이해합니다.
- 가해 학생 보호자는 자녀의 잘못을 인정하면 더 중대한 가해 학생 조치를 받을지 모른다고 우려할 수 있음을 이해합니다.
- 가해 학생 보호자의 감정은 수용하되, 확인된 사실에 근거하여 가해 학생의 폭력 행동에 대해서는 정확히 알려주어 상황을 객관적으로 수용할 수 있도록 합니다.
- 가해 학생 보호자가 학생의 가해 행위를 부정하는 경우, 논쟁하기보다는 접수하는 태도로 반응합니다.

※ **(예시)** 네, 그런 생각이 드시는군요. 말씀하신 내용 잘 정리하여 전달하겠습니다.

- 가해 학생 보호자가 피해 학생 및 보호자에게 사과할 의사가 있을 경우, 먼저 피해 학생 측에서 사과를 받아들일 마음이 있고 준비된 상황인지 알아본 후, 진심 어린 사과가 중요하며 일방적인 사과는 피해 학생 측을 더 힘들게 할 수도 있음을 안내합니다.
- 학교에서는 가해 학생에 대해서도 걱정하고 있으며 교육적으로 적절하게 지도하는 것은 물론이고, 정확한 사실을 확인하여 이에 따라 대응하는 것이 가해 학생과 피해 학생 모두를 위한 것임을 안내합니다.
- 가해 학생의 심리적 안정을 위해 가정에서의 보호자 역할을 안내합니다.

# 3.
## 학교장 자체해결 여부 심의

전담기구는 학교 폭력 사안조사 보고서를 토대로 회의를 열어 학교장 자체해결 여부를 심의합니다. 피해 학생 및 그 보호자가 심의위원회의 개최를 원하지 않고, 전담기구의 심의 결과가 아래의 네 가지 요건에 모두 해당하는 경미한 학교 폭력의 경우에 학교의 장은 자체적으로 해결할 수 있습니다.

① 2주 이상의 신체적·정신적 치료를 요하는 진단서를 발급받지 않은 경우

② 재산상 피해가 없거나 즉각 복구된 경우

③ 학교 폭력이 지속적이지 않은 경우

④ 학교 폭력에 대한 신고, 진술, 자료제공 등에 대한 보복행위가 아닌 경우

'학교장 자체해결제'는 2019년 9월 학교 폭력예방 및 대책에 관한 법률 개정을 통해 도입되었습니다. 개정된 학교 폭력 예방법은 학교장 자체해결제 도입과 함께 학교 폭력 심의를 기존 학교 내 '학교 폭력 대책 자치위원회(학폭위)'에서 교육지원청의 '학교 폭력 대책 심의위원회'로 이관한 것입니다.

이 중 심의위원회 이관의 경우는 2020년 3월부로 시행되었습니다. 그리하여 2019년 2학기는 학교 내에 자체해결제와 자치위원회 심의가 병존하는 상황이었습니다.


2020년 10월 16일 강득구 의원(경기 안양 만안)이 교육부로부터 제출받은 '학교장 자체해결 현황' 자료에 따르면, 초등학교에서는 학교장 자체해결 비율(54.6%)이 자치위원회 심의율(45.4%)보다 더 높은 반면, 중학교와 고등학교에서는 자치위원회 심의율이 학교장 자체해결 비율보다 더 높은 것으로 나타났습니다. 이는 중·고교의 경우 학교장 자체해결 요건을 충족하는 경미한 학교 폭력 사안보다는 다소 중대한 사안이 많았기 때문으로 추정됩니다.

학교장 자체해결제는 분쟁과 갈등으로 몸살을 앓던 학교의 교육적 역할을 강화하기 위해 도입된 제도입니다. 중대한 학교 폭력 사안은 심의위원회에서 전문성 있게 처리하되, 화해와 갈등조정을 통해 해결할 수 있는 사안은 학교에서 교육적으로 해결할 수 있도록 해야 합니다.

학교장 자체해결제 충족 요건 중에서 확실해 보이는 조건은 **1번과 2번**입니다. 1번과 2번이 충족될 경우, 학교장 자체해결이 되는 가능성이 높습니다. **1번 '2주 이상의 신체적·정신적 치료를 요하는 진단서를 발급받지 않은 경우'**란 학교 폭력 전담기구 심의일 이전에 진단서를 제출하지 않은 경우입니다. 이 경우 전담기구에서는 자체해결 요건에 해당하는 것으로 판단합니다. 단, 피해 학생 측이 학교에 진단서를 제출한 이후에 의사를 번복하더라도 진단서 회수는 불가합니다. 그러니 진단서 제출 여부는 신중하게 판단하여 결정해야 합니다.

**2번 '재산상 피해가 없거나 즉각 복구된 경우'**란 전담기구 심의일 이전에 재산상 피해가 복구되거나, 가해 측 보호자가 피해 측 보호자에게 재산상 피해를 복구해 줄 것을 확인해 주고, 피해 관련 학생 보호자가 인정한 경우를 말합니다. 이때 '재산상 피해'는 신체적·정신적 피해의 치료비용 등을 포함합니다. 따라서 가해 관련 학생 보호자는 학교에서 개최되는 전담기구 심의일 전에 해당 사안과 관련해서 피해 측의 재산상 피해가 즉각 복구되도록 노력해야 함을 알 수 있습니다.

**3번 '학교 폭력이 지속적이지 않은 경우'**와 관련해서는 지속성의 여부가 관건인데, 이는 피해 관련 학생의 진술이 없을지라도 전담기구에서 보편적 기준을 통해 판단하게 됩니다. 예를 들어, 가해 학생이 피해 학생을 매일 매일 주기적으로 신체폭행을 가한 경우는 지속성이 있다고 판단할 수 있겠습니다. 가해 학생이 피해 학생에게 1회에 3번 때린 경우, 지속성이 있다고 판단하기 어려울 수 있습니다.

**4번 '학교 폭력에 대한 신고, 진술, 자료제공 등에 대한 보복행위가 아닌 경우'**란 가해 관련 학생이 조치 받은 사안 또는 조사 과정 중에 있는 사안과 관련하여 신고, 진술, 증언, 자료 제공 등을 한 학생에게 학교 폭력을 행사하였다면 보복행위로 판단할 수 있습니다. 통상 학교의 전담기구에서 심의 시 보복행위 여부는 학폭 사안을 전체적으로 보고 판단하게 됩니다. 피해 관련 학생 및 보호자가 가해 관련 학생의 보복이 두렵다고 하는 경우에는 보복행위가 있다고 판단합니다. 따라서 가해 관련 학생 및 보호자는 학폭 사안이 신고된 경우, 피해 관련 학생에게 "너 학폭 신고했어? 안 봐줄 거야." 등의 문자를 보내거나 만나서 이야기해서는 안 됩니다.


### ◑ 학교장 자체해결 시 고려사항

- 필요시, 가해 학생 대상으로 상담, 캠페인 활동 등 다양한 별도 교육 프로그램을 운영할 수 있다.
- 필요시, 관련 학생 간 관계개선 의지와 동의 여부에 따라 관계회복 프로그램을 운영할 수 있다.

※ 학교는 신고·접수 등 사건 인지 후 14일 이내에 1) 사안조사, 2) 전담기구 심의, 3) 학교장 자체해결 여부 결정 및 시행, 4) 학교장 자체해결 사안이 아닌 경우, 심의위원회 개최 요청까지 완료하여야 함. 다만, 필요한 경우 학교장은 해당 절차의 완료를 7일 이내에서 연기할 수 있음.

※ 법률 제13조의2 제1항 각 호의 요건을 모두 충족하였으나 피해 학생과 그 보호자가 학교장 자체해결에 동의하지 않아 심의위원회 개최가 요청된 경우에는 피해 학생과 그 보호자가 심의위원회의 조치결정 전까지 심의위원회 개최 요구 취소 의사를 학교에 서면으로 표명 시, 학교장은 심의위원회 개최 요청을 취소할 수 있음(이 경우에는 학교장 자체해결로 간주하며 별도의 자체해결 심의 절차 및 보고 생략).

학교장 자체해결 여부를 심의하는 회의가 어떤 식으로 진행되는 지는 다음에 예로 든 회의록 내용을 참고하시기 바랍니다.

# 학교 폭력 전담기구 회의록 (자체해결 여부 심의)

(교육부, 〈학교 폭력 사안처리 가이드북〉 참조)

| 회의일시 | 년 월 일 (시작 시각: ~ 종료 시각: ) |
|---|---|
| 참석위원 | 재적 심의위원 명 중 명 참석 |
| 회의주제 | (예시) 1학년 A 학생, B 학생과 관련된 사안 자체해결 여부 심의 |
| 회의<br>내용 | • 전담기구 개최<br>– 학부모위원께 유선 및 기타 방법으로 개최 희망일 확정 후 안내<br>– 전담기구 개최 관련 내부결제 필요<br>• 전담기구 심의 요건<br>– 재적 위원의 과반수 출석으로 개최하고 과반수 찬성으로 심의 의결함.<br>※ 학교 폭력 전담기구 개최 정족수는 규정이 없으나, 재적인원 과반수 참석은 최소 운영 요건으로 판단함.<br>• 전담기구는 학교장 자체해결 여부 확인 수준으로 운영<br><br>**정족수 확인 및 개회 알림**<br>교감 성원을 보고해 주시기 바랍니다.<br>책임교사 재적위원 O명 중 O명이 출석하여, 성원이 되었음을 보고 드립니다.<br>교감 2020학년도 O차 학교 폭력 전담기구 협의회를 개최하겠습니다.<br><br>**안건 상정**<br>교감 오늘 심의할 안건은 다음과 같습니다. 1학년 A 학생, B 학생과 관련된 사안의 자체해결 여부 심의입니다.<br><br>**전담기구 사안 보고**<br>교감 학교 폭력 책임교사께서는 사안을 보고해 주시기 바랍니다.<br>책임교사 사안 개요 및 쟁점 보고<br>보건교사 심각성(진단서 제출 상황) 보고<br>책임교사 즉시 조치, 고의성(가·피해 학생 확인서), 가해 학생 선도 가능성(학교 폭력 재발 여부) 보고 |

상담교사 반성정도(가해 학생 면담조사), 화해정도(고소, 고발, 합의서 여부) 보고

특수교사 피해 학생 장애여부(특수교사 의견 청취) 보고

교감 기타 궁금하신 사항이 있으신 위원께서는 질의 부탁드립니다.

## 학교장 자체해결 여부 심의

교감 법률 제13조2 제1항 제1호~4호의 요건에 해당하는지 심의하도록 하겠습니다. 2주 이상의 신체적·정신적 치료를 요하는 진단서를 발급하지 않은 경우에 해당합니까?

위원 예(또는 아니오.).

교감 재산상 피해가 없거나 즉각 복구되었습니까(추후 재산상 피해를 복구해 줄 것을 확인하였습니까)?

위원 예(또는 아니오.).

교감 학교 폭력이 지속적이지 않은 경우입니까?

위원 예(또는 아니오.).

교감 학교 폭력에 대한 신고, 진술, 자료제공 등에 대한 보복행위가 아닙니까?

위원 예(또는 아니오.).

## 기타 사항 심의

교감 피해 학생 및 그 보호자가 심의위원회를 요청합니까?

위원 예(또는 아니오.).

교감 학교 폭력사안 조사 결과 오인신고 또는 학교 폭력에 해당되지 않는다고 생각하십니까?

위원 예(또는 아니오.).

교감 자체해결 요건에 충족함에도 불구하고 가해 학생에 대한 선도 조치가 필요하다고 생각되십니까?

위원 예(또는 아니오.).

## 심의 결과

교감 1학년 A학생과 B학생의 사안은 (오인신고임에 따라), (조사 결과 학교 폭력이 아님에 따라), (학교장 자체해결 요건을 충족함에 따라) 학교장 자체해결 사안으로 처리하겠습니다.

| | | 1학년 A학생과 B학생의 사안은 (학교장 자체해결 요건 미충족에 따라), (피해 학생·보호자 요청에 따라), (가해 학생 선도에 대한 필요에 따라) 심의위원회에 요청하도록 하겠습니다. | | |
|---|---|---|---|---|

| | | 내용 | | 조치 |
|---|---|---|---|---|
| **사안 결과** | 학교장 자체해결 | 오인신고 | | |
| | | 조사 결과 학교 폭력이 아님. | | |
| | | 학교장 자체해결 요건 충족 | | |
| | 심의위원회 요청 | 학교장 자체해결 요건 미충족 | | |
| | | 학교장의 요청(가해 학생에 대한 선도 필요) (법률 제13조 제2항 제2호) | | |
| | | 피해 학생·보호자의 요청(법률 제13조 제2항 제3호) | | |
| **확인** | 전담기구 회의 참석위원 | | | |
| | (서명·날인) | | (서명·날인) | |
| | (서명·날인) | | (서명·날인) | |
| | (서명·날인) | | (서명·날인) | |
| | (서명·날인) | | (서명·날인) | |

전담기구에서 학교장 자체해결 여부가 결정되면 학교 폭력 책임 교사가 학교 폭력 전담기구 '심의결과 보고서'를 작성합니다. 양식 내용으로는 일시, 장소, 참석자, 심의 주제(사안번호, 심의 주제), 심의 내용(전담기구 사안조사 내용, 필수 확인 사항), 결정 사항으로 구성되어 있습니다.

전담기구 위원 재적위원 중 과반수 참석해야 출석 개최가 되며, 과반수가 찬성으로 심의·의결이 됩니다. 전담기구 위원이 9명이라면 5명이 참석할 때 개최가 가능하며, 5명 중 3명이 찬성해야 심의·의결되는 것입니다. 심의결과 보고서에서 '심의 내용'에 해당되는 사안조사 내용은 사안의 발생, 상황 종료, 사안 접수, 증빙 제출, 긴급조치, 보호자 간 상황 등, 날짜와 시간 순으로 기재하게 됩니다.

심의결과 보고서의 핵심은 학교장 자체해결 4가지 요건 해당 여부의 판단입니다. 보고서 마지막 부분에 학교장 자체해결 (가능/불가) 또는 관할 교육지원청 학교 폭력 대책 심의위원회에 심의 요청 여부를 기재하게 됩니다. 학교 폭력 사안으로 학교에서 작성하는 모든 서류는 관련 학생과 보호자가 요청해도 법령에 따라 공개하지 못하도록 되어 있습니다.

전담기구에서 심의한 결과 학교장 자체해결에 해당되는 경우, 피해 학생 및 보호자에게 자체해결 동의 여부를 묻게 됩니다. 피해 학생 및 보호자가 동의할 경우, '학교 폭력 대책 심의위원회 개최 요구 의사 확인서/학교장 자체해결 동의서' 양식에 피해 학생과 그 보호자가 서명함으로써 사안이 학교장 자체해결로 종결되는 것입니다. 그러나 전담기구 심의결과에서 학교장 자체해결 요건을 충족하였다 하더라도, 피해 학생 및 보호자가 교육지원청 심의위원회 개최를 원할 경우, 학교 측은 지체 없이 심의위원회 개최 요청을 해야 합니다.

학교장 자체해결이 되는 경우, 책임교사는 '학교장 자체해결 결과 보고서'를 양식에 맞춰 작성합니다. 이 양식은 학교에서 내부결제를 득한 후에 교육지원청으로 공문 발송되는데, 관련 학생 및 보호자에게 공개되지 않습니다. 전담기구는 학교 폭력 사안조사 보고서, 전담기구 심의결과 보고서, 긴급조치 보고서(해당 시), 피해 학생 및 보호자가 서명한 '학교 폭력 대책 심의위원회 개최 요구 의사 확인서/학교장 자체해결 동의서'를 첨부하여 교육지원청에 보고합니다.

# 긴급조치 보고서(피해·가해 학생)

*사안번호: (          )학교    2023-(      )호

| 대상 학생 | 학년 / 반 | | 성명 | |
|---|---|---|---|---|
| 사안 개요<br>(조치 원인) | ※ 접수한 사안 내용을 육하원칙에 의거, 간략히 기재 | | | |
| 조치 내용 | 피해 학생 | 조치 사항 | | |
| | | 법적 근거 | 「학교 폭력 예방 및 대책에 관한 법률」<br>제16조 제1항 | |
| | 가해 학생 | 조치 사항 | | |
| | | 법적 근거 | 「학교 폭력 예방 및 대책에 관한 법률」<br>제17조 제4항 | |
| 조치 일자 | 년      월      일 | | | |
| 긴급조치의<br>필요성 | | | | |
| 관련 학생<br>또는<br>보호자 의견<br>청취 여부 | ① 의견청취 완료 (일시:            , 방법:            )<br>② 의견을 들으려 하였으나 이에 따르지 않음.<br>※ 출석정지 조치를 하고자 할 경우 의견청취는 필수 절차임. | | | |
| 관련 학생 및<br>보호자 통지 | 통지일자 | | | |
| | 통지방법 | | | |
| | 작성자 :<br>확인자 :          학교장 | | | |

[참고]
1. 피해 학생 긴급 보호조치는 법률 제16조 제1항에 의거, 즉시 심의위원회에 보고
2. 가해 가해 학생 긴급 선도조치는 법률 제17조 제4항에 의거, 즉시 심의위원회에 보고 및 추인을 받아야 함.

# 학교 폭력 사안조사 보고서

\* 사안번호: (　　　　)학교　2023-(　　　)호

| 접수 일자 | 년 월 일 | 담당자 성명 & 연락처 | |
|---|---|---|---|
| **사안 유형** | | 유형: 신체폭력 / 언어폭력 / 금품 갈취 / 강요 / 따돌림 / 성폭력 / 사이버폭력 / 기타(중요도 순서로 기재) | |

| 관련 학생 | 학교 | 학년반/번호 | 성명 | 성별 | (공동사안인 경우) 관련학교의 사안 번호 | [학생선수 여부(V표, 가해 관련 학생에 한함.)\*] | 비고 [가해(관련)/피해(관련)] |
|---|---|---|---|---|---|---|---|
| | | / | | | | | |
| | | / | | | | | |

\*「국민체육진흥법」 개정으로 학생징계 정보 수집이 시행('22.8.11.)됨에 따라 학교의 학생선수 담당 교사로부터 학생선수 확인 서류를 제출받은 경우, V 표시

| 피해 학생별 가해 관련 학생 명시 (피해 학생이 다수일 경우) | 피해 관련 학생 | 가해 관련 학생 | ※ 피해 학생이 다수일 경우에는 피해 관련 학생별 가해 학생을 구분하여 명시 |
|---|---|---|---|
| | 이삼월 | 김일월 | |
| | 박이월 | 차사월, 백오월 | |

| 사안 개요 (참석안내서 사안 개요) | ※ 신고 내용과 관련하여 전담기구에서 확인한 내용을 육하원칙에 의거해 기재하되, 피해(관련) 학생의 신고 내용이 누락되지 않도록 주의 |
|---|---|
| **사안 경위** | ※ 사안의 전후, 사안 접수, 전담기구 조사, 양측 주장을 포함한 전체 사건 내용, 전담기구 심의 등을 시간의 흐름에 맞추어 구체적으로 기재<br>※ 전담기구에서 조사한 내용을 육하원칙에 의거해 구체적으로 기재하되, 피해(관련)학생의 신고 내용이 누락되지 않도록 주의 |

| 가해자와 피해 학생의 분리 여부 | 분리 시행 여부 | | 가해자와 피해 학생 분리 예외 |
|---|---|---|---|
| | 시행 | 미시행 | * 피해 학생 반대 의사 표명( ) |
| | 분리 기간 2일 (예시) | | * 교육활동 중이 아님.( )<br>* 학교장이 긴급 선도조치를 시행하여 가해 학생이 이미 분리됨.( ) |

| 자체해결 요건 충족 여부 | 객관적 요건(4가지) 충족 여부(O/X)<br>※ 4가지 요건<br>1. 진단서 미제출<br>2. 재산상 피해가 없거나 즉각 복구함.<br>3. 지속적이지 않음.<br>4. 보복행위가 아님. | 피해 학생 및 보호자의 자체해결 동의 여부(O/X) |
|---|---|---|

| 쟁점 사안 | 주요 쟁점 1. | ※ 기타 쟁점 사안이 있는 경우 추가 작성 | 근거자료 ※ 작성날짜 포함 |
|---|---|---|---|
| | 피해(관련) 학생의 주장 내용 | | |
| | 가해(관련)학생의 주장 내용 | | |
| | 목격 학생의 진술 | | |
| | 주요 쟁점 2. | ※ 위와 동일 | 근거자료 ※ 작성날짜 포함 |
| | …. | …. | …. |

| 시행령 제19조 판단 요소 관련 확인 사실 기재 ※ 학교는 작성 시 참고사항에 따라 각 판단 요소별 구체적으로 사실을 기재(점수를 기재하는 것이 아님.) | |
|---|---|
| 가해 학생이 행사한 학교 폭력의 심각성· 지속성· 고의성 | |

| 가해 학생의 반성 정도 | |
|---|---|
| 가해 학생 및 보호자와 피해 학생 및 보호자 간 화해 정도 | |
| 관계회복 프로그램, 화해중재 참여 여부 | |
| 해당 조치로 인한 가해 학생의 선도 가능성 | |
| 피해 학생이 장애 학생인지 여부 | |
| 긴급조치 여부 | 피해 학생 | |
| | 가해 학생 | |
| 가해 학생 학교 폭력 재발 현황 | ※ 학교 폭력 가해 학생 조치사항 관리대장을 통해 확인될 수 있는 가해 학생의 학교 폭력 횟수 기재 |
| 특이사항 및 고려사항 | ※ 성 관련 사안인지 여부, 치료비 분쟁, 관련 학생이 다문화가정 학생인지 여부, 관련 학생 및 보호자의 요구사항, 언론보도, 경찰 수사 여부 등 특이사항 기재 |

| 기타 사항(학교 의견 등) |
|---|
| (자유롭게 기술, 없으면 공백) |

[참고]

1. 「학교 폭력 예방 및 대책에 관한 법률」 제14조 제5항에 의거, 전담기구는 학교 폭력에 관련된 조사결과 등 활동 결과를 보고하여야 함.

  ※ 학교장 자체해결이 되지 않은 경우, 학교장 결제 후 심의위원회 보고

2. 시행령 제19조 판단 요소 확인 시 참고사항

| 학교 폭력<br>사안조사 시 판단 사항 | 작성 시 참고사항 |
|---|---|
| 심각성 판단 요소 | 성폭력인지 여부, 폭행·상해의 정도, 진단서 제출 여부, 집단폭력인지 여부, 피해 학생의 수, 위험한 물건을 사용했는지 여부, 폭력이 발생한 장소 및 시간 등 |
| 지속성 판단 요소 | 전담기구 심의 결과, 해당 학교 폭력이 지속된 기간 및 횟수 |
| 고의성 판단 요소 | 이전에 피해 학생과 마찰이 있었는지, 비슷한 행동을 행사한 적이 있는지, 폭력이 발생한 장소에 모이게 된 이유, 만류가 있음에도 행사한 것인지 여부, 교사의 지도가 있음에도 그렇게 행동했는지, 비난받을 행동임을 알고 있는지 여부 등 |
| 반성 정도 판단 요소 | 전담기구 조사 협조 여부, 사안 접수 이후의 태도 변화, 확인된 내용을 인정하는지 여부 등 |
| 화해 정도 판단 요소 | 고소·고발 여부, 화해가 되었는지, 합의서가 제출되었는지, 화해의 노력을 하고 있는지, 학생 및 보호자에게 갈등조정 등에 대한 의지가 있는지 여부 등 |
| 가해 학생의<br>선도 가능성 판단 요소 | 가해 학생이 학교 폭력으로 조치를 받은 전력이 있는지 여부, 평소의 생활 태도, 사안 접수 이후의 태도 변화, 해당 조치로 가해 학생 선도와 피해 학생 보호가 충분한지 여부 등 |
| 피해 학생이<br>장애 학생인지 여부 | 장애 유형(영역) 및 정도 등 |

# 학교 폭력 전담기구 심의결과 보고서

\* 사안번호: (        )학교    2023-(        )호

| |
|---|
| **1. 일 시 :**    년    월    일(    요일)    시    분<br>**2. 장 소 :**<br>**3. 참석자 :** |
| **4. 심의 주제 :** 사안번호 2023-00호 (              )에 대한 학교장 자체해결 요건<br>　　　　　　　충족 여부 심의 |
| **5. 심의 내용**<br>**※ 전담기구 사안조사 내용**<br>　• <br>　• <br>　• <br><br>**※ 필수 확인 사항**<br>　• 법률 제13조의2 제1항 제1호~제4호 판단하여 해당 여부 체크 |

| 학교장 자체해결 가능 요건 | 해당 여부<br>(O, X) |
|---|---|
| 1. 2주 이상의 신체적·정신적 치료를 요하는 진단서를 발급받지 않은<br>　경우 | |
| 2. 재산상 피해가 없거나 즉각 복구된 경우(추후 재산상 피해를 복구해<br>　줄 것을 확인한 경우) | |
| 3. 학교 폭력이 지속적이지 않은 경우 | |
| 4. 학교 폭력에 대한 신고, 진술, 자료제공 등에 대한 보복행위가 아닌<br>　경우 | |

| |
|---|
| **6. 결정 사항**<br>　• <br>　• |

# 학교장 자체해결 동의서(학교 폭력 대책 심의위원회 개최 요구 의사 확인서)

* 사안번호: (          )학교    2023-(          )호

| 피해 학생 | 소속 학교 | 학년/반 | 학생 성명 | 보호자 성명 |
|---|---|---|---|---|
|  |  |  |  |  |
| 가해 학생 | 소속 학교 | 학년/반 | 학생 성명 | 보호자 성명 |
|  |  |  |  |  |
| 사안조사 내용 | 사안 내용을 사안조사 보고서를 참고하여 구체적으로 기록 (발생 일시, 사안 내용 등) | | | |

위 사안조사 내용을 확인하였으며, 이 사안에 대해서
학교 폭력 대책 심의위원회를 개최하지 않고
학교장 자체해결에 동의합니다.


2023 년      월      일

피해 학생:                    (인)

피해 학생 보호자:                    (인)


## ○○학교장 귀중

# 학교장 자체해결 결과 보고서

\* 사안번호: (          )학교    2023-(          )호

| 피해 학생 | 소속 학교 | 학년/반 | 학생 성명 | 보호자 성명 |
|---|---|---|---|---|
| | | | | |
| 가해 학생 | 소속 학교 | 학년/반 | 학생 성명 | 보호자 성명 |
| | | | | |

| 사안조사 내용 | 사안 내용을 사안조사 보고서를 참고하여 구체적으로 기록<br>(발생 일시, 사안 내용 등) |
|---|---|
| 학교장 자체해결 결과 | 학교 폭력 전담기구 심의 결과 및<br>피해 학생과 가해 학생 사이에 합의된 결과를 기록<br>(예: 객관적 요건 4가지 충족 여부, 피해 학생 및 그 보호자의 동의 여부, 양자 간의 화해, 가해 학생의 사과와 피해 학생의 용서, 관계회복 프로그램 적용 등의 내용) |

학교장 자체해결 결과를 보고합니다.

2023년    월    일

OO학교장

# 학교 폭력 대책 심의위원회 개최 요청서
**(학교장 자체해결로 종결 후 심의위원회 개최를 요청할 수 있는 경우)**

\* 사안번호: (        )학교    2023-(        )호

| 신청인 | 소속 학교 | 학년/반 | 학생 성명 | 보호자 성명 |
|---|---|---|---|---|
| | | | | |

| 신청 사유 | 요건 | 해당 여부 (O, X) |
|---|---|---|
| | 1. 해당 학교 폭력 사건으로 인한 재산상 손해를 가해 학생 및 그 보호자가 복구하기로 약속하였으나 이행하지 않은 경우 | |
| | 2. 해당 학교 폭력 사건의 조사과정에서 확인되지 않았던 사실이 추가적으로 확인된 경우 | |
| | 구체적 사유를 기술 | |

위와 같이 신청합니다.

2023년    월    일

피해 학생:                    (서명 또는 인)

피해 학생 보호자:                    (서명 또는 인)

[참고] 해당 요청서는 학교장이 접수하여 개최 요구 공문에 첨부함.

# 학교 폭력 대책 심의위원회 개최 요구 취소 요청서

* 사안번호: (          )학교    2023-(          )호

| 신청인 | 소속 학교 | 학년/반 | 학생 성명 | 보호자 성명 |
|---|---|---|---|---|
|  |  |  |  |  |

이 사안에 대해서
학교 폭력 대책심의위원회 개최 요구를 취소하며
학교장 자체해결에 동의합니다.

2023년    월    일

피해 학생:                      (서명 또는 인)

피해 학생 보호자:                      (서명 또는 인)

[참고] 해당 요청서는 학교장이 접수하여 개최 요구 취소 요청 공문에 첨부함.

# 학교 폭력 아닌 사안의 종결 보고서

\* 사안번호 : (          )학교     2023-(      )호

| |
|---|
| 1. 일 시 :     년     월     일(  요일)     시      분<br>2. 장 소 :<br>3. 참석자 : |
| 4. 회의 주제 : 사안번호 2023-00호 (                    )에 대한 학교 폭력 아닌 사안인지<br>여부 확인 |

5. 회의 내용

 ※ 전담기구 사안조사 내용

  •

 ※ 필수 확인 사항 :

| 학교 폭력 아닌 사안으로 종결 가능한 경우 | 해당 여부<br>(O, X) |
|---|---|
| 1. 제3자가 신고한 사안에 대한 조사결과, 학교 폭력이 아니었던 경우<br>(오인신고) | |
| 2. 학교 폭력 의심사안(담임교사 관찰로 인한 학교 폭력 징후 발견<br>등)에 대한 조사 결과, 학교 폭력이 아니었던 경우 | |
| 3. 피해 학생(보호자)이 신고한 사안에서 피해 학생(보호자)이 오인<br>신고였음을 스스로 인정하고, 조사 결과 학교 폭력이 아니었던<br>경우 | |

6. 확인 사항

 •

[참고]
 • 전담기구는 학교 폭력 사안이 아니라고 확인되는 경우, 동 보고서를 첨부하여<br>교육지원청에 보고함.
 • 피해 학생 및 보호자가 심의위원회 개최를 요청할 경우는 반드시 심의위원회를<br>개최하여 처리해야 함. 단, 심의위원회에서 '학교 폭력 아님'으로 결정할 경우<br>'조치 없음'으로 처리함.

# 학교 폭력 대책 심의위원회 미개최 동의서

**(가해자가 학생이 아니고 피해 학생 보호조치를 원하지 않는 경우)**

* 사안번호: (　　　)학교　　2023-(　　　)호

| 피해(관련)학생 | 소속 학교 | 학년/반 | 학생 성명 | 보호자 성명 |
|---|---|---|---|---|
| | | | | |
| **신고 내용** | | | | |

<br>

가해자가 학생이 아니고,
피해 학생 보호조치를 원하지 않아
학교 폭력 대책 심의위원회 미개최에 동의합니다.

<br><br>

2023년　　월　　일

피해 학생:　　　　　　　　　(서명 또는 인)

피해 학생 보호자:　　　　　　　(서명 또는 인)

<br>

## OO학교장 귀중

---

[참고]
- 가해자가 학생이 아니고, 피해 학생과 보호자가 피해 학생 보호조치를 원하지 않는 경우, 학교장은 학교 폭력 대책 심의위원회 개최를 요청하지 않을 수 있음.
- 피해 학생과 그 보호자의 미개최 동의서(본 양식)를 받아 교육지원청에 보고

# 학교 폭력 가해 학생 조치사항 관리 대장

| 인적사항 | | | | 조치<br>일자 | 졸업<br>예정일<br>(월) | 학교 폭력<br>조치사항<br>(기재유보<br>조치 포함) | 졸업 2년 후 삭제 사항 | |
|---|---|---|---|---|---|---|---|---|
| 학<br>년 | 반 | 번<br>호 | 성명 | | | | 전담기구심의<br>사항(제4호,제5호,<br>제6호, 제7호) | 삭제 시기<br>(월) |
| 6 | 1 | | A | 2023.<br>3.12 | 2024.<br>2 | 제3호 | | |
| 6 | 1 | | A | 2023.<br>6.23 | 2024.<br>2 | 제1호<br>제2호<br>제3호 | | |
| 6 | 1 | | A | 2023.<br>8. 4. | 2024.<br>2 | 제1호<br>제7호<br>(제1호<br>기재유보) | (2건 이상의<br>학교 폭력 사안<br>으로 제5호는<br>심의 대상 아님.) | 2026. 2. |
| 6 | 1 | | B | 2023.<br>12.12. | 2024.<br>2 | 제1호<br>제7호<br>(제1호<br>기재유보) | (졸업학년도 2월<br>말까지 6개월이<br>경과되지 않아<br>제7호는 심의<br>대상 아님.) | |
| | | | | | | | | |
| | | | | | | | | |
| | | | | | | | | |
| | | | | | | | | |

※ 보존기간: 졸업 후 2년

※ 학교 폭력 가해 학생 조치 조건부 기재유보 관리 대장을 참고하여 학교 폭력 조치
   사항을 관리 대장에 기재

※ 전출교에서는 전입교에 학교 폭력 가해 학생 조치사항 관리 대장을 송부

# 학교 폭력 가해 학생 조치(제1호·제2호·제3호) 조건부 기재유보 관리 대장(20○○학년도 입학생)

| 인적사항 | | | | 조치일자<br>(이행기간) | 조치<br>사항 | 이행 완료일 | 비고 |
|---|---|---|---|---|---|---|---|
| 학<br>년 | 반 | 번<br>호 | 성명 | | | | |
| 3 | 1 | 25 | 김삿갓 | 2023.4.5.<br>(2023.00.00) | 제1호 | 2023.00.00. | |
| ~~3~~ | ~~2~~ | ~~14~~ | ~~홍길동~~ | ~~2023.5.12.~~<br>~~(2023.00.00)~~ | ~~제3호~~ | ~~2023.00.00.~~ | 다른 학교<br>폭력 사안으로<br>조치를 받음. |
| | | | | | | | |
| | | | | | | | |
| | | | | | | | |
| | | | | | | | |
| | | | | | | | |

※ 조치일자는 교육장 내부결제일(교육지원청에서 학교로 통보함.)

※ 조치이행 기간 내에 이행하지 않은 경우에는 해당란에 취소선을 그음.

---

※ 보존기간: 졸업학년도 2월 말에 폐기

[참고] 학교 폭력 가해 학생 조치(제1호·제2호·제3호) 조건부 기재유보

- 가해 학생 조치사항(제1호·제2호·제3호)을 이행한 가해 학생이 동일 학교급에서 다른 학교 폭력 사안으로 가해 학생 조치를 받지 않은 경우(초등학생은 조치를 받은 날로부터 3년이 경과한 경우)에 한해서 조건부로 기재하지 않음.
- 다만, 해당 학생이 동일 학교급(초등학생은 조치를 받은 날로부터 3년 내)에서 다른 학교 폭력 사안으로 가해 학생 조치를 받은 경우에는 이전에 적지 않은 조치사항을 포함하여 기재함.
- 심의위원회가 정한 이행기간 내에 조치사항을 이행하지 않으면 조치사항을 기재하고, 이후 조치사항을 이행하여도 기재내용은 유지됨.

# 학교 폭력 피해 학생 관련 정보 제공 동의서

| | |
|---|---|
| 제공받는 자 | • 전입교 및 상급학교 |
| 제공받는 자의 이용 목적 | • 전입교 또는 상급학교에서의 피해 학생 보호 및 지원 |
| 제공할 개인 정보 항목 | • 학교 폭력 피해 학생 성명, 학번<br>• 학교 폭력예방 및 대책에 관한 법률 제16조 제1항에 따른 피해 학생 보호조치 사항 |
| 제공받는 자의 개인 정보 보유·이용기간 | • 전입교 또는 상급학교에 재학하는 동안 |
| 동의를 거부할 권리 및 동의를 거부할 경우 불이익 | • 동의를 거부할 수 있으며, 거부하는 경우 전입교 및 상급학교에서 피해 학생 보호를 위한 자료의 이용이 제한됨. |
| 개인 정보 제공 동의 여부 | • 상기의 제공받는 자에게 개인 정보를 제공하는 것에 대한 동의 여부<br><br>동의함☐  동의하지 않음☐ |
| | 2023년   월   일<br><br>피해 학생:                (서명 또는 인)<br>피해 학생 보호자:                (서명 또는 인)<br><br><br>OO학교장 귀중 |

※ 본 양식은 현재 학교에서 보관하며, 전입교 및 상급학교에는 〈양식 4-4〉를 첨부하여 송부

# 학교 폭력 피해 학생 관련 정보 카드

| 학교명 | | | | | | | ○○ 중학교 |
|---|---|---|---|---|---|---|---|
| 학년 | 2 | 반 | 2 | 번호 | 2 | 성명 | 김○○ |

| 피해 학생<br>보호조치 | 1호 학내·외 전문가에 의한 심리상담 및 조언<br>3호 치료 및 치료를 위한 요양 |
|---|---|
| 조치결정 | ○○교육지원청 교육장 (2000.00.00) |

<br><br>

전입교 및 상급학교에서의

피해 학생 보호 및 지원을 위하여

관련 정보를 제공합니다.

<br><br>

OO학교장

## 3-1. 관계회복

학교 폭력 예방법 시행령 제14조의3(학교의 장의 자체해결)에 의하여, 학교의 장은 관련 학생 및 보호자 간의 관계회복을 위한 다양한 노력을 진행해야 합니다. 이것이 어떻게 보면 진정한 교육적 회복일 수 있습니다. 관계회복의 목적은 양측의 관계를 회복시키는 것입니다. 이는 상호 이해 및 소통, 대화의 과정을 통해 피해 학생 측 입장을 충분히 고려해야 합니다. 가해 학생 측의 반성에 대한 올바른 인식 정립을 한 후, 진심 어린 사과와 관계 개선을 통한 회복을 도모해야 합니다. 이를 통해 심리·정서적 안정, 학교생활와 일상생활, 또래(교우) 관계 등의 안정적 적응과 신속한 복귀를 촉진할 수 있습니다.

관계회복 프로그램은 학교 폭력 사안에 관련된 학생들을 대상으로 진행합니다. 진행하기 전에 양측의 개별면담 과정에서 각자가 요구하는 사항과 사안에 대한 해결 방식, 각자의 심리적·정서적 상태 등을 탐색하게 됩니다. 관련 학생들이 관계회복을 위한 준비가 되었으며, 상호 동의하였을 경우 프로그램을 진행합니다.

관계회복 프로그램은 학교 폭력 사안의 관련 학생들을 대상으로 합니다. 그렇기 때문에 학교에서는 프로그램 진행 전에 교원들마다 프로그램에서 하는 역할을 정하게 되는데, 보통 학교에 존재하는 학교 폭력 전담기구 교원위원들이 참여하는 방식을 선호하고 있습니다.

학교 폭력 사안에 대해 잘 알고 있는 교사가 개입하는 것이 효과적이기 때문입니다. 물론 학교 폭력 전담기구 교원위원이 아니더라도, 생활지도 경험이 많은 교사, 관련 학생들과 관계 형성이 양호한 교사 등이 참여하는 경우도 있습니다.

관계회복 프로그램은 학교에서 운영할 수 있는 모든 것이 해당이 됩니다. 관련 학생이 원하는 프로그램을 사전 개별면담에서 제안하면 반영할 수 있습니다. 주로, Wee클래스에서 전문상담교사의 전문적인 상담, 심리치료 등의 프로그램을 운영할 수 있으며, 외부 기관과 연계하여 운영할 수도 있습니다.

## ◑ 관계회복 프로그램 운영 시, 역할 예시안

| 교장 | • 관계회복 프로그램 운영의 총괄 |
|---|---|
| 교감 | • 관계회복 프로그램 운영 관리<br>• 외부 연계가 필요한 경우 진행 |
| 담임교사 | • 학생 및 보호자에게 안내, 동의 확인 진행 및 협의<br>• 관계회복 프로그램 진행<br>• 관계회복 프로그램 이후 사후 관리 진행 및 협의 |
| 책임교사 | • 사안에 대한 파악 및 공유<br>• 관계회복 프로그램 진행 |
| 상담교사 | • 심리적·정서적 개입 및 진행<br>• 기타 정서적 위기 상황에서의 자문<br>• 관계회복 프로그램 진행 |

그러나 관계회복 프로그램 진행은 사안처리를 갈음할 수 없습니다. 심의위원회의 조치결과 대신 진행하여 조치를 변경하거나 경감 등의 조건부로 진행할 수 없다는 뜻입니다. 프로그램 진행 시의 참고 사항은 아래와 같습니다.

① 학교에서는 관련 학생들이 동의한 경우에만 진행합니다.

② 프로그램 진행 중에 관련 학생 중 1명이라도 중단을 요구하는 경우, 즉시 중단될 수 있습니다.

③ 관계회복 프로그램을 한다고 나빴던 사이가 급작스럽게 좋아지거나 개선이 된다고 확정하는 것은 위험합니다.

④ 프로그램이 효과를 보려면 사전에 학교나 교사가 보호자와 면담 등을 통해 프로그램의 목적을 잘 설명해야 합니다.

⑤ 사안 이후 상호 소통을 통하여 안전한 학교생활을 할 수 있도록 안내해야 합니다.

⑥ 프로그램의 목적은 관련 학생들이 학교 및 일상생활과 또래와의 관계에 잘 적응할 수 있도록 도움을 주는 데 있습니다.

⑦ 관계회복 프로그램은 피해 학생의 의사를 존중하여 진행되는 것이며, 학교 폭력 사안이 발생했다고 무조건적으로 운영하는 것은 아닙니다.

**가정에서: 피해 관련 자녀**

- 심리적 어려움에 대해 공감하는 것이 중요합니다.

- 자녀의 상태를 고려하여 안정감을 주는 접근이 필요합니다.

- 대화할 때는 정서적·신체적으로 안정을 찾게 해줘야 합니다.

- 자녀가 원하는 것이 무엇인지 파악합니다.

- 자녀가 사안에 대해 자책감을 느끼지 않도록 합니다.

- 필요할 경우 외부 전문가의 도움을 요청하도록 합니다.


**가정에서: 가해 관련 자녀**

- 가해 행동에 대한 사실 확인을 합니다.

- 자녀가 이야기한 사실을 확인하는 과정을 거칩니다.

- 자녀가 가해 행동을 한 원인에 대해 탐색합니다.

- 탐색을 통해 사안 해결점을 찾도록 하며, 추가적인 가해 행동이 나타나지 않도록 합니다.

- 자녀에게 가해 행동에 대해 비난이나 훈계 등은 하지 않습니다.

- 앞으로 어떤 행동을 해야 되는지 대화를 나눕니다.

## 3-2. 분쟁조정

심의위원회는 학교 폭력과 관련하여 분쟁이 있는 경우 그것을 조정할 수 있습니다. 분쟁의 조정기간은 1개월을 넘지는 못합니다. 주로 많이 등장하는 것은 피해 학생과 가해 학생 간 또는 그 보호자 간의 손해배상에 관련된 합의조정이며, 그밖에 심의위원회가 필요하다고 인정하는 사항입니다.

물론 분쟁조정을 위해 관계 기관의 협조를 얻어 학교 폭력과 관련된 사항을 조사할 수 있습니다. 심의위원회가 직접 학교 폭력 관련한 분쟁조정을 하고자 할 때에는 피해 학생 및 보호자, 가해 학생 및 보호자에게 통보해야 합니다.

관련 학생 및 보호자의 동의와 학교 측의 동의도 확인되어야 진행이 될 수 있습니다. 이때 한쪽 편을 들어주는 것은 지양하고, 분쟁조정의 객관성, 공정성, 중립성을 기반으로 전문적인 조정이 되도록 해야 합니다.

### ① 분쟁조정의 신청

분쟁 당사자가 분쟁조정신청서 양식(분쟁조정 신청인의 성명 및 주소, 보호자의 성명 및 주소, 분쟁조정 신청의 사유 등)을 작성하여 심의위원회나 교육감에게 신청합니다. 이를 위해서 학교나 심의위원회는 해당 당사자들에게 분쟁조정 제도가 있다는 사실을 반드시 알려야 합니다.

학교 폭력 사안을 처리하다 보면 관련 학교, 관련 학생 및 보호자는 학교 폭력 처리 절차 및 관계회복 프로그램, 분쟁조정 등에 관해서 제대로 알지 못하는 경우가 많습니다. 따라서 학교 폭력 사안이 발생하면 보호자도 관련 법, 시행령 등을 꼼꼼하게 확인하는 자세가 필요합니다.

인터넷상에서 '국가법령정보센터'에 들어가서 검색 칸에 키워드 '학교 폭력'을 입력하면 관련 법률 및 시행령에 관한 내용이 나옵니다. 이 법령의 구체적인 내용을 보호자가 확인하고 인지하면, 사안을 이해하고 해결방안을 모색하는 데 도움이 됩니다.

### ② 분쟁조정의 개시

분쟁조정 신청을 받으면 심의위원회 또는 교육감은 신청을 받은 날부터 5일 이내에 분쟁조정을 시작하고 분쟁조정의 일시 및 장소를 통보해야 합니다. 조정이 시작되었지만 피치 못할 사정으로 출석을 하지 못하는 경우에는 분쟁조정의 연기를 요청할 수도 있습니다. 그럴 경우에는 심의위원회 또는 교육감이 분쟁조정의 기일을 다시 잡아야만 합니다.

심의위원회 또는 교육감은 심의위원회 위원 또는 지역위원회 위원 중에서 분쟁조정 담당자를 지정해야 합니다. 물론 이 경우에는 외부 전문기관에 분쟁과 관련된 사항에 대하여 자문 등을 요청할 수도 있습니다.

③ 분쟁조정이 거부나 중지, 종료되는 경우

[거부] 분쟁 당사자 중 어느 한쪽이 분쟁조정을 거부한 경우

[중지] 피해 학생 등이 관련된 학교 폭력에 대하여 가해 학생을 고소·고발하거나 민사상 소송을 제기한 경우

[중지] 분쟁조정의 신청내용이 거짓임이 명백하거나 정당한 이유가 없다고 인정되는 경우

[종료] 분쟁 당사자들 간에 합의가 이루어지거나 심의위원회 또는 교육감이 제시한 조정안을 분쟁 당사자들이 수락하는 등 분쟁조정이 성립한 경우

[종료] 분쟁조정 개시일부터 1개월이 지나도록 분쟁조정이 성립되지 못한 경우

※ 분쟁조정의 거부·중지 및 종료 시 그 사유를 분쟁 당사자에게 각각 통보.

# 분쟁조정 신청서

| 학생 | 성명 | (남 / 여) |
|---|---|---|
| | 주소 | |
| | 소속 | 학교      학년      반 |
| 보호자 | 성명 | 관계          전화번호 |
| | 주소 | |

<table>
<tr><td rowspan="1">신청 사유</td><td></td></tr>
</table>

| 신청 사유 | |
|---|---|
| | |

위와 같이 분쟁조정을 신청합니다.

신청일 :    년   월   일

신청인 :          (서명)

# 4.
## 심의위원회 개최

전담기구 심의 결과 학교장 자체해결이 되지 않아 심의를 요청한 경우, 학교장 자체해결 요건은 충족하였지만 피해 학생 및 보호자가 심의를 요청한 경우에 심의위원회가 심의하게 됩니다. 심의 개최 전에 개최를 원하지 않는 경우도 발생할 수 있습니다.

이럴 경우, '학교 폭력 대책 심의위원회 개최 요구 취소 요청서' 양식을 심의 전에 제출하면 개최 취소가 가능합니다. 양식에는 신청인 (소속 학교, 학년/반, 학생 성명, 보호자 성명, 주소)이 포함되고, 심의위원회 개최 취소를 요청한다는 문구, 피해 학생과 보호자의 서명이나 인(印)이 들어갑니다.

이러한 심의 취소 장치 마련은 피해 측의 입장을 충분히 고려한 조치로 보입니다. 심의 전까지 관계회복, 갈등조정, 분쟁조정의 가능성은 늘 열려 있습니다.

심의위원회는 위원장 1인을 포함하여 10명 이상 50명 이내의 위원으로 구성되고, 법률에 따라 전체위원의 3분의 1 이상을 해당 교육지원청 관할 구역 내 학교(고등학교 포함)에 소속된 학부모로 위촉합니다. 또 학교 폭력 피해 및 가해 학생이 각각 다른 교육지원청 관할 구역 내 학교에 재학 중인 경우에는 교육감의 보고를 거쳐 두 곳 이상의 교육지원청이 공동으로 심의위원회를 구성할 수 있습니다.

심의는 대면이 원칙으로, 특별한 경우가 아니면 피해 및 가해 학생과 보호자가 심의위원회에 직접 출석하여 진술해야 합니다. 심의위원회 개최통지 방식은 관련 학생 및 보호자에게 충분한 기간(10일 전)을 두고 우편으로 통보하며, 불가피한 사정이 있는 경우 전자우편이나 유선 전화 등의 방식이 이용됩니다.

심의위원회는 학교의 요청이 있는 경우, 21일 이내에 개최하는 것을 원칙으로 하며 상황에 따라 7일 이내에서 연장 가능합니다.

※ '학교의 요청이 있는 경우'라고함은 공문으로 심의위원회 개최 요청서가 접수된 시점을 기준으로 함.
※ 시험 등 학사일정, 사안조사 과정에서의 새로운 증거 발견, 관련 학생 및 보호자 의견진술 기회 부여 등 뚜렷한 이유가 있는 경우에 한해 연기 가능.

사안이 복잡하거나 여러 학교가 관련되어 있어 심의가 어려운 경우, 감염병 전염 및 확산 등으로 관련 학생의 진술이 불가능할 경우에는 심의위원회는 조치결정을 유보하고 추가 조사 등을 한 후, 심의위원회를 다시 개최하여 의결할 수 있습니다. 물론 조치결정이 유보된 사실과 사유 등을 피해 측 및 가해 측에 서면으로 통보해야 합니다.

학교 폭력 대책 심의위원회의 심의 절차는 다음과 같습니다.

| 단계 | 처리 내용 |
|------|----------|
| 개회 및 사안보고 | • 개회를 알린다.<br>• 진행절차를 설명한다.<br>• 주의사항을 전달한다.<br>  – 심의위원회의 조치는 처벌이 아니라 교육적 선도와 보호가 목적임을 설명한다.<br>  – 발언을 하기 위해서는 먼저 동의를 구해야 함을 알린다.<br>  – 욕설, 폭언, 폭행 등을 할 경우에는 퇴실조치 됨을 알린다.<br>  – 위원들의 제척 사유 및 기피·회피 여부를 확인한다.<br>  – 회의 참석자 전원은 심의위원회에서 알게 된 사항에 대해서 비밀을 유지할 의무가 있음을 알린다.<br>• 해당 사안에 대해 보고한다. |

↓

| | |
|------|----------|
| 피해 측 사실 확인, 의견진술 및 질의응답 | • 사실을 확인하고 피해 측의 입장과 요구 사항을 말하도록 한다.<br>• 피해 측에 의견진술 기회를 반드시 주어야 하며, 참석하기 어려운 경우(예 성폭력 피해자 등 피해 학생이 참석을 원치 않을 경우) 사전에 의견제출 기회를 부여한다.<br>• 위원회에서 피해 측에 질문하고 피해 측에서 답변한다. |

↓

| 가해 측 사실<br>확인, 의견진술<br>및 질의응답 | • 사실을 확인하고 가해 측의 입장을 말하도록 한다.<br>• 가해 측에 의견진술 기회를 반드시 주어야 하며, 참석하지 않을 경우 사전에 의견제출 기회를 부여한다.<br>• 위원회에서 가해 측에 질문하고 가해 측에서 답변한다. |
|---|---|

| 피해 학생 보호<br>및 가해 학생<br>선도 조치 논의 | • 심의위원들 간의 협의를 통해 피해 학생 보호조치와 가해 학생 선도·교육 조치를 논의한다(교육부 고시 '학교 폭력 가해 학생 조치별 적용 세부기준 고시' 적용). |
|---|---|

| (필요시)<br>참고인 진술<br>청취 | • 심의위원회에서 필요한 경우, 관련 분야 전문가나 해당 학교의 교직원을 심의위에 출석 요청하여 의견을 청취할 수 있다.<br>※ 심의위원회는 피해 학생 또는 보호자의 의사를 확인하여 피해 학생 또는 보호자의 요청이 있는 경우에는 반드시 의견을 청취해야 함(법률 제13조 제4항, '21.6.23.부터 시행). |
|---|---|

| 조치의결 | • 피해 학생에 대한 보호조치를 의결한다.<br>• 가해 학생에 대한 선도 및 교육조치를 의결한다.<br>• 피해 및 가해 학생 긴급조치가 이루어진 경우, 이를 보고받고 가해 학생 긴급조치의 추인 여부를 의결한다.<br>• 교육장에게 조치결정을 요청한다. |
|---|---|

| 조치결정<br>통보<br>(교육장) | • 교육장은 서면으로 조치결정을 통보한다.<br>  – 조치결정 통보 시, 피해 측 및 가해 측에 불복절차가 있음을 반드시 안내한다.<br>  – 가해 학생이 다수인 경우 가해 학생별로 조치결정을 적시한다. |
|---|---|

| 조치이행<br>요청(교육장) | • 교육장은 학교장에게 공문을 통해 조치결정을 통보하고 조치 이행 협조를 요청한다. |
|---|---|

학폭 관련 학생 및 보호자, 학교의 책임교사 등의 진술이 완료되면, 심의위원회에서는 사안 관련 자료와 진술을 토대로 학교 폭력 해당 여부, 긴급조치 추인 여부, 피해 학생 조치, 가해 학생 조치 등을 진행하면서 조치결정을 하게 됩니다. 특히 학교 폭력 가해 학생 조치에는 조치별 세부 기준을 적용하게 되는데, 기본 판단 요소와 부가적 판단 요소를 가지고 판정을 하게 됩니다.

기본 판단 요소 5가지는 학교 폭력의 심각성, 학교 폭력의 지속성, 학교 폭력의 고의성, 가해 학생의 반성 정도, 화해의 정도이며, 그 기준에 따라 0점부터 4점까지 5단계의 점수를 부여합니다. 부가적 판단 요소에는 해당 조치로 인한 가해 학생의 선도 가능성, 피해 학생의 장애 학생 여부가 해당됩니다. 판단 요소의 판정 점수의 합계에 따라 가해 학생에게 제1호부터 제9호까지의 선도 조치가 내려집니다.

| 가해 학생에 대한 조치 | 교내선도 | 1호 | 피해 학생에 대한 사과 | 1~3점 |
| | | 2호 | 피해 학생 및 신고·고발 학생에 대한 접촉, 협박 및 보복행위의 금지 | 피해 학생 및 신고·고발 학생의 보호에 필요하다고 심의위원회가 의결할 경우 |
| | | 3호 | 학교에서의 봉사 | 4~6점 |
| | 외부기관 연계선도 | 4호 | 사회봉사 | 7~9점 |
| | | 5호 | 학내외 전문가에 의한 특별 교육 이수 또는 심리 치료 | 가해 학생 선도·교육에 필요하다고 심의위원회가 의결할 경우 |

| 교육환경변화 | 교내 | 6호 | 출석정지 | 10~12점 |
|---|---|---|---|---|
| | | 7호 | 학급교체 | 13~15점 |
| | 교외 | 8호 | 전학 | 16~20점 |
| | | 9호 | 퇴학 처분 | 16~20점 |

가상 사례를 하나 살펴볼까요?

---

**접수 사안**

A 학생이 B 학생에게 20**년 *월 *일 23:00, 사이버공간에서 메신저로 음란한 사진을 전송하고, 다음 날 다시 한 번 음란물 전송 후에 언어폭력을 가하여 B 학생에게 성적 모욕감과 수치심을 준 사안으로 학교 폭력으로 신고됨. A 학생은 진심 어린 반성을 하고 있으며, 관련 보호자도 학교를 통해서 화해를 시도하고 있고, 심의위원회 진술에서도 A 학생 및 보호자가 반성과 화해의 모습을 보임.


**기본 판단 요소 5가지**

– 학교 폭력의 심각성: 높음 (3점)

– 학교 폭력의 지속성: 높음(3점)

– 학교 폭력의 고의성: 매우 높음 (4점)

– 가해 학생의 반성 정도: 매우 높음 (0점)

– 화해 정도: 높음(1점)


**기본 판단 요소 점수**: 3점+3점+4점+0점+1점=11점

제6호   출석정지    10~12점

**부가적 판단 요소**

– 해당 조치로 인한 가해 학생의 선도 가능성: A 학생은 선도 가능성이 높음.

(해당 점수에 따른 조치에도 불구하고 가해 학생의 선도 가능성과 피해 학생 보호를 고려하여 시행령 제14조 제5항에 따라 학교 폭력 대책심의위원회 출석위원의 과반수 찬성으로 가해 학생에 대한 조치를 가중 또는 경감할 수 있음.)

– 피해 학생이 장애 학생인지 여부: 해당 없음.

(피해 학생이 장애 학생인 경우, 가해 학생에 대한 조치를 가중할 수 있음.)

**기타 판단 요소**

– 해당 조치로 인한 가해 학생의 선도 가능성을 판단할 때 학교 폭력 재발 여부를 고려할 수 있음.

**A학생 조치결정 사유**

– A 학생은 기본 판단 요소 점수는 11점으로 제6호인 출석정지에 해당하나, 선도 가능성이 높으며 학교 폭력 재발 가능성이 없다고 보기에, 제6호 조치를 경감하여 제5호 조치인 특별교육이 타당하다고 판단됨.

# 5.
# 조치결정

## 5-1. 피해 학생 보호조치

학교 폭력 대책 심의위원회가 피해 학생 보호조치를 요청하면, 교육
장은 피해 학생 보호자의 동의를 받아 7일 이내에 해당 조치를 하여야 한
다(법률 제16조 제3항).

피해자의 보호조치는 학교 폭력 행위로 인한 학생의 상처를 치유하
고 가해 학생으로부터 격리시킴으로써 다시 학업에 열중할 수 있는 환
경을 만들어 주는 데 그 목적이 있습니다. 제1호부터 제6호까지 모두 여
섯 종류의 보호조치가 있습니다.

- **제1호: 학교 내외의 전문가에 의한 심리상담 및 조언**

학교 폭력으로 받은 정신적·심리적 충격으로부터 회복할 수 있도록 학교 내·외의 심리상담 전문가로부터 심리상담 및 조언을 받도록 하는 것입니다. 학교 내 상담교사가 없을 시 지역 내 피해 학생 전담지원기관, Wee센터, 정신건강복지센터, 청소년상담복지센터, 전문상담기관 등 외부 기관을 통하여 진행할 수 있습니다.

- **제2호: 일시보호**

가해 학생으로부터 지속적인 폭력이나 보복을 당할 우려가 있는 경우, 일시적으로 보호시설이나 집 또는 학교상담실 등에서 보호를 받을 수 있도록 하는 조치입니다.

- **제3호: 치료 및 치료를 위한 요양**

학교 폭력으로 인하여 생긴 신체적·정신적 상처의 치유를 위하여 의료기관 등에서 치료를 받도록 하는 조치로, 피해 학생이 보호조치로 치료를 받을 때는 치료기간이 명시된 진단서 또는 관련 증빙자료를 첨부하여 학교에 제출합니다.

> ※ 피해 학생이 전문단체나 전문가로부터 제1호부터 제3호까지의 규정에 따른 상담 등에 사용되는 비용은 원칙적으로 가해 학생의 보호자가 부담하는 것이 원칙임.
>
> 피해 학생의 신속한 치료를 위하여 학교의 장 또는 피해 학생의 보호자가 원하는 경우 학교안전공제회 또는 시·도 교육청이 우선 부담하고 이에 대한 구상권을 행사할 수 있음.

### • 제4호: 학급교체

지속적인 학교 폭력 상황 및 정신적 상처에서 벗어나도록 하기 위해서 피해 학생을 학교 내의 다른 학급으로 옮겨주는 조치입니다. 그러나 피해 학생 입장에서는 새로운 학급에 적응해야 하는 부담이 있으므로, 피해 학생과 보호자의 의견을 적극 반영합니다.

### • 제5호: 전학 권고

지금은 삭제된 조치로, 피해 학생을 보호하기 위해 마련된 전학 권고 조치가 오히려 가해 학생에 의해 악용되고 있다는 지적에 따라 2012. 4. 1. 시행된 「학교 폭력예방 및 대책에 관한 법률」에서 이 규정이 삭제되었습니다. 대신 가해 학생이 피해 학생 보호에 충분한 거리를 두어 전학하도록 했으며, 가해 학생이 다른 학교로 전학 간 이후에는 피해 학생이 있는 학교로 다시 전학 올 수 없도록 하고 있습니다. 그럼에도 학교의 장이 교육환경을 바꾸어 줄 필요가 있다고 인정하는 경우 다른 학교로 전학을 추천할 수 있습니다. 단, 초등학교의 경우 보호자 1인의 동의를 얻어야 합니다(초·중등교육법 제21조 제6항, 시행령 제73조 제6항, 시행령 제89조 제5항). 또한 성폭력 피해 학생의 전학요청 시 학교장은 반드시 교육감(장)에게 학교배정을 요청하여야 합니다.

### • 제6호: 그 밖에 피해 학생의 보호를 위하여 필요한 조치

학교 폭력 피해 유형 및 연령 특성 등을 감안하여 필요시 해바라기센터 지정 병원 등 의료기관 연계, 대한법률구조공단과 같은 법률 구조기관, 학교 폭력 관련 기관 등에 협조와 지원을 요청할 수 있습니다.

**피해 학생 치료비 부담**

- 피해 학생이 전문단체·전문가로부터 제1항 제1호부터 제3호까지의 규정에 따른 상담 등에 사용되는 비용은 가해 학생의 보호자가 부담하여야 합니다. 다만, 피해 학생의 신속한 치료를 위하여 학교의 장 또는 피해 학생의 보호자가 원하는 경우에는 학교안전공제회 또는 시·도 교육청이 부담하고 이에 대한 상환청구권을 행사할 수 있습니다(법률 제16조 제6항).

- 지원 범위(시행령 제18조)

| | 구분 | 내용 | 인정 가능 기간 |
|---|---|---|---|
| 1호 | 학내외 전문가에 의한 심리상담 및 조언 | 교육감이 정한 전문심리 상담 기관에서 심리상담 및 조언을 받는 데 드는 비용 | 2년 (보상심사위 심의로 1년 범위 연장 가능) |
| 2호 | 일시 보호 | 교육감이 정한 기관에서 일시 보호를 받는 데 드는 비용 | 30일 |
| 3호 | 치료 및 치료를 위한 요양 | 「의료법」에 따라 개설된 의료기관, 「지역보건법」에 따라 설치된 보건소·보건의료원 및 보건지소, 「농어촌 등 보건의료를 위한 특별조치법」에 따라 설치된 보건진료소, 「약사법」에 따라 등록된 약국 및 같은 법 제91조에 따라 설립된 한국희귀의약품센터에서 치료 및 치료를 위한 요양을 받거나 의약품을 공급받는 데 드는 비용 | 2년 (보상심사위 심의로 1년 범위 연장 가능) |

**추가적인 보호 및 지원**

- 출석일수 산입: 피해 학생 보호조치(법률 제16조 제1항) 등 보호가 필요한 학생에 대하여 학교의 장이 인정하는 경우 그 조치에 필요한 결석을 출석일수에 포함하여 계산할 수 있습니다(법률 제16조 제4항).

  ※ 학교의 장은 피해 학생 보호조치를 위하여 객관적으로 필요하다고 인정되는 범위에서 결석을 출석으로 인정할 수 있음(진단서나 의사 소견서 등을 요청할 수 있음).

- 이외에도 법률 제12조에 따른 심의위원회의 개최 및 동 위원회의 학교 폭력 피해 학생에 대한 보호조치 요청 이전에, 학교 폭력 피해자가 학교 폭력으로 인한 피해로 출석하지 못하였음을 학교 전담기구의 조사 및 확인을 거쳐 학교의 장이 인정한 경우에는 출석으로 처리합니다(「학교생활기록 작성 및 관리지침」 별표8).

- 불이익 금지: 보호조치를 받았다는 사실 자체가 성적평가 등에서 불이익으로 작용하지 않도록 해야 하며(법률 제16조 제5항), 피해 학생이 결석하게 되어 부득이하게 성적평가를 위한 시험에 응하지 못하게 된 경우에도 학교학업성적관리규정에 의거하여 불이익이 없도록 조치해야 합니다.

- 피해 학생에 대한 보호조치 등으로 인해 피해 학생이 결석하게 되는 경우, 학교의 장은 학생의 가정학습에 대한 지원 등 교육상 필요한 조치를 마련해 주는 것이 바람직합니다.

## 5-2. 가해 학생 교육·선도 조치

학교 폭력 예방법 제17조에 따라, 가해 학생에게는 총 9가지의 조치를 취하게 됩니다. 이 중에서 제1호, 제2호, 제3호 조치는 학생생활기록부에 조건부 미기재가 되는 조치입니다.

그렇기 때문에 가해 학생 및 보호자의 입장에서는 경미한 조치로 여겨질 수 있습니다. 제1~3호 이내의 조치를 받고, 졸업하기 전까지 추가적인 학교 폭력 가해자 조치를 받지 않으면 되기 때문입니다. 대부분의 가해 학생들은 졸업 전까지 딱 1번의 가해자 조치를 받고, 졸업을 하게 됩니다.

**제1호 조치**인 **서면사과**는 학교 폭력 예방법 개정 초기에는 조치 결정이 많이 거론되던 조치였습니다. 하지만 제1호 조치를 이행해야 하는 가해 학생들이 실질적으로 피해 학생에게 진심 어린 서면사과를 하지 못하는 경우가 발생하고 있습니다.

물론 해당 학교의 책임교사나 담임교사가 가해 학생이 서면으로 사과한 내용을 한번 검토하는 경우에는 피해 학생이 의미 있는 서면사과로 받아들이기도 합니다. 하지만 가해 학생이 서면사과에 자신이 가해를 하게 된 이유 등의 불필요한 내용을 써서 오히려 피해 학생이 상처를 받게 되는 경우도 종종 발생하는가 하면, 서면사과를 이행하지 않는 경우도 있습니다.

**제2호 조치**인 **접촉, 협박 및 보복행위의 금지**는 대부분의 가해 학생들에게 내려지는 조치입니다. 같은 학교에서 벌어진 학폭 사안인 경우에도 제2호 조치가 내려지면 통상 졸업 때까지, 또는 학기말까지로 조치이행 기간을 정하기 때문에 같은 학교에서는 제2호 조치가 잘 이행될 수 있도록 각별한 주의를 해야 합니다.

　　한편 가해 학생의 소속 학교와 피해 학생의 소속 학교가 서로 다른 경우에도 제2호 조치는 유효합니다. 학교 밖에서도 제2호 조치가 잘 이행될 수 있도록 가해 학생은 주의하여 움직이다가, 피해 학생과 마주칠 경우 그 자리를 신속히 벗어나야 합니다.

---

**'접촉 등 금지'의 범위**

- **시간적 범위:** 심의위원회에서 제2호 '접촉 등 금지' 조치를 결정할 경우 그 기간을 정하는 것이 바람직하다. 만일 기간을 정하지 않은 경우, 해당 학교급의 졸업시점까지 '접촉 등 금지'가 유효하다.

- **'접촉'의 범위:** 접촉 금지는 조치를 받은 학생이 의도적으로 피해 학생에게 접촉하는 것(인터넷, 휴대전화 등 정보통신망을 이용한 행위를 포함.)을 금지하는 것으로, 교육활동 및 일상생활 가운데 이루어지는 의도하지 않은 접촉에 대해서 모두 금지하는 것은 아니다. 다만 무의도성을 이유로 빈번하게 접촉이 이루어지거나 무의도성을 가장해 피해 학생과 접촉할 경우, 법률 제17조 제11항에 따라 다른 조치를 추가할 수 있다.

**제3호 조치**인 **학교에서의 봉사**는 조건부 미기재의 경계 부분에 위치하는 조치로, 경미한 사안 중에서는 높은 수준의 조치라 보면 됩니다. 교내봉사 10시간 조치를 받게 되면, 등교일수를 기준으로 하루 2시간씩, 5일간 교내봉사라고 생각하면 됩니다. 가해 학생이 화장실 청소, 장애 학생의 등교 도우미, 화단 정리, 교실의 교구 정리 등의 교내봉사를 진행할 경우, 주로 생활교육 담당교사들이 순번을 정해서 방과 후에 지도를 담당합니다.

---

**학교에서의 봉사**

- 단순한 훈육이 아니라, 선도적·교육적 차원의 봉사활동을 실시한다.
- 가해 학생에게 학교 폭력 예방 홍보 및 캠페인, 학생회 주관 행사의 도우미, 장애 학생의 등교 도우미, 학교 내 환경정화 활동 등을 시킬 수 있다.
- 교내봉사 조치를 부과할 경우 봉사 시간을 명확하게 제시해야 한다.

---

**제4호 조치**인 **사회봉사**는 학생생활기록부에 기재가 시작되는 조치로, 학교 밖에서 이루어지는 봉사입니다. 법 개정 이후에도 제4호 조치는 마땅한 사회봉사가 진행될 수 있는 기관이 부족하기 때문에, 심의위원회에서도 제4호 조치에 해당하는 판정점수가 나오는 경우, 경감하거나 가중하여 제3호 조치 또는 제5호 조치를 내리는 경우가 종종 발생합니다.

사회봉사는 지역 행정기관에서의 봉사, 공공기관에서의 봉사, 사회복지기관에서의 봉사 형태로 진행될 수 있는데, 코로나바이러스감염증-19 사태가 야기한 비대면 환경에서는 제4호 조치인 사회봉사를 할 수 있는 기관이 더욱더 모자란 것이 현실입니다.

사회봉사를 할 수 있는 기관도 부족하지만, 다른 한편으로는 예전에 제4호 조치를 이행하던 가해 학생들이 해당기관에서 문제를 일으키는 부분들이 언론 등에 보도되면서 학교 폭력 가해자 조치인 제4호 사회봉사에 대한 부정적인 시각이 대두된 것도 한몫하고 있습니다. 그러나 가해 학생들도 엄연히 우리 사회가 책임지고 이끌어야 할 청소년이므로, 그들이 교육·선도 조치인 사회봉사를 성실히 수행할 수 있도록 지원하는 기관들이 늘어나는 것이 바람직합니다.

**사회봉사**

• 지역 행정기관에서의 봉사(환경미화, 교통안내, 거리질서 유지 등), 공공기관에서의 봉사(우편물 분류, 도서관 업무보조 등), 사회복지기관(노인정, 사회복지관 등) 봉사 등의 형태로 진행될 수 있다.

• 학교에서는 사회봉사를 실시하는 기관과 업무협조를 긴밀히 하고, 각종 확인 자료와 담당자 간의 통신을 통하여 사회봉사가 실질적으로 원활하게 이루어질 수 있도록 한다.

**제5호 조치**인 **학내외 전문가에 의한 특별교육 이수 또는 심리치료**는 가해자 조치 중에서 중간쯤에 위치합니다. 제3호 조치는 조건부 미기재되는 조치이고, 제4호 조치는 잘 내려지지 않는 조치이므로, 제3호 조치보다 높은 가해 학생들에게 내려질 수 있는 조치가 제5호 조치라고 보시면 되겠습니다.

**학내외 전문가에 의한 특별교육 이수 또는 심리치료**

- 교육감이 정한 기관에서 특별교육을 이수하거나 심리치료를 받아야 하며, 그 기간은 심의위원회에서 정한다.
- 가해 학생이 담임교사 및 생활교육 담당교사 등과 나누기 어려운 이야기를 상담 전문가와 나눔으로써 자신의 폭력적인 행동의 원인을 생각해보고, 행동을 개선할 의지가 있는 경우에 교육적 의미를 지닌다.

**제6호 조치**인 **출석정지**는 가해 학생에게 수업에 출석하지 못하게 하며, 일시적으로 피해 학생을 격리시키는 방법입니다. 피해 학생을 보호하는 동시에, 가해 학생에게는 반성의 기회를 주는 데 그 목적이 있습니다.

학교에서는 출석정지 기간 동안 가해 학생이 학습권을 침해받지 않고 적절한 지도를 받을 수 있도록 교육적인 방법을 마련해야 합니다. 이때 가해 학생의 출석정지는 법률 제17조 제1항 제6호에 따른 미인정결석으로 처리하게 됩니다. 가끔씩 제6호 조치를 받은 가해 학생들이 출석정지 기간 동안 반성의 기회를 갖지 않고, 또 다른 탈선의 창구로 악용하는 사례가 있기도 합니다.

**제7호 조치**인 **학급교체**는 중대한 조치에 해당됩니다. 같은 학교, 같은 학급에서 가해 학생이 피해 학생과 함께 지내고 있는 경우, 피해 학생과 격리시키기 위해서 같은 학교 내의 다른 학급으로 옮기는 조치입니다.

학급교체와 같은 중대한 조치가 더욱 필요해진 배경에는 같은 학교, 같은 학급에서 학교 폭력이 발생하는 경우가 증가하고, 신체폭력을 넘어서 사이버폭력으로 변질되고 있는 세태가 자리하고 있습니다. 익명성을 가장하여 같은 학급 학생에게 다양한 형태로 폭력이 행해지고 있는 것이 오늘날의 현실입니다.

초등학교, 중학교의 경우에는 선택과목 등에 상관없이 학급교체가 이루어질 수 있습니다. 하지만 관련 학생이 고등학교 2학년이라면 선택과목에 따라 학급교체가 어려운 경우가 발생할 수 있습니다. 이럴 경우, 심의위원회에서 학교 관계자의 진술, 피해 학생의 의향 등을 참고하여 조치결정을 내릴 수 있습니다.

**제8호 조치**인 **전학**은 강력한 조치로, 폭력 행위를 원천적으로 봉쇄하는 조치이기도 합니다. 가해 학생은 전학 간 이후, 피해 학생이 속한 학교로 되돌아올 수 없습니다. 전학 조치가 나오는 학교 폭력의 유형은 전치 2주 이상의 진단서가 있으면서 지속적인 신체폭력이거나, 성폭력(성추행, 성매매, 성희롱 등)으로 피해 학생이 중대한 피해를 강력하게 호소하는 경우 등입니다.

심의위원회에서 전학 조치가 내려지고, 전학이 되기 전까지 혹시라도 피해 학생과 학교에서 마주치는 것을 방지하기 위해서 출석정지(제6호), 접촉·협박·보복금지(제2호) 등을 같이 내리기도 합니다. 전학 조치된 가해 학생과 피해 학생이 상급학교에 진학할 때에는 각각 다른 학교를 배정하여야 하는데, 이 경우 피해 학생이 입학할 학교를 우선적으로 배정합니다.

**제9호 조치**인 **퇴학 처분**은 피해 학생을 보호하고, 가해 학생을 더 이상 선도·교육할 수 없다고 인정될 때 취하는 조치입니다. 다만 의무교육과정에 있는 가해 학생에 대하여는 적용하지 않습니다. 가해 학생에게 내릴 수 있는 제일 무거운 조치이므로 심의위원회에서 제9호 조치에 해당되는 판정점수가 나오면, 심의위원들이 심사숙고하여 결정을 내릴 수밖에 없습니다.

### ◑ 교육장의 조치결정에 대한 이행강제

- 가해 학생이 법률 제17조 제1항 제2호부터 제9호까지의 처분에 따른 조치를 거부·기피하는 경우, 심의위원회는 추가로 다른 조치를 할 것을 교육장에게 요청할 수 있습니다(법률 제17조 제11항).

**조치결정 통보 및 이행 안내**

- 교육장은 심의위원회의 조치 후 14일 이내 가해 학생 및 그 보호자에게 해당 조치를 서면으로 통보한다.

- 학교장은 가해 학생이 해당 조치를 이행할 수 있도록 협조하여야 한다.

**조치 미이행**

- 가해 학생이 조치를 통보받은 날로부터 3개월 내에 미이행할 경우, 학교장은 미이행 학생 명단을 교육장(심의위원회)에게 보고한다(보고 방법은 교육청 또는 교육지원청의 자체 계획에 따름.).

- (제2호 조치 위반의 경우) 학교장은 새로운 학교 폭력 사안으로 접수하여 처리

- (제3호~제9호 조치 미이행의 경우) 교육장(심의위원회)은 학교장의 보고를 받은 21일 이내에 해당 가해 학생과 보호자에게 조치를 1개월 이내에 이행할 것과 미이행 시 거부·기피에 따른 추가 조치가 있을 수 있음을 서면으로 안내한다.


### ◑ 가해 학생 및 보호자 특별교육

- 가해 학생 특별교육은 '조치로서의 특별교육'(법률 제17조 제1항 제5호)과 '부가된 특별교육'(법률 제17조 제3항)으로 구분[4]됩니다.

---

4 조치로서의 특별교육은 학교생활기록부 기재 대상이지만, 부가된 특별교육의 경우에는 기재 대상이 아니다.

- 법률 제17조 제1항 제2호부터 제4호까지 및 제6호부터 제8호까지의 처분을 받은 가해 학생은 교육감이 정한 기관에서 특별교육을 이수하거나 심리치료를 받아야 하며, 그 기간은 심의위원회에서 정합니다(법률 제17조 제3항). 이때 심의위원회는 학교폭력 재발 여부를 고려하여 그 기간을 늘릴 수 있습니다.

- 교육장은 심의위원회에서 가해 학생에게 '조치로서의 특별교육'(법률 제17조 제1항 제5호) 또는 '부가된 특별교육'(법률 제17조 제3항)을 내린 경우 가해 학생의 보호자에게도 특별교육을 이수하도록 서면으로 통보하여야 합니다(법률 제17조 제9항).

- 보호자가 특별교육에 불응한 경우, 교육감은 법률에 따라 300만원의 과태료가 부과됨을 안내하고, 특별교육을 이수할 것을 재통보하여야 한다. 그럼에도 이에 불응한 경우에는 법률에 의거하여 과태료를 부과·징수하여야 합니다(법률 제23조, 시행령 제35조).

## ◑ 가해 학생 보호자 특별교육 운영

### • 운영 원칙

- 기관 특성, 학교 폭력의 유형을 고려한 다양한 교육프로그램[5]을

---

5 위(Wee)센터, 위(Wee)클래스에서 원적교와 협력하여 상담의 효과를 제고한다.

마련함으로써 가해 유형별로 사례를 관리하고 추수 관리하는 데 힘써야 합니다.

- 보호자들의 특별교육 참가율 제고를 위해 주말, 야간교육[6] 개설을 권장합니다.

- 자녀의 심리상태 이해 등을 위한 보호자 특별교육에서의 개인상담 시[7] 학생과 함께 실시하거나 별도로 실시할 수 있습니다.

- 개인상담 실시: 특별교육에 일정 시간 부과 및 필요시 추가 가능

### • 교육 내용

- 학교 폭력에 대한 전반적 이해를 통해 예방 및 대처 방안 모색

- 바람직한 학부모상 등 자녀 이해에 도움이 되는 교육

- 가해 학생의 심리 이해 및 학교·학부모 간의 공동 대처방안 협의

### • 특별교육 기관 선정

- 교육청은 전국 시·도 학부모 지원센터(교육부·평생교육진흥원), Wee센터, 청소년꿈키움센터(법무부), 청소년상담복지센터(여가부), 평생교육센터(지방자치단체) 등의 부처 산하기관, 대안 교육기관, 학교 폭력 관련 기관 및 단체(푸른나무재단, 평화여성회 등) 등의 다

---

6 대면교육이 원칙이지만, 예외적으로 시·도 교육청이 인정하는 범위(보호자의 타 시·도 거주 등)에서 온라인 원격연수 방식의 보호자 특별교육 이수도 가능하다.

7 Wee센터 또는 Wee클래스에서 실시하되, 필요한 경우에는 위탁도 가능하다.

양한 프로그램을 검토하여 특별교육 이수기관을 선정하고, 학부모에게 안내합니다.


## ◑ 가해 학생 조치사항의 학교생활기록부 기재 방법

### 학교생활기록부 학교 폭력 조치사항 기재

- 학교 폭력 가해 학생에 대한 조치사항의 경우 학교에서 조치결정 통보 공문을 접수한 즉시 학교생활기록부에 기재하며, 구체적인 사항은 「학교생활기록 작성 및 관리 지침」을 따릅니다.
- 가해 학생 조치사항에 대한 행정 심판 및 소송이 청구된 경우에도 기재된 조치사항을 삭제하지 않고, 향후 조치가 변경·취소될 경우 이를 수정하며 조치결정 일자는 변경하지 않습니다.

### 학교 폭력 조치사항 기록 시 유의사항

- 학교 폭력 관련 피해 학생 조치사항은 입력하지 않습니다.
- 학적 변동(전출, 자퇴 등)의 경우 학교 폭력 조치사항을 입력한 후 학적 처리합니다.
- 심의위원회가 가해 학생 조치를 동시에 부과한 경우는 부과된 조치사항 모두 학교생활기록부의 해당 영역에 입력합니다.
- 법률 제17조 제3항에 따라 가해 학생이 교육감 지정 기관에서

특별교육 및 심리치료를 받은 사실은 기재하지 않습니다.

- 조치결정 일자는 심의위원회의 조치 요청에 대해 교육장이 조치를 결정한 날(교육지원청 내부결제일)을 의미합니다.
- 학적이 정지된 자가 조치를 받으면 당해 학년도의 경우는 학적 반영 취소 후에 학교 폭력 조치사항을 입력하고, 이전 학년의 경우 정정 대장을 통해 기록합니다. 학적이 정지된 자가 복교할 당시 중복기간 동안 해당 학년에 학교 폭력 가해 학생에 대한 조치사항이 입력되어 있는 경우, 학교 폭력 가해 조치사항이 입력된 내용은 유지합니다.[8]
- 학교 폭력 전담기구에서는 학교 폭력 가해 학생 조치사항 관리 대장을 관리합니다. 해당 학생이 학적 변동 시에는 학교 폭력 가해 학생 조치사항 관리 대장은 전입한 학교에서 관리·보유합니다. 이에 학적 변동 시 전출교에서는 전입교에 학교 폭력 가해 학생 조치사항 관리대장을 송부하여야 합니다.[9]

**학교 폭력 가해 학생 조치(제1호·제2호·제3호) 조건부 기재유보**

- 법률 제17조 제1항 제1호부터 제3호까지에 따른 조치사항에 관한 내용을 적어야 하는 경우는 다음 각 호의 어느 하나에 해당하는 경우로 한정합니다.

---

8 세부 내용은 교육부에서 발간하는 해당 학년도의 학교생활기록부 기재요령을 참고한다.
9 학폭 가해 학생의 조건부 기재유보 관리 대장의 관리와 보유에도 동일하게 적용된다.

- 해당 학생이 법률 제17조 제1항 제1호부터 제3호까지에 따른 조치사항을 이행하지 않은 경우

- 해당 학생이 법률 제17조 제1항 제1호부터 제3호까지에 따른 조치를 받은 후 동일 학교급에 재학하는 동안(초등학생은 조치를 받은 날부터 3년 이내의 범위에서 동일 학교급에 재학하는 동안) 다른 학교 폭력 사건으로 같은 조 제1항의 조치를 받은 경우로, 다른 학교 폭력 사건으로 받은 법률 제17조 제1항 제1호부터 제3호까지에 따른 조치사항에 관한 내용도 함께 적어야 합니다.

• 심의위원회가 정한 기간 내에 조치사항을 이행하지 않으면 조치사항을 기제하고, 이후 조치사항을 이행하여도 기재내용은 유지됩니다.

• 학교 폭력 가해 학생이 법률 제17조 제1항 제1호부터 제3호까지의 조치를 받고, 이행기간의 만료 이전에 집행정지(효력정지) 인용결정을 받고 조치를 미이행했을 경우, 집행정지 기간 동안 조치 이행 의무가 정지된 점을 고려하여 학교생활기록부 기재를 보류합니다.

- 다만, 본안에 대한 심리결과 청구가 기각된 경우에는 법률 제17조 제1항 제1호부터 제3호 조치를 집행정지(효력정지) 결정 당시 남은 이행 기간 내에 조치를 이행했는지 여부에 따라서, 동(同) 조치사항에 대한 학교생활기록부 기재 여부를 결정하

게 됩니다.

- 「초·중등교육법」 시행규칙 제21조 제2항에 따른 기재유보 사항은 학교 폭력 가해 학생 조치(제1호, 제2호, 제3호) 조건부 기재 유보 관리대장에 기재하고 학적 변동 시 소속 학교에서 관리·보유합니다.


### ◐ 기재내용 삭제

**학교생활기록부 학교 폭력 조치사항 삭제**

- 제1호~제3호의 조치는 졸업과 동시에[10], 제4호~제7호의 조치는 전담기구 심의[11]를 거쳐 졸업과 동시에 삭제 가능한데, 해당 학생의 반성 정도와 긍정적 행동변화 정도 등을 고려해야 합니다. 제8호 조치는 졸업일로부터 2년 후에 삭제[12]합니다.

---

10 졸업식 이후부터 2월 말 사이, 다시 말해 교육정보시스템에 졸업생의 학적이 반영되기 이전에 삭제하되, 학교 폭력과 관련되어 기재된 '긍정적인 행동 변화와 관련된 기재사항'도 같이 삭제한다.

11 가해 학생이 졸업하기 직전에 학교 폭력 전담기구의 심의를 받으려면, 다음 2가지 요건을 갖추어야 한다.
   1) 다른 사안으로 제1호·제2호·제3호를 포함한 가해 학생 조치를 받은 사실이 없을 것,
   2) 학교 폭력 조치결정일로부터 졸업 학년도 2월 말일까지 6개월이 경과된 경우가 그것이다.
   심의에서 삭제가 확정된 대상자 명단은 학업성적관리위원회에 통보된다

12 2023년 2월 28일 이전에 신고된 학교 폭력 사안의 삭제 시기 및 방법은 「2022학년도 학교생활기록부 기재요령」에 따른다.

2023.2.28. 신고된 학교 폭력 사안

– 제7호(학급교체) 조치를 받은 경우, 졸업과 동시 삭제

– 제8호(전학 처분) 조치를 받은 경우, 졸업일로부터 2년 후 삭제.

  단, 졸업 직전 학교 폭력 전담기구 심의를 거쳐 졸업과 동시 삭제 가능

2023.3.1. 신고된 학교 폭력 사안

– 제7호(학급교체) 조치를 받은 경우 졸업일로부터 2년 후 삭제.

  단, 졸업 직전 학교 폭력 전담기구 심의를 거쳐 졸업과 동시 삭제 가능

– 제8호(전학 처분) 조치를 받은 경우, 졸업일로부터 2년 후 삭제

## 5-3. 학교 폭력 유형별 조치결정 사례

*언론에 보도된 사례들을 가공한 것임을 미리 밝힙니다.

[CASE 1]

  남학생이 여학생 두 명의 사진을 무단으로 도용하여 SNS에 올리고 다수의 이용자들과 성적인 대화를 나눔으로써 피해자들에게 심각한 성적 모욕감을 주었던 사안 (사이버폭력)

  - **피해자 보호조치:** 제1호, 제6호

  - **가해자 선도조치:** 제1호, 제2호, 제6호(10일)

- 가해 학생과 그 보호자에게 각각 10시간, 5시간의 부가 특별
  교육 실시 결정

[CASE 2]

원격수업 대리출석을 시키고 과제를 대신하게 하는 등 강요행위
를 지속하였으며, 명치 등 신체를 가격하고 지속적으로 돈을 요구하
여 재산상의 피해를 입힘. (강요, 신체폭력, 금품 갈취)
- **피해자 보호조치:** 제3호, 제6호
- **가해자 선도조치:** 제2호, 제6호(10일)
- 가해 학생과 보호자에게 각각 4시간, 5시간의 부가 특별교육
  실시 결정

[CASE 3]

여러 명이 단체로 한 학생에게 욕설 및 폭언 등을 하여 피해자가
심리적으로 위축되고 겁을 먹어 신고한 사안 (언어폭력)
- **피해자 보호조치:** 제1호
- 가해자 중 일부는 조치결정을 받지 않았고, 주도적 가해자에게
  는 제2호와 제3호(4시간) 조치가 내려짐.

[CASE 4]

남학생이 여학생을 대상으로 금품을 갈취하고 폭행을 가했으며

여러 심부름 등을 강요하여 신고된 사안 (금품 갈취)

    - **피해자 보호조치:** 제1호

    - **가해자 선도조치:** 제2호, 제3호(10시간), 제5호(20시간)


### [CASE 5]

여러 학생이 확인되지 않은 악의적인 소문을 퍼뜨리고 이를 SNS에 올려 다수가 읽게 했으며, 계속 다른 친구들에게 전하여 피해자에게 심각한 수치심과 모멸감을 느끼게 한 사건 (사이버언어폭력)

    - **피해자 보호조치:** 제1호, 제6호

    - **가해자들 선도조치:** 제3호 A(2시간) / B(2시간) / C(10시간)

    - 가해자가 여러 명일 경우에는 폭력 가담 정도에 따라 조치결정이 다르게 나옴.


### [CASE 6]

가해자가 여학생들의 신체 일부 사진을 SNS에 계속 올려 피해 학생들이 신고하고 강력한 처벌 의사를 보여 가해자가 전학 감. (사이버 성폭력)

    - **피해자들 보호조치:** 제1호, 제3호

    - **가해자 선도조치:** 제2호, 제8호


### [CASE 7]

여러 가지로 친구 간에 감정이 상하자, 한 친구가 서로 치고받고

싸우자고 제안하여 다른 친구가 그에 응해 폭력을 가하고 서로 맞받아 때리게 된 사건 (신체폭력)

- **피해자 보호조치:** 없음.
- **가해자**(먼저 치고 받고 싸우자고 제안한 친구) **선도조치:** 제3호(10시간)


[CASE 8]

남학생이 담임교사(여)와 여학생들의 신체 사진, 치마 속 사진 등을 여러 차례에 걸쳐 촬영하고 성인 사이트에 올린 사건 (사이버 성폭력)

- **가해자 선도조치:** 제1호, 제5호(4시간), 제8호


[CASE 9]

단체로 무리를 지어 피해자에게 욕설과 조롱이 섞인 언어폭력을 가하고, 학교 화장실과 피해자 집 근처에서 위협을 가하는 등의 행위로 신고된 사안 (언어폭력)

- **피해자 보호조치:** 제1호, 제2호, 제3호
- **가해자 선도조치:** 제2호, 제3호(10시간)


[CASE 10]

SNS에 욕설이 섞인 비방글을 올려 피해자에게 정신적 피해를 준 사건 (사이버 언어폭력)

- **가해자 선도조치:** 제1호

# 6.
## 조치이행

    심의위원회에서 조치결정이 나면 조치권자인 교육장은 피해 측 및 가해 측 그리고 학교장에게 서면으로 조치결정을 통보합니다. 통보받은 학교장은 조치를 이행하고 교육청에 결과를 보고합니다.

    이때 제2호부터 제9호까지의 처분을 받은 가해 학생이 해당 조치를 거부하거나 기피한다고 인정되는 경우, 심의위원회는 해당 가해 학생으로부터 추가적인 확인서를 받는 등 의견 진술 기회를 부여한 후에 추가조치 여부를 결정합니다.

# 7.
## 조치에 대한 불복 절차

피해 학생은 본인이 받은 보호조치와 가해 학생이 받은 선도조치에 대하여, 가해 학생은 본인이 받은 선도조치에 대하여 받아들일 수 없을 경우 관할 교육청의 행정심판 위원회에 행정 심판을 청구할 수 있으며, 관할 법원에 행정 소송을 제기할 수 있습니다.

## 7-1. 행정심판

학교 폭력 사안을 심의위원회에서 심의한 후, 관련 학교와 관련 학생 및 보호자는 조치결정 통보서를 받게 됩니다. 학교에는 공문으로,

관련 학생 및 보호자에게는 등기우편, 전자우편 등으로 발송합니다. 교육장의 조치에 대해 관련 학생 및 보호자는 처분이 있음을 알게 된 날부터 90일 이내, 처분이 있었던 날부터 180일 이내에 행정 심판을 청구할 수 있습니다. 이 두 기간 중 어느 하나라도 도과할 경우에는 행정 심판을 청구할 수 없습니다.

여기서 헷갈리는 용어가 있습니다. 정리해 보면, '처분이 있음을 알게 된 날'이란 교육장의 조치가 있음을 현실적으로 안 날을 의미하게 됩니다. '처분이 있었던 날'이란 교육장 명의의 조치결정 통보서가 당사자에게 도달하여 해당 조치가 성립된 날을 의미합니다.

행정 심판은 해당 교육청 행정심판위원회에 청구하게 됩니다. 행정 심판의 청구는 처분의 효력이나 그 집행 또는 절차의 속행에 영향을 주지 않습니다. 그러므로 처분의 효력, 처분의 집행 또는 절차의 속행을 정지하려면 행정심판위원회의 집행정지 결정이 있어야 합니다.

행정 심판은 법원에서 진행되는 행정소송과는 달리 비용이 무료입니다. 절차가 간편하며, 신속하게 처리되는 편입니다. 국민들이 행정청의 위법·부당한 처분이나 부작위로 인하여 피해를 입은 경우에는 행정 심판을 제기할 수 있습니다.

① **청구서·신청서 제출:** 온라인으로 행정 심판을 청구하는 경우, 홈페이지(중앙행정심판위원회 www.simpan.go.kr)에서 인증서로 로그인을 합니다. 입증자료는 총 100MB 이내로 첨부 가능하며,

입증자료가 많아 첨부하기 곤란한 경우 온라인으로 심판청구서를 제출한 후 지체 없이 2부를 작성하여 청구서를 제출한 기관에 제출해야 합니다.

서면으로 행정 심판을 청구하는 경우, 행정 심판 청구서 2부를 작성하여 처분청(처분을 한 행정기관)이나 소관 행정심판위원회로 제출해야 합니다.

대리인이 온라인 청구를 작성하는 경우, 심판청구서의 대리인란에 필요한 사항을 기재하여야 하며, 대리인의 자격 증빙자료를 같이 제출해야 합니다.

② **답변서 송달:** 피청구인인 행정기관의 주장이 기재된 답변서를 온라인으로 열람할 수 있으며, 피청구인의 답변내용에 대한 반박을 하거나 이전의 주장을 보완하고자 할 경우에는 보충서면을 작성하여 제출할 수 있습니다.

③ **심리기일 안내:** 행정 심판 위원회가 지정한 심판청구사건에 대한 심리·의결일을 열람할 수 있는데, 심리기일이란 사건에 대한 검토가 완료되어 행정 심판 위원회가 심판의 대상이 된 처분 등의 위법·부당 여부를 판단하는 기일을 말합니다. 심리기일이 정해지면 청구인에게 홈페이지와 이메일, 휴대전화 문자, 우편 등으로 통지됩니다.

④ **구술심리 안내:** 행정 심판 위원회에 직접 참석하여 진술을 하고자 하는 경우 구술심리 신청을 할 수 있으며, 구술심리 신청

이 받아들여지면 회의에 직접 출석하여 진술할 수 있습니다. 구술심리 신청은 행정 심판 청구 시 또는 행정 심판 진행 중에 할 수 있습니다. 다만, 이미 제출된 자료만으로도 충분한 판단이 가능하다고 인정되는 경우에는 구술심리 신청이 있더라도 서면심리 결정을 하게 됩니다.

⑤ **재결서 송부:** 심판청구사건에 대한 행정 심판 위원회의 심리 결과를 열람하고, 위원회의 심리에 따른 재결서를 수령할 수 있습니다. 또한 심리결과는 심리기일의 다음 날부터 홈페이지, 이메일, 휴대전화 문자 등으로 안내합니다.

재결서는 재결일로부터 약 1~2주 후(위원회에 따라 차이가 있을 수 있음.) 청구인에게 우편 또는 온라인 행정 심판 시스템을 통해 송달하게 됩니다. 재결은 행정 심판 청구 사건에 대한 판단을 대외적으로 청구인과 피청구인에게 알리는 것으로, 행정 심판의 효력은 재결서가 송달되어야 발생합니다.


행정 심판은 심의위원회의 조치결정에 대해 위법·부당한 처분, 부작위로 권리 또는 이익을 침해받은 국민이 이를 회복하기 위해 행정기관인 교육청에 제기하는 권리구제 제도입니다. 필요할 경우, 충분히 행정 심판 제도를 이용하길 추천합니다.

하지만 학교 폭력 예방법이 개정된 이후, 교육지원청으로 이관된 심의위원회의 위원들은 전문성으로 위촉된 분들이며, 사안의 중대함을 알고 심의·의결된 조치결정이 되도록 노력하는 분들이라는 점도 아울러 알아두시면 좋겠습니다. 그러니 관련 학생 및 보호자가 행정 심판을 이용할 경우, 심의위원회의 간사 역할을 담당하는 장학사 또는 주무관에게 문의하여 도움을 받고 진행 여부를 판단하실 것을 권합니다.

## 7-2. 행정 소송

행정 소송은 교육지원청의 심의위원회를 상대로 행정법원에 '소장'을 제출하여 법원으로부터 당해 처분의 타당성을 따지는 것입니다. 행정 심판은 대략 3~4개월, 행정 소송은 6~8개월 소요됩니다.

대개 부모는 자녀가 학교 폭력으로 연루가 되면 여기저기 법률적인 자문을 받고, 변호사나 행정사를 선임하여 법률적인 조력을 받으면서 진행을 합니다. 이에 따라 학교의 학폭 전담기구에서 심의하는 사안조사에부터 법률조력인으로 참여를 하며, 교육청 학폭 대책 심의위원회 개최 시에도 변호인을 동반하여 진술기회를 갖고 변호합니다. 이처럼 처음부터 변호인을 선임하면서 선임 비용에 대한 부담을 지니고 조치결정에 따른 불복절차를 진행하려고 합니다.

행정 소송까지 끌고 가서 승소한다면 다행이지만, 패소하는 경우도 종종 보게 됩니다. 교육지원청을 상대로 행정 소송을 하는 경우,

과거의 학교 폭력 대책자치위원회(학폭위)와는 사뭇 다르게 전문성과 공정함으로 무장한 교육지원청의 심의위원회가 심의·의결한 조치결정에 대해 불복한다는 의미입니다. 게다가 행정 심판보다 시간이 오래 걸리고, 비용도 만만찮게 들어갈 뿐만 아니라, 소송으로 관련 학생 및 보호자도 신체적·정신적으로 어려움을 겪게 됩니다.

행정 소송 절차를 간략하게 소개하면 다음과 같습니다.

① **소장의 접수:** 교육지원청의 심의위원회가 위치한 지역의 관할 행정법원에 '소장'을 접수해야 합니다. 소장에는 청구취지를 적고, 이하 청구이유 부분에 처분의 부당, 취소되어야 하는지를 적습니다.

② **집행정지의 신청:** 예를 들어 전학 처분이 부당하여 행정 소송으로 다툴 경우, 전학 집행을 정지시키는 법적 절차가 필요하여, 소장을 접수하면서 집행정지를 함께 신청합니다. 신청서 접수 이후 대략 2주 안에 집행정지에 대한 결정이 나오게 됩니다. 하지만 법원으로부터 집행정지 결정을 받기란 생각보다 쉽지 않습니다. 자녀는 A 학교에서 B 학교로 전학을 간 상황에서 집행정지가 인용되지 못하게 되는 것입니다.

③ **기일의 참석:** 소장이 접수되면 교육지원청에서는 이에 대한 답변서를 제출하고, 법원은 1~2개월 안에 재판기일을 잡아서 알려주게 됩니다. 원고(학생)와 피고(교육지원청 심의위원회)는

쌍방 간에 증거 제출과 주장을 통해 입증해야 합니다. 기일은 1회에 끝나는 것이 아니며, 통상 4~5회 정도 진행됩니다. 서로의 다툼 정도에 따라 재판이 더 길어질 수도 있습니다.

④ **판결 선고 및 항소 여부 결정:** 재판기일을 4~5회 하게 되면 1심 변론이 종결되고, 변론 종결 이후 한 달 뒤에 판결 기일을 잡으며, 이 판결 선고기일에 재판의 결과가 나오게 됩니다. 만약에 패소하였다면, 판결문을 송달받고 2주 안에 항소할 수 있습니다.

⑤ **행정 소송 비용:** 변호사 선임 비용, 승소 시 성공보수 약정 비용 등을 부담해야 합니다. 교육지원청 심의위원회를 상대로 승소하는 경우에는 선임 비용 일부를 청구할 수 있지만, 패소하는 경우에는 자신이 들인 변호사 비용뿐만 아니라 상대방의 선임 비용까지 전부 부담해야 합니다.

## ◑ 학교 폭력 사안에 대한 민사 책임

**학교 폭력 사안에 대한 민사 처리 절차**

- **민사상 손해배상 청구**
  - 학교 폭력으로 치료비 등 손해가 발생한 경우, 민사상의 손해배상 청구가 가능합니다. 모든 학교 폭력 사안은 민사처리가

가능한데, 민사상의 손해배상 청구는 치료비와 정신적 손해에 대한 배상 청구로 이루어집니다.

## • 민사 소송 절차

- 민사 소송은 피해 학생 측이 가해 학생 측에 대하여 손해배상을 청구하는 소장을 제출하면서 시작됩니다.
- 민사 절차에서는 형사 절차와 달리 국선변호인 제도가 없기 때문에 직접 변호인을 선임하거나, 경제적 여력이 없는 경우에는 개인이 소송 당사자가 되어 소송을 진행하여야 합니다. 변호사 선임 없이 소송을 진행하는 경우, 무료 법률상담소나 법률구조공단으로부터 소송 서류의 작성 및 소송 절차의 진행과 관련하여 도움을 받을 수 있습니다.

## • 민사 조정 절차

- 민사 조정 절차는 소송 절차에 비해 신속하게 진행되고, 비용도 5분의 1로 비교적 저렴하게 듭니다.
- 각 지방법원 종합민원실에 민사 조정 신청서 양식이 비치되어 있는데, 신청서를 작성할 수 없는 경우에는 법원 직원에게 구두로 신청할 수 있습니다.
- 조정 결과 당사자 사이에 합의가 성립된 경우, 합의사항을 조서에 기재하면 확정판결과 동일한 효력을 지니게 됩니다.

## • 손해배상의 범위

- 손해배상의 범위에는 재산상의 손해, 재산 이외의 손해, 명예 회복 처분 등이 있습니다. 다만 정신적 손해에 대한 배상에 해당하는 위자료의 경우, 학교 폭력과 정신적 손해 사이에 인과관계가 인정되어야 합니다. 위자료의 액수는 일반적으로 법원의 자유재량에 따라 결정됩니다.

## • 민사책임의 주체

- 가해 학생 및 보호자의 책임

   보통의 경우 가해 학생의 감독의무자인 보호자가 피해 학생에게 손해를 배상할 책임이 있습니다.

- 교사의 책임

   교사는 자신의 지도·감독하에 있는 학생의 가해 행위로 발생한 사안이 '학교에서의 교육활동 및 이와 밀접한 생활관계인 경우'(교육활동과 밀접불가분의 관계가 있는지 여부)이고, 자신이 '학교 폭력이 발생할 것을 알았거나 알 수 있는 경우'(예견 가능성)에 한하여 책임을 부담하게 됩니다.

   그리고 설령 이러한 두 가지 요건을 모두 충족하였다고 하더라도 교사가 상황에 적합한 예방 조치를 실시하는 등, 결과를 방지하기 위한 노력을 충분히 한 경우라면 법적인 책임을 지지 않습니다.

- 학교를 설치·운영하는 지방자치단체 또는 학교법인의 책임

국·공립학교에서 발생한 학교 폭력 사건의 경우에, 교사 이외에도 학교를 설치·운영하는 국가 또는 지방자치단체가 피해 학생에 대한 배상책임을 부담합니다. 학교 폭력 사건의 발생에 대하여 교사에게 가벼운 과실만 있는 경우에는 교사 개인이 아니라 지방자치단체가 배상책임을 부담하게 됩니다.

반면에 교사에게 고의 또는 중대한 과실이 있는 경우에는 교사 개인도 지방자치단체와 함께 불법행위로 인한 손해배상책임을 지게 됩니다. 여기서 교사의 '중대한 과실'이라 함은 교사에게 통상 요구되는 정도의 상당한 주의를 하지 않더라도 약간의 주의만 기울였다면 손쉽게 위법, 유해한 결과를 예견할 수 있는 경우임에도 이를 간과하는 경우로, '고의에 가까울 정도로 현저한 주의를 하지 않은 상태'를 의미하는 것입니다.

사립학교에서 발생한 학교 폭력 사건의 경우에, 교사 이외에도 학교를 설치·운영하는 학교법인이 피해 학생에 대한 배상책임을 부담합니다. 학교 폭력 사건의 발생에 대하여 교사에게 고의 또는 과실이 있는 경우에는 교사 개인도 학교법인과 함께 불법행위로 인한 손해배상 책임을 지게 됩니다.

# 7-3. 불복 사안을 다룬 기사

2021년 2월 17일자 〈한국일보〉에 「'따돌림 가해자' 몰린 여고생, 교장 상대 징계 취소 소송 이겼다」라는 제목의 기사가 실렸습니다. 가해 학생이 선도조치에 불복해서 행정 소송을 제기한 사안으로, 다음은 기사의 전문입니다.

집단 따돌림(왕따) 가해자로 지목돼 징계를 받은 고등학생이 "학교 폭력에 해당하지 않는다"며 학교장을 상대로 제기한 행정 소송에서 승소했다. 17일 법조계에 따르면 인천지법 행정1-2부(부장 이종환)는 A양이 인천 미추홀구 여자고교 교장 B씨를 상대로 제기한 서면사과 취소소송에서 원고 승소 판결했다. 재판부는 교장 B씨가 A양에게 하도록 한 서면사과 처분을 취소하도록 했다.

A양은 2019년 6월 같은 반 친구인 C양을 따돌렸다는 이유로 학교 폭력 대책자치위원회(학폭위)에 회부됐다. C양은 "A양 등 8명이 2019년 4월부터 교내 여러 장소에서 따돌리는 말과 행동을 했다"며 교사에게 신고했다. A양은 통학용 승합차 안에서 다른 친구에게 "C양과 같이 다니지 않겠다"는 말을 한 것으로 파악됐다.

학폭위는 이 사안을 심의해 출석위원 6명 중 5명 찬성으로 학교 폭력에 해당한다고 인정하고, 서면사과 조치할 것을 결의했다. 교장인 B씨는 이 결의에 따라 A양에게 서면사과 처분을 했다.

A양은 이에 불복해 행정 심판을 청구했으나, 2019년 10월 인천시 교육청 행정 심판 위원회에서 기각됐고 행정 소송을 냈다. A양은 "고의적으로 C양에 대한 집단 따돌림을 한 것이 아니므로 학교 폭력에 해당하지 않는다"며 "학교가 사실관계를 오인했다"고 주장했다.

재판부는 "따돌림은 학교 내외에서 2명 이상이 특정인이나 특정집단을 대상으로 지속적이거나 반복적으로 신체적·심리적 공격을 가해 상대방이 고통을 느끼는 행위"라며 "고의적·반복적이지 않거나 과실에 의한 행위는 학교 폭력에 해당되지 않는다"고 판단했다.

재판부는 "A양과 C양 등의 진술내용을 봐도 고의에 의한 따돌림으로 인정할 만한 정황은 부족하고 A양이 따돌림 행위에 가담했다고 보이지 않는다"며 "A양이 C양과 어울려 지내지 않겠다는 말을 했다는 것도 인격권 등을 침해한 행위로 보기 어렵다"고 설명했다. 재판부는 "A양과 B양은 평소 자주 어울리는 관계에 있다가 어울리기 불편한 관계가 돼 간 것으로 보인다"며 "그 과정에서 A양이 C양의 인격을 무시·모독하는 언행을 공동으로 했거나 심리적 공격을 반복했다고 단정할 만한 구체적 정황이 부족하다"고 덧붙였다.

A양은 2019년 6월에 (지금은 사라진) 학교 폭력 대책자치위원회에 회부되어 서면사과 처분을 받았으나 불복했고, 행정 심판을 거쳐 행정 소송까지 제기해서 2021년 2월에 승소판결을 받아냈습니다. 이 사

안은 학폭위를 상대로 소송한 사건이므로 피고는 교육청(교육지원청)의 장이 아닌 학교의 교장이었습니다.

또한 피해 학생이 가해 학생의 처분에 불복하여 행정 심판을 제기하는 경우도 있습니다. 다음은 2020년 6월 11일자 〈중앙일보〉 기사입니다. 용어가 부정확한 부분이 있지만 그대로 인용합니다.

**마구 때려 정신 잃으면 업어치기⋯ 10대들 기절초풍 '기절놀이'**

어두컴컴한 아파트단지에서 전북 전주 모 중학교 3학년 A군(15)이 또래 남학생에게 멱살을 잡힌 채 어디론가 끌려간다. 잠시 후 중·고등학생 10여 명이 A군 쪽으로 우르르 몰려간다. 이들은 놀이터에 있는 원통형 미끄럼틀 입구에 A군을 밀어넣은 뒤 주위를 에워싼다. 학생 2명은 아랑곳없이 A군의 모습을 구경하며 그네를 탄다.

지난 4월 23일 오후 9시쯤 전북 전주시 완산구 평화동 한 아파트 단지 폐쇄 회로 티브이(CCTV)에 찍힌 장면이다. 이날 A군은 1시간 20분간 또래 남학생들에게 집단 구타를 당했다.

10일 전주 완산경찰서 등에 따르면 지난 4월 23일 오후 8시 10분부터 9시 30분까지 전주 모 고등학교 1학년 B군(16) 등 전북 지역 중학교 2학년~고등학교 2학년 남학생 11명은 A군을 집단폭행하거나 폭행장면을 구경했다. A군은 할머니집에 가던 길에 평화동 패스트푸드점 주차장에서 우연히 B군 패거리와 마주쳤다가 봉변을 당했다.

B군 등은 A군에게 그의 친구를 부르라고 시킨 뒤 연락이 닿지 않자 욕설을 퍼붓고 주먹과 슬리퍼로 얼굴과 머리·배 등을 마구 때린 것으로 확인됐다. 이들은 A군을 반복해서 넘어뜨리고 "담뱃불로 몸을 지지게 해주면 집에 보내준다"고 협박했다.

일부 학생은 입과 코를 막고 가슴을 압박해 정신을 잃게 하는 '기절놀이'로 A군을 수차례 기절시킨 것으로 조사됐다. A군이 기절하면 배를 때려 깨우거나 업어치기로 다시 바닥에 내동댕이쳤다고 한다.

한 학생은 술을 마시면서 A군이 맞는 모습을 구경하다 입에 머금고 있던 술을 A군 얼굴에 뱉기도 했다. 일부 학생은 중간에 자리를 피하거나 A군에게 '도망가라'고 한 것으로 알려졌다.

간신히 사건 현장에서 벗어난 A군은 얼굴과 몸 곳곳에 타박상과 찰과상을 입는 등 2주간의 치료를 필요로 하는 상해를 입었다. 뇌진탕과 복부 좌상(내부 조직이나 장기 손상 상태) 진단도 받았다.

A군은 사건 이틀 전인 4월 21일에도 각각 정오 무렵과 오후 9시쯤 평화동의 한 교회와 볼링장 근처에서 두 차례 폭행을 당한 것으로 확인됐다. B군 패거리에 속하는 서너 명이 A군의 얼굴에 침을 뱉거나 때렸다고 한다.

A군은 두 번째 집단 구타 사건이 발생한 날 전주 완산경찰서에 신고했다. 가해 학생 일부는 경찰에서 혐의를 모두 인정했지만, 다른 일부는 혐의를 부인하거나 억울해한 것으로 파악됐다.

지난달 28일 전주교육지원청은 지난 4월 21일과 23일 A군을 폭행하거나 폭행장면을 구경한 학생 14명에 대한 학교 폭력 대책 심의위원회(학폭위)를 열었다. 심의 결과 10명은 출석 정지 5일과 사회봉사 12시간, 특별 교육 30시간 등의 선도 조처가 내려졌다.

학폭위는 "가해 학생의 폭력 행위가 지속적이지 않고, 고의성이 낮은 점을 종합적으로 고려했다" 등의 이유를 댔다. 나머지 학생 4명에 대해서는 "피해 학생이 관련 학생의 연관성이 적음을 진술하고 있다"며 학교 폭력이 아니라고 결정했다.

A군의 친형은 중앙일보와 통화에서 "사건 초기 가해 학생들과 통화했는데 대부분 반성의 기미가 없고 '기절놀이를 한 적이 없다', '때리지 않았다', '그 자리에 없었다'는 거짓말로 진실을 은폐했다"며 "학교에서 일어난 일이 아니어서 (가해 학생들이) 교육지원청이나 학폭위에서 제대로 된 징계를 받길 원했는데 솜방망이 처벌에 그쳤다"고 말했다.

A군 측은 학폭위 결과에 불복해 행정 심판을 청구하기로 했다. 사건 이후 극심한 불안감에 시달려 온 A군은 대안학교를 알아보고 있다고 A군의 형이 전했다. 가해 학생들과 마주치거나 보복당할 것을 우려해서다. 같은 이유로 고교 진학도 포기할지 고민하고 있다고 한다.

경찰은 A군이 애초 가해자로 지목한 11명 중 7명을 공동폭행 혐의로 불구속 기소 의견을 달아 조만간 검찰에 송치할 예정이다. 나머지 4명 중 3명은 범행에 직접 가담하지 않아 무혐의 처분을 내릴 방침이고, 만 14세 미만인 1명은 촉법소년이어서 처벌 대상에서 제외했다.

# 학교폭력 대책
# 이렇게 달라집니다

## 가해학생 조치

| 전학(8호) 조치 학생부 기록 | 출석정지(6호) 학급교체(7호) 조치 학생부 기록 | 접촉·협박 등 금지(2호) | 대입반영 |
|---|---|---|---|
| • 졸업 후 최대 2년 보존 ▼ • 졸업 후 최대 **4년** 보존 | • **원칙**: 졸업 후 최대 2년 보존 • **예외**: 졸업 직전 심의를 통해 기록 삭제 가능 ▼ • **원칙**: 졸업 후 최대 **4년** 보존 • **예외**: 졸업 직전 심의를 통해 기록 삭제 가능 * 심의요건 강화: 피해학생 동의서, 가해학생 불복절차 여부 | • 위반시 조치 병과 또는 가중 ▼ • 접촉·협박·보복 행위에 비대면, 정보통신망을 이용한 경우도 포함 • 학교폭력 사안 발생 즉시 조치 의무화 • 위반시 6호 이상 조치 의무화 | • 학생부 종합전형에서 주로 학교폭력 조치사항 반영 ▼ • **학생부, 수능, 논술, 실기/실력위주 전형에** 조치사항 반영 • 자퇴한 가해학생의 '조치사항'도 학생부에 표기하여 대입 반영 지원 |

## 피해학생 보호

| 즉시 분리 기간 | 학교장 긴급조치 | 가해학생 조치 불복시 | 피해학생 지원 |
|---|---|---|---|
| • 3일 ▼ • 7일 | • 1·2·3·5호 • 6호(출석정지, 10일 이내) ▼ • 1·2·3·5호 • 6호(출석정지, '심의결정시'까지) • 7호(학급교체) ※ 피해학생에게도 6·7호 요청권 부여 | • 피해학생 불복사실을 알 수 없어 진술권 보장에 한계 ▼ • 교육장 또는 교육감이 불복사실 통지하여 진술권 보장 • 심사·소송 참가 | • 피해학생 서비스 지원 미흡 ▼ • 피해학생에게 필요한 실질적인 법률, 의료 서비스 등을 매칭·안내 |

## 현장 대응력 제고

| 사안처리 지원 | 학교의 권한 | 학교폭력 대응 여건 |
|---|---|---|
| • 체계적 지원체계 미흡 ▼ • 학교폭력 예방·지원센터 설치를 통한 현장 지원 | • 「학교폭력예방법」 등 법령, 매뉴얼에 근거 ▼ • 「학교폭력예방법」 등 법령, 매뉴얼에 근거 • '학교폭력 책임계약' | • 학교폭력 전담 업무 과중에 따른 기피 ▼ • 4세대 나이스와 연계한 '학교폭력 사안처리 시스템' 운영 • 학교폭력 책임교사 수업경감 |

## 근복적 변화

| 심리·정서 교육 | 인생·체육·예술 교육 | 예방교육 |
|---|---|---|
| • 학교 개별적으로 운영, 체계적 지원체계 미비 ▼ • 관련법 제정, 전담부서 신설 등 학생 사회·정서 지원체계 구축 | • 학교스포츠클럽 평균 1교당 11개 • 예술동아리 평균 1교당 1개 ▼ • 학교스포츠클럽 평균 1교당 20개 • 예술동아리 평균 1교당 2개 • 국가교육위(인성교육특위) 협력 | • 교과 연계, 체험 중심 예방교육 ▼ • 교과 연계, 체험 중심 예방교육 • 디지털 기술 및 학생 친화적 매체 활용 |

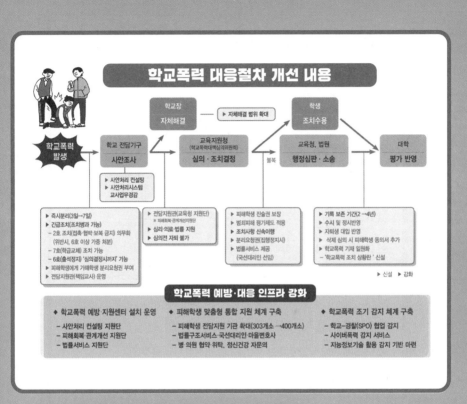

# 학교폭력 대응절차 개선 내용

학교장 자체해결 ── ▶ 자체해결 범위 확대

학생 조치수용

학교폭력 발생 → 학교 전담기구 사안조사 → 교육지원청 (학교폭력대책심의위원회) 심의·조치결정 → 교육청, 법원 행정심판·소송 → 대학 평가 반영

▶ 사안처리 컨설팅
▶ 사안처리시스템
  교사업무경감

**학교 전담기구 / 사안조사**
▶ 즉시분리(3일→7일)
▶ 긴급조치(조치병과 가능)
  – 2호 조치(접촉·협박·보복 금지) 의무화
    (위반시, 6호 이상 가중 처분)
  – 7호(학급교체) 조치 가능
  – 6호(출석정지) '심의결정시까지 가능
▶ 피해학생에게 가해학생 분리요청권 부여
▶ 전담지원관(책임교사) 운영

**전담지원관(교육청 지원단)**
  ※ 피해회복·관계개선지원단
▶ 심리·의료·법률 지원
▶ 심의전 자퇴 불가

**피해학생 진술권 보장**
▶ 범죄피해 평가제도 적용
▶ 조치사항 신속이행
▶ 분리요청권(집행정지시)
▶ 법률서비스 제공
  (국선대리인 선임)

**기록 보존 기간(2→4년)**
▶ 수시 및 정시반영
▶ 자퇴생 대입 반영
▶ 삭제 심의 시 피해학생 동의서 추가
▶ 학교폭력 기재 일원화
  – '학교폭력 조치 상황란' 신설

▶ 신설  ▶ 강화

## 학교폭력 예방·대응 인프라 강화

◆ 학교폭력 예방·지원센터 설치 운영
  – 사안처리 컨설팅 지원단
  – 피해회복 관계개선 지원단
  – 법률서비스 지원단

◆ 피해학생 맞춤형 통합 지원 체계 구축
  – 피해학생 전담지원 기관 확대(303개소→400개소)
  – 법률구조서비스·국선대리인·마을변호사
  – 병·의원 협약·위탁, 정신건강 자문의

◆ 학교폭력 조기 감지 체계 구축
  – 학교·경찰(SPO) 협업 감지
  – 사이버폭력 감지 서비스
  – 지능정보기술 활용 감지 기반 마련

# 학교 폭력 징후 체크리스트

**학교에서 발견할 수 있는 피해 학생의 징후**

☑ 급식을 먹지 않거나, 먹어도 혼자 먹는다.

☑ 늘 청소 당번을 도맡아 한다.

☑ 자주 체육복, 교과서 등을 빌려주고 돌려받지 못한다.

☑ 체육시간, 점심시간, 야외활동 시간 등 혼자 있는다.

☑ 소풍, 수학여행, 체육대회 등 학교 행사에 참석하지 않거나 결석을 자주
　한다.

☑ 선생님이 질문할 때 피해 학생의 이름을 말하며 대답하게 한다.

☑ 발표를 하거나 말을 할 때 주변에서 놀리거나 비웃는다.

☑ 주변 아이들이 놀리거나 험담을 해도 반항하거나 화내지 않는다.

☑ 다른 아이들의 힘겨루기(레슬링, 발차기 등) 상대가 된다.

☑ 이름보다는 놀리는 듯한 별명이나 욕으로 부른다.

☑ SNS에 피해 학생에 대한 저격글이나 비하성 글이 올라온다.

☑ 단체 채팅방에 피해 학생의 사진을 공유하며 비웃는다.

**가정에서 발견할 수 있는 피해 학생의 징후**

☑ 늦잠을 자고, 몸이 아프다하며 학교가기 싫어한다.

☑ 용돈을 평소보다 많이 달라고 하거나 휴대전화 요금이 많이 나온다. 또한 휴
　대전화을 보는 표정이 불편해 보인다.

☑ 쉽게 잠에 들지 못하거나 화장실에 자주 간다.

☑ 밖에 나가는 것을 힘들어하고, 집에만 있으려고 한다.

☑ 이유는 말하지 않고 학교나 학원을 옮기는 것에 대해서 이야기를 꺼낸다.

☑ 성적이 갑자기 혹은 서서히 떨어진다.

☑ 학교생활 및 친구관계에 대한 대화를 시도할 때 예민한 반응을 보인다.

☑ 아프다는 핑계 또는 특별한 이유 없이 조퇴를 하는 횟수가 많아진다.

☑ 갑자기 급식을 먹지 않으려고 한다.

☑ 갑자기 짜증이 많아지고 가족이나 주변 사람들에게 폭력적인 행동을 한다.

☑ 수련회, 봉사활동 등 단체 활동에 참여하지 않으려고 한다.

☑ 표정이 안 좋고 평소보다 기운이 없다.

☑ 멍하게 있고, 무엇인가에 집중하지 못한다.

☑ 작은 소리나 행동에도 쉽게 놀란다.


**사이버폭력 피해 학생의 징후**

☑ 용돈을 많이 요구하거나 온라인 기기의 사용요금이 지나치게 많이 나온다.

☑ 부모가 자신의 휴대전화을 만지거나 보는 것을 매우 싫어하고 예민하게 반
  응한다.

☑ 컴퓨터 혹은 휴대전화을 사용하는 시간이 지나치게 많다.

☑ 불안한 표정으로 휴대전화을 자주 확인하고 민감하게 반응한다.

☑ 온라인에 접속한 후, 또는 문자메시지나 메신저를 본 후에 당황하거나 정서
  적으로 괴로워 보인다.

☑ 단체 채팅방에서 집단에게 혼자만 반복적으로 심리적 공격을 당한다.

☑ 사이버상에서 이름보다는 별명이나 욕으로 호칭되거나 야유나 험담 게시물이 많이 올라온다.

☑ SNS의 상태명이나 사진 분위기가 갑자기 우울하거나 부정적으로 바뀐다.

☑ 잘 모르는 사람들이 피해 학생의 이야기나 소문을 알고 있다.

☑ SNS 계정을 탈퇴하거나 아이디가 없다.


**사이버폭력 가해 학생의 징후**

☑ 부모와 대화가 적고, 반항하거나 화를 잘 낸다.

☑ 친구관계를 중요시하며 집에 들어오는 시간이 늦거나 불규칙하다.

☑ 다른 학생을 종종 때리거나, 동물을 괴롭히는 모습을 보인다.

☑ 자신의 문제 행동에 대해서 이유와 핑계가 많고, 자존심이 매우 강하다.

☑ 성격이 급하고, 충동적이며 공격적이다.

☑ 자신의 문제 행동에 대해서 이유와 핑계가 많다.

☑ 옷차림이나 과도한 화장, 문신 등 외모를 과장되게 꾸미며 또래관계에서 위협감을 느끼게 한다.

☑ 폭력과 장난을 구별하지 못하여 갈등상황을 자주 경험한다.

☑ 평소 욕설 및 친구를 비하하는 표현을 자주 한다.

☑ SNS상에 타인을 비하, 저격하는 발언을 거침없이 게시한다.

출처: 〈학교 폭력 사안처리 가이드북(푸른나무재단)〉

# 학교폭력,
## 88문
## 88답
?
¿

# 갈등조정은 살얼음판, 그래도 희망을 본다

**# 장면** (가공된 사례임을 밝힙니다.)

초등 3학년 같은 반인 A와 B는 평소 장난도 치면서 친하게 지냈지만, 가해 관련 학생인 A가 B에게 수시로 지나친 장난을 치고, 가끔씩은 때리는 행위를 하였기에, 참다못한 B의 보호자는 학교 폭력으로 신고하였으며, 학교장 자체해결 요건을 만족하였지만, 보호자가 동의하지 못하여 교육지원청에 심의요청을 한 상황임. 또한 B의 보호자는 A 학생의 재발 방지와 진심 어린 사과를 요청하였고, 관련된 내용이 적힌 서약서를 요청한 상황으로 A의 보호자는 이를 과한 요구라고 여겨 응하지 않았던 사안임.

### 학교에서는

해당 학교에서는 양측의 입장을 조율하려고 최대한 노력을 기울였습니다. 그럼에도 불구하고 피해 학생 측이 동의하지 않아 학교장 자체해결이 되지 못한 채, 관할 교육지원청에 심의를 요청함으로써 어려움을 호소한 경우입니다.

해당 학교의 가해 학생 및 보호자는 재발 방지를 약속하고, 진심 어린 사과를 하였습니다. 하지만 피해 학생 측이 워낙 완고한 상태였던지라 이를 거부한 것입니다.

그리하여 학교 측은 관할 교육지원청에 양측 학생 및 보호자가 참석하는 갈등조정을 요청하였습니다. 그리고 담당 장학사도 모임에 배석하기로 결정되었습니다.

학교가 양측 보호자들에게 갈등조정 모임이 열리는 날짜와 시간, 참석자 등에 대해 알리면, 양측의 동의하에 모임을 진행하게 됩니다. 모임 당일에 피해 학생 측과 가해 학생 측은 동일한 장소에 곧바로 모이지 않습니다. 학교 측은 개별 모임 장소에서 사안에 대해 충분히 설명하고 진행을 준비하게 됩니다.

**교육지원청에서는**

통상적으로 갈등조정 모임은 학교 주관으로 진행을 하며, 양측 학생과 보호자의 참석하에, 또는 보호자와 학교 관계자의 참석하에 모임을 주관하게 됩니다. 관할 교육지원청의 갈등조정자 또는 담당 장학사가 배석하는 것은 극히 이례적인 경우에 해당합니다.

교육지원청의 전문가로 배석한 사람이 갈등조정 모임의 사회를 보게 되며, 참석자들의 소개, 피해 측 대기 장소에서 피해 측이 원하는 것, 가해측 대기 장소에서 가해측이 해줄 수 있는 것 등을 사전에 확인합니다. 그리고 이상이 없다고 판단될 경우, 양측이 한자리에 모일 수 있도록 합니다.

### 갈등조정 모임의 진행

갈등조정 모임의 핵심은 양측의 입장을 충분히 경청하고 공감하는 것이며, 발언권을 얻은 보호자의 진술에 직접적인 반박을 하지 않도록 하는 것입니다. 이때 사회자의 역할이 중요합니다.

해당 학교에서 진행 시에는 경험이 풍부한 부장교사 또는 전문상담교사, 교감 등이 진행을 맡는 것이 좋습니다. 모임에서 양측의 입장을 확인하고 조율할 수 있는지 판단이 필요하며, 모임에서 곧바로 결론을 도출할 수도 있지만 대부분은 바로 결정을 하지 못하는 경우가 허다하기 때문입니다. "네, 잘 알겠습니다. 집에 가서 생각하고 연락드릴게요."라는 식으로 결정을 미루는 경우도 많습니다.

갈등조정 모임은 학생들이 일상으로 복귀를 촉진시키는 것으로, 재발 방지와 진심 어린 사과가 선행되어야 합니다. 그리고 무엇보다 피해 측의 상처와 억울한 부분을 보살펴주는 것이 필요합니다.

### 갈등조정 모임의 유의사항

갈등조정 모임을 통해 양측의 대립이 약화되고, 갈등이 어느 정도 해소되는 것은 참으로 중요한 일입니다. 그럼에도 불구하고 갈등조정이 쉽지 않고 오히려 악화되는 경우가 많은 이유는 양측이 생각하는 결이 전혀 다르기 때문입니다. 아무리 노력해도 설득되지 않고, 설득당하지도 않는 보호자들이 있습니다. 그런 데다 그들은 자신들이 학교에 다니는 당사자가 아니라는 점을 종종 망각하곤 합니다.

갈등조정 모임에 배석해 보면, 보호자가 학교 다니는 학생으로 감정 이입을 하여 일을 그르치는 경우가 빈번하게 발생합니다. 보호자는 어디까지나 학생을 보호해 주는 역할이라는 점을 잊어서는 안 될 것입니다.

해당 학교는 갈등조정 모임을 통해 갈등의 원인, 해결의 열쇠 등을 파악하여 추후 유사한 사안이 발생하지 않도록 노력해야 합니다. 그리고 양측 학생 및 보호자들도 학교 폭력에 다시 연루되는 일이 없도록 각별한 주의를 기울여야 할 것입니다.

### 갈등조정 모임의 참석

양측 학생들은 잘 지내는데, 보호자들 간의 감정 싸움으로 증폭되어 결국 교육지원청 심의요청까지 진행하는 사례가 급증하고 있습니다. 또한 가해 측도 맞신고(쌍방) 학교 폭력으로 신고하여 첨예한 대립으로 치닫게 됩니다.

대부분 법률전문가인 변호사를 선임하고 강경 대응을 하다 보면 관련 학생 및 보호자들의 가정은 피폐해지기 마련입니다. 생업에 종사하면서도 학폭 사안의 진행 상황에 늘 신경을 쏟기란 현실적으로 어려운 일입니다.

누가 봐도 경미한 사안이라서 학교장 자체해결로 종결이 되어야 할 것 같은데, 양측 보호자들 간의 감정싸움으로 변질되어 교육지원청의 심의를 받고 가해자 조치, 피해자 조치를 받게 되는 경우가 종종 있습니다. 이후에 또 다른 사안으로 신고를 하면서 결국 양측은 감정싸움으로 1년여의 세월을 소모하기도 합니다.

〈 TIP 〉

학교 폭력 전담기구는 말 그대로 학교 폭력 예방법에 근거하여 존재하는 기구로서, 학교장 자체해결 여부를 심의하는 기구이지 위원회가 아닙니다. 그렇기 때문에 학교 폭력 전담기구의 구성원인 학부모 구성원에게 회의나 심의 시 참가 시 별도의 수당을 지급할 필요는 없습니다. 다만 수당 지급 규정이 있을 경우에는 통상적으로 1회 참여 시 1만 원 내외의 여비를 지급할 수 있습니다. 그러니 학교 폭력 전담기구 구성원들에게 소정의 여비를 지급하고자 하는 학교에서는 전담기구 구성 및 운영계획을 수립할 때 수당 지급과 관련된 규정을 포함시키면 되겠습니다.

# 관계회복은 권장이 아닌 필수

학생들 간에 발생하는 학교 폭력은 학교장 자체해결로 종결되거나 교육청 심의 개최 이후 조치결정 통보서에 기재된 피해 학생 보호조치, 가해 학생 선도조치를 받더라도, 모든 갈등이 사라지지는 않습니다. 피해 학생과 가해 학생 간에 갈등의 불씨는 여전히 존재하기 마련입니다.

피해 학생이 늘 원하는 것은 진심 어린 사과와 반성이며, 가해 학생이 늘 원하는 것은 피해 학생으로부터 자신이 사과와 반성의 마음을 전달할 기회를 얻는 것입니다. 하지만 현행법상으로는 피해 학생 측의 동의를 얻지 못할 경우, 그런 자리를 마련하거나 사과편지를 전달하는 것도 어렵습니다. 한마디로 피해 학생 측에서 동의를 해야 갈등조정 모임을 가질 수 있는 것입니다. 물론 일선 학교에서도 학생 및 보호자들에게 교육적인 갈등조정이나 관계회복을 위한 자리를 만들려고 노력하고는 있습니다. 하지만 어디까지나 법적 구속력이 없는 권장 사항이다 보니, 피해 학생 측에서 원치 않으면 전혀 진행할 수 없는 노릇입니다.

갈등조정이나 관계회복 프로그램 운영의 중요성은 인식하고 있지만, 현실적으로 운영 인력이나 전문성이 부족한 것도 문제입니다. 현재 갈등의 당사자들이 갈등조정이나 관계회복을 원할 경우, 해당 학교에서는 대면 모임을 마련하거나, 교육지원청에 지원을 요청하는 것이 전부입니다.

### 관계회복을 위한 노력

최근 3년간 학교 폭력 심의 건수와 학교장 자체해결 건수는 증가하는 추세입니다. 코로나바이러스감염증-19 사태로 인해 2020년 주춤하던 학폭 건수는 2021년 등교수업과 원격수업을 병행하면서 꾸준히 증가하였고, 2022년 전면 등교수업을 진행하면서 폭증하고 있습니다.

대부분의 학생들은 코로나19의 여파로 친구들간의 교우관계를 정상적으로 설정하지 못하였습니다. 그리고 학교 폭력의 저연령·저학년화로 인해서 초등 저학년 학교 폭력의 빈도가 높아지고 있습니다. 수업이 원격으로만 진행되는 동안, 학생들은 사이버 공간 속에서의 폭력에 고스란히 노출되었으며, 사이버폭력에 대한 감수성이 없는 학생들이 다양한 유형의 사이버폭력을 감행하고 있는 것이 현실입니다.

뭐니 뭐니 해도 학교 폭력은 사안 초기 대응이 제일 중요합니다. 가해 학생의 진심 어린 사과와 반성 및 화해를 위한 가해 학생 보호자의 노력이 피해 학생이 일상으로 복귀하는 것을 도울 수 있습니다. 현재 일선 학교 학교 폭력 담당자에게 주어지는 것은 〈학교 폭력 사안처리 가이드북〉이 전부입니다. 사안처리 중심의 행정절차로 진행되기 때문에 관계회복이나 갈등중재의 역할은 빈약한 실정입니다.

이제 학교장 자체해결로 종결된 사안에 대해서도 사후 교육적 조치가 필요합니다. 그리고 당사자인 학생 및 보호자들이 동의한 경우, 갈등조정 및 관계회복을 위한 절차가 제도적으로 뒷받침되어야 합니다.

현직교사, 예비교육을 위한 관계회복, 갈등조정 관련 전문성 향상을 위해 역량을 강화하는 연수도 필요합니다. '교사-교사', '교사-학생', '교사-학부모', '교사-관리자', '교사-교육행정직' 등 다양한 주체와의 갈등에 직면하고 있는 만큼, 슬기롭게 해결할 혜안이 요구됩니다.

### 대범해지는 사이버폭력

2022년 푸른나무재단이 발표한 자료에 따르면, 학교 안팎에서의 사이버폭력은 2019년 5.3%, 2020년 16.3%, 2021년 31.6%로 역대 최고치를 경신하고 있는데, 예를 들면 다음과 같은 경우들입니다.

- A는 익명 질문방인 에스크(Asked)[13]를 통해 같은 반 B학생을 저격하고 성희롱하는 글을 올렸다. A는 올리면서도 경찰서 등에서 본인을 찾지 못할 것이라는 생각을 했다. 하지만 경찰에 신고되어 수사기관이 A 학생을 범인이라고 특정함에 따라 학폭 가해자로도 처벌을 받았다.
- C는 D 학생의 보호자와 연결된 결제수단으로 배달서비스를 통해 많은 양의 음식을 주문하였고, 비용은 D가 처리하도록 하였다. 나중에 이를 알게 된 보호자가 학폭으로 신고하였다.

---

13 익명에 기반한 사회 관계망 서비스(SNS)로, 아이디, 비밀번호, 닉네임만 입력하면 가입할 수 있다. 계정 주인이 프로필에 링크를 걸어 두고, 익명의 질문에 대해 답변을 등록하면 질문과 답변이 공개되고, 답변하지 않으면 질문도 비공개된다. 주된 사용자인 10대들의 욕설, 성희롱 등이 난무하지만, 해외에 서버를 두고 있는 데다 가해자도 특정하기가 어려워 수사에 난항을 겪곤 한다.

- E는 F의 계정과 결제수단을 이용하여 여러 번에 걸쳐 등하교 시에 공유형 킥보드나 자전거를 무료로 이용하였다. 이를 뒤늦게 인지한 F의 보호자는 E를 학폭으로 신고함과 동시에 경찰에도 신고하였다.
- G는 중고거래 앱에 H의 프로필을 변조하여 판매 글을 올렸다. 이에 H의 또 다른 친구가 학폭으로 신고하여, G는 학폭으로 처벌을 받았다.

이처럼 학생들이 손쉽게 접근할 수 있는 사이버 공간의 플랫폼으로 사이버폭력의 양상이 다양해지고 있음에도 불구하고, 현행법이나 이에 대한 예방교육은 그에 못 미치고 있는 실정입니다.

피해 학생은 고통을 호소하고 있지만, 수사기관이 가해자를 특정하지 못하는 사안이 많기에 상처와 트라우마는 가해자가 특정될 때까지 지속되곤 합니다. 그렇다 보니, 뒤늦게 가해자가 특정되어도 가해 학생은 진심 어린 반성과 사과보다는 뻔뻔한 대응으로 피해 학생을 더 힘들게 만들기 일쑤입니다.

이제 사이버폭력은 기업의 책무가 필요한 수준으로 치닫고 있습니다. 사이버 플랫폼이 범죄의 온상이 되어 버린 마당에, 청소년들의 범죄를 묵인하고 있을 수만은 없습니다. 기업은 현재의 상황에 대해 진지하게 성찰하고 사회적 책임을 다해야 할 것입니다.

## 자체해결된 학폭 사안인데, 또 신고가 가능한가요?

Q. 가해자 A와 피해자 B 간의 사건이 자체해결로 종결이 된 학폭
  사안인데요. 그때 당시 관련된 사안조사에서는 다루지 않은 부
  분에 대해서 다시 학폭 신고가 가능할까요?

A. 통상적으로 한번 다루어진 학폭 사안은 일사부재리(一事不再理)[14]
  에 따라 재심의를 하지는 않습니다. 충분히 타당한 이유가 있어야
  재심의가 열리는데, 그 당시 사안조사에서 밝혀지지 않은 부분이
  있는 경우에는 가능합니다.

  예를 들어, 그때 당시에 5가지 유형 중에서 3가지만 자체해결이
  되었고, 나머지 2가지는 자체해결 사안에 들어가 있지 않은 경우
  학폭 사안으로 신고하여 학폭법에 따라 처리가 가능합니다. 단,
  학교 측에서 사안조사를 통해 전담기구에서 심의를 진행하게 됩
  니다. 심의에서 단순한 오인신고인지, 학교 폭력인지에 대한 여부
  를 가리게 됩니다.

───────────────────────────────────

14 일단 한번 판결이 내려진 사건에 대해서는 다시 공소를 제기할 수 없다는 형사 소송법
  의 원칙을 가리킨다.

# 이런 것도 학교 폭력으로 처리된다?!

- A가 B에게 종이를 말아서 던졌는데 다행이 맞지는 않았지만, B는 A를 신체폭력으로 신고했다.
- C가 교실 복도를 지나가면서 D를 째려봤는데, D는 무서움과 두려움을 느껴 C를 학교 폭력으로 신고했다.
- E는 같은 반 친구 10명이 자신을 따돌린다고 생각한 끝에, 10명을 집단따돌림으로 신고했다.

학생들 간의 사소한 장난, 오해, 갈등이 증폭되어 학교 폭력으로 신고되고, 피해 학생과 가해 학생 및 관련 보호자들 모두 고통을 호소하는 사례가 늘고 있습니다. 이제 학교 폭력은 개인과 과정, 학교와 지역 사회의 각 요인들의 상호 작용으로 나타나는 사회 문제인 것입니다.

학교 폭력 예방 및 대책에 관한 법률의 목적은 피해 학생 보호, 가해 학생 선도와 교육, 분쟁조정을 통한 인권보호, 건전한 사회 구성원 양성에 있습니다. 따라서 학교 폭력 발생 시 무엇보다 중요한 것은 피해 학생의 보호와 재발 방지, 피해 학생의 일상 회복입니다.

하지만 현실은 녹록지 못하여 학교 폭력 문제의 해결이 사안처리 중심으로 진행됩니다. 그렇다 보니 피해 측의 상처나 트라우마를 따스하게 어루만져 주기에는 부족한 면이 많은 실정입니다.

### 학폭 미투에서 극단적 선택까지

최근 몇 년 동안 우리사회에서 유명한 연예인, 인기 운동선수 등이 과거에 일어났던 학교 폭력으로 몸살을 앓았고, 현재도 진행형입니다. 피해를 호소하는 어른이 된 피해자는 그때 당시 학교 폭력으로 유명인이 가해 학생으로 처벌받지 못했고, 그 충격으로 아직도 정상적인 일상생활을 하지 못한다는 것입니다.

이로 인해 가해자로 낙인찍힌 유명인은 해명하거나 법적인 조치를 강행한다고 하지만, 이미지는 한없이 나락으로 떨어지게 됩니다. 피해자들이 가해자 대상으로 법적 처벌이 어렵다는 것을 알면서도 용기를 내어 학폭 미투(Me Too)를 하는 이유는 평생 잊히지 않는 트라우마와 여전히 싸우고 있기 때문입니다.

2021년 광주, 강원 등 학교 폭력의 피해로 극단적인 선택을 한 사망 사건이 연이어 발생하여 충격을 던졌습니다. 그리고 이들 사건이 청와대 국민청원으로 올라오면서 많은 국민들의 청원을 얻었습니다. 이는 어느 누구도 사전 징후를 포착하지 못했고, 피해 학생의 마음을 헤아려 주지 못한 결과입니다. 사소한 오해, 장난, 갈등에서 시작된 폭력이 극단적인 선택의 원인이 되었다고 하겠습니다.

## 가해 학생의 진심 어린 사과와 반성

푸른나무재단에서 발표한 '2022년 전국 학교 폭력·사이버폭력 실태조사'에 따르면, 학교 폭력 피해율은 2020년 6.7%에서 2021년 7.0%로 전년 대비 0.3%p 상승하였으며, 학교 폭력 피해유형으로 사이버폭력(31.6%), 언어폭력(20.8%), 따돌림(16.1%), 신체폭력(11.2%) 순으로 나타났습니다. 이 중 사이버폭력 피해율은 2019년 5.3%, 2020년 16.3%, 2021년 31.6%로 역대 최고치를 경신하였습니다.

학교 폭력 피해를 입은 이후 피해 학생 10명 중 2명은 도움을 구하지 않는다고 합니다. 도움을 요청해도 잘 해결될 것 같지 않다고 스스로 단념하기 때문입니다. 피해 학생이 가장 원하는 것으로는 가해 학생의 진심 어린 사과와 반성이 34%를 차지하였습니다.

학교 폭력 문제 해결에서 가장 필요한 것은 과연 무엇일까요? 피해 학생, 가해 학생, 목격 학생 모두가 뽑은 것은 바로 주변 어른들의 적극적인 도움이었습니다. 학생 주변의 교사, 학부모, 지역 사회의 어른들이 학교 폭력 예방을 위해 적극적으로 나서야 하는 이유입니다.


## 피해 학생 보호와 일상회복

피해 학생 보호를 위해 일선 학교에서는 Wee클래스, 교육지원청에서는 Wee센터를 운영하며, 이들 기관에서는 피해 학생 심리상담 및 조언, 위기 학생 대응을 위한 상담 서비스를 제공하고 있습니다. 하지만 전국적으로 전문상담교사 배치율은 전국 평균 32.3%로, 전문상담교사가 없는 학교가 67.7%에 육박하는 것이 현실입니다.

사안이 발생하면 분리조치를 진행하며, 피해자가 요청하면 긴급보호조치, 관계회복, 학교 폭력전담기구, 교육지원청 학교 폭력 대책 심의위원회 등으로 피해 학생 보호를 위한 제도와 절차를 운영합니다. 그러나 동일한 사안이라도 피해 학생의 요청, 학교장의 의지, 학교의 여건, 교육지원청의 심의·의결 등에 따라 피해 학생 보호 수준의 격차는 천차만별입니다. 그러니 학교 폭력 처리 과정에서 피해 학생의 권리가 보호되지 못하는 경우가 발생할 수밖에 없습니다.

일부에 해당되겠지만, 학교의 미온적인 태도, 사안조사 시에 관련 절차 정보제공 부족, 학생 및 보호자 확인서 작성 또는 대면상담 시 부적절한 대처 등 학교 측과의 갈등이 종종 발생합니다. 이때 피해 학생 측은 학교와 교육지원청의 처리 방식 미비를 걸고넘어지기도 합니다.

현실적으로 교육지원청 학폭 심의 개최일 전까지 피해 학생과 가해 학생이 같은 공간에 있는 것을 힘들어하는 경우가 많습니다. 하지만 긴급보호조치를 발동하지 못하면, 실질적으로 피해호소를 들어줄 수 있는 부분이 많지 않은 실정입니다. 같은 학급에서 발생한 학폭 사안으로 학급 교체 등의 긴급보호조치를 곧바로 내릴 수는 없기 때문입니다.

# 학교 폭력 가해 학생선수에 대한 제재

교육부·문체부 및 관계 기관의 학교운동부 폭력근절 및 스포츠 인권
보호 체계 개선방안에 따라 학생선수는 대한체육회에서 2021. 11. 1. 이후
종목별 자체 규정 및 대회 요강에 반영하여 대회 참가를 제한하며, 이는 학
교 폭력 대책 심의위원회 조치가 확정된 사안부터 적용하고 있습니다.

### 상세 내용

학교 폭력 예방법에 따른 가해 학생 조치별 대회 참가 제한 기간

▷ 제1호(서면사과), 제2호(접촉·보복금지), 제3호(교내봉사): 3개월

▷ 4제호(사회봉사), 제5호(특별교육), 제6호(출석정지), 제7호(학급교
  체): 6개월

▷ 제8호(전학): 12개월

▷ 제9호(퇴학): 사유가 (유사) 강간 및 이에 준하는 성폭력이면 10년,
  성추행·성희롱·폭력 등이면 5년

※ 퇴학 조치를 받은 학생선수에 대해서는 제한기간 동안에 선수 자격의 박탈
  (선수등록 금지 등)도 병행

※ 가해 학생에 대한 병과 조치 시 중한 조치로 적용

※ 학생선수로 받았던 징계조치에 따른 대회참가 제한 및 선수등록 등의 제재는 학생신분 유지와 상관없이 학교 폭력 대책 심의위원회의 조치가 확정된 날부터 해당 제재 기간 종료시까지 적용

**해당제도는 어떤 방식으로 시행해야 하나요?**

대회 주최·주관 단체에서 선수들에게 대회 참가 신청서와 해당 학교의 폭력 처분이력 부존재 서약서를 선수 본인이 작성하도록 한 후, 지도자(또는 학부모)의 확인을 받아야 합니다.

**학교 폭력 처분이력 부존재 서약서는 어떻게 작성하나요?**

먼저 2021. 9. 17. 이후 징계를 받은 사람 중 처분결과(제1호~제9호)별로 처분 시점(징계가 확정된 날)과 대회 참가 제한기간을 확인합니다. 이때, 대회 시작일이 본인의 징계일로부터 대회 참가 제한기간에 해당하는 경우에는 대회 참가가 제한됩니다.

처분 결과별로 대회 참가 제한기간에 해당하지 않는 경우에는 해당 유무에 '무'로 표시해 줍니다.

⑩ 2021년 9월 30일 제3호(교내봉사) 처분을 받은 A 학생은 3개월 대회 참가 제한기간에 해당되므로 2021년 12월 30일 시작하는 대회에 참가 불가능하나, 2022년 1월 1일에 시작하는 대회는 참가 가능함. 이때 부존재 서약서에서 처분 결과별 해당 유무에 '무'로 표시하여 제출.

대회를 주최하는 단체에서는 서약서의 해당 유무에 모두 '무'라고 표시된 경우에만 해당 선수의 참가 신청을 허용할 수 있습니다.

### 해당 제도를 적용해야 하는 대상과 대회는 무엇인가요?

대한체육회에 가입한 회원단체(정·준회원 종목단체, 시·도 체육회)에서 주최·주관하는 모든 대회(전문·생활체육대회)에서는 13세 이하부, 16세 이하부, 19세 이하부 선수 모두에게 해당 제도를 시행해야 합니다. 2022년부터는 13세 이하부, 16세 이하부, 19세 이하부 선수뿐만 아니라 대학부 또는 일반부 선수일지라도 20세(출생년도 기준)에 해당하는 선수까지 해당 서약서를 제출해야 합니다.

### 학교를 통해 가해 학생의 징계 정보를 바로 받을 수는 없는 건가요?

「학교 폭력예방 및 대책에 관한 법률」 제21조(비밀누설금지 등) 제1항의 '가해 학생 및 피해 학생 등과 관련된 자료를 누설하여서는 안 된다'는 조항에 따라 학교를 통해 정보를 제공받는 것은 금지되어 있습니다.

### 학교장 확인서를 받지 않는 이유는 무엇인가요?

학교장 확인서는 학교에 재학하지 않는 학생들, 학교에 재학 중이지만 학교운동부가 아닌 학교 밖 팀(클럽, 체육관 등) 소속 선수들은 학교장 확인서를 받기 힘들거나 발급 자체가 불가능합니다. 형평성을 고려해 모든 학생이 제출 가능한 '학교 폭력 처분이력 부존재 서약서'를 제출받도록 하였습니다.

**허위 서약서를 작성한 학생선수가 받는 패널티는 무엇인가요?**

서약 내용이 사실과 다름이 밝혀질 경우 본인의 대회 참가 제한기간 동안의 대회 참가 이력과 실적이 모두 삭제되며, 부정선수로 판단될 시 출전 정지 1년 이상의 징계(스포츠 공정위원회 규정 제31조 제3항)를 추가로 받을 수 있습니다. 제9호(퇴학)의 경우에는 서약서가 거짓임이 확인되는 즉시 해당 실적이 삭제되고 선수등록이 취소되며 5년 또는 10년간 등록이 제한됨은 물론, 추가적인 제재가 가해질 수 있습니다.

**시스템을 통해 대회 참가나 등록을 제한할 방법은 없나요? 부존재 서약서를 제출하는 현행 제도는 언제까지 시행되나요?**

가해 학생의 징계 정보를 합법적으로 제공받아 대회 참가 및 등록을 제한할 수 있도록 관련 법 개정을 추진 중입니다. 법 개정 후 자동적으로 가해 학생에 대한 제재조치를 할 수 있는 시스템이 구축되기 전까지는 부존재 서약서를 제출하는 현행 제도가 시행될 예정입니다.

# 학생과 보호자, 목격자의 확인서 작성 원칙

1. 학폭 사안 신고가 접수되었을 경우, 해당 학교 책임교사는 사안 조사를 진행하게 됩니다. 조사로는 서면조사, 해당 학생 및 목격자의 면담 조사, 사안 발생 현장 조사 등을 통해 종합적인 방법으로 신속하게 증거 자료를 확보해야 합니다.

2. 면담 조사를 하는 경우에는 육하원칙에 근거하여 구체적으로 확인서를 받아야 합니다. 확인서 작성 이전에 보호자에게 사안에 대해서 확인서를 받아야 된다는 것을 고지할 필요는 있지만, 사후에 고지하여도 법적으로 문제는 없습니다.

3. 조사는 객관적이고 공정해야 합니다. 책임교사는 신고학생에게 증거 수집 책임을 전가하거나 신고를 위축시키는 언행을 해서는 안됩니다.

4. 학생 확인서는 반드시 학교에서 쉬는 시간, 방과후 시간에 작성하게 하여 사안이 왜곡되거나 오염되지 않도록 각별히 주의해야 합니다. 혹시라도 가정에서 학생 확인서를 작성토록 한다면, 보호자에 의해 확인이 오염될 수 있기 때문입니다. 이럴 경우,

책임교사는 사안조사에서 더욱 어려워질 수 있습니다. 가능하면 학교 안에서 신속하게 학생 확인서를 받도록 합니다.

5. 관련 학생 간의 주장이 다를 경우, 목격 학생의 확인을 받거나 직간접 증거자료를 확보하는 등, 적극적으로 조사해야 합니다.

6. 전담기구 소속 교사는 학생, 보호자, 목격자, 담임교사 등을 면담 조사한 후에 확인된 사실을 바탕으로 학교 폭력 사안조사 보고서를 작성해야 합니다.

7. 장애 학생에 대한 사안조사의 경우, 특수교육 전문가를 참여시켜 장애 학생의 진술 기회를 확보할 수 있도록 지원해야 합니다.

8. 한국어 의사소통능력이 부족하거나 다양한 문화적 배경을 지닌 다문화가정 학생(중도입국, 외국인 학생) 및 탈북 학생의 사안조사 시, 통역을 활용하거나 관련 담당교사를 참여시켜야 합니다.

9. 성폭력 사안의 경우 비밀유지 및 대상자 신변보호, 2차 피해 방지 등에 특별히 유의해야 합니다.

10. 관련 학생들의 소속 학교가 다른 경우에는 학교 간 사안조사 내용 확인을 위해 긴밀하게 협조해야 합니다.

〈 TIP 〉

면담 조사의 대상이 초등 저학년 또는 특수 아동인 경우, 질문을 던지고 답변을 받아서 책임교사나 담임교사가 녹취한 후 대필할 수도 있습니다. 이때 면담 내용의 녹취는 음성권 침해라는 문제가 발생할 수 있으므로 사전에 학생 및 보호자 동의를 받는 것이 바람직합니다.

## 각서 작성을 요구하면 어떻게 할까요?

1. 학교 폭력으로 신고나 인지되었을 경우, 신고인(피해 관련 측)이 피신고인(가해 관련 측)에게 앞으로 이런 일이 발생하지 않도록 재발 방지를 위한 서약서(약속) 작성을 요청하는 경우가 있습니다.

2. 학교나 교육청은 각서를 받도록 하지 않습니다. 보호자들이 민사적으로 행해지는 각서를 작성토록 하는 것은 양측 당사자들이 만나서 해결하는 상황 속에서 나올 수 있는 얘기입니다.

3. 통상적으로 학교 폭력 업무담당자인 책임교사는 신고인 측에서 요청하는 각서 작성을 대행할 수는 없습니다. 학교 폭력 예방법상에서도 각서 작성 항목은 없기 때문입니다. 교육청 심의에서 가해 학생 선도조치로 제1호 조치를 받았을 경우에만 서면사과가 가능한 부분입니다.

4. 다만 신고인 측에서 각서를 작성하면 더이상 학폭 사안을 진행시키지 않고 신고하지 않거나, 학교장 자체해결로 종결하고 싶다는 의사를 책임교사에게 전달했을 경우, 학교나 책임교사는 피신고인, 즉 가해 관련 측에 전달할 수 있습니다.

5. 대면 모임의 자리에서 자연스럽게 서로간의 의견을 나눌 수 있도록 해야 합니다. 그런 자리에서 각서를 원할 경우, 상대방에게 의견을 물어서 피신고인 측에서 동의한 경우, 각서 작성이 가능하기도 합니다.

6. 대부분의 각서는 앞으로 일어나지 않도록 하는 내용을 포함하고 있습니다. 재발 방지, 진심 어린 사과, 재발 시 어떻게 하겠다는 약속은 피신고인 측에서 동의한 경우 내용을 기재할 수는 있을 것입니다.

7. 중요한 점은 학교나 교육청은 신고인 측이 각서 작성을 원한다고 들어줄 수 없다는 것입니다. 학교나 교육청은 사법기관이 아니며, 아이들의 사안으로 어른들이 원하는 각서를 작성하도록 하는 것은 비교육적인 처사입니다.

〈 TIP 〉

피해를 호소하는 신고인 측에서 가해 관련 측의 재발 방지를 위한 각서 작성을 원하는 경우, 책임교사는 양측 보호자들이 학교 안이나 밖에서 대면하는 갈등조정 모임을 주선할 필요가 있습니다. 책임교사 등이 배석한 모임에서, 당사자들이 대화를 통해 각서 작성에 대한 의견을 교환하도록 하면 됩니다.

하지만 강압에 의한 각서 작성은 또 다른 분쟁을 야기할 수도 있습니다. 그렇기 때문에 신고인 측에서 각서 작성을 무리하게 강요하는 태도는 지양해야 합니다.

# 담임 의견서는 학폭 심의의 주요 참고자료

1. 학폭 사안으로 진행 시, 학생 확인서, 보호자 확인서는 책임교사
   가 받게 되지만, 담임 의견서는 필수 제출 조건이 아닙니다. 그런
   데 최근 양측의 의견이 첨예하게 대립되는 학폭 사안이 증가하면
   서 해당 학생 담임교사의 의견이 중요해지고 있습니다. 학생 확
   인서, 보호자 확인서의 작성도 대부분 담임교사의 협조로 진행되
   는 학교가 대부분입니다.

2. 해당 학교 책임교사는 관련 학생들의 담임을 맡거나 교과지도를
   하지 않을 가능성이 높습니다. 그래서 책임교사의 사안조사 보
   고서 등에는 해당 학생에 대한 구체적인 특징 등이 없기 때문에
   심의에서 곤란을 겪는 경우를 종종 보게 됩니다.

3. 반면에 해당 학생의 학년 초부터의 특징, 생활태도, 사안 전후의
   행동특성 등이 구체적으로 기재되어 있는 담임 의견서는 학폭 심
   의에서 유용한 참고자료가 됩니다.

# 때린 친구가 오리발을 내밀어요

## 증거나 물증이 불충분한 경우

# 가상 사례

모 초등학교 2학년 같은 학급 남학생 A는 남학생 B에게 여러 차례에 걸친 신체

폭력을 당해서 감정이 상한 상태였고, 이 사안이 발생한 학교 복도에서 또다시

남학생 B가 A의 어깨 쪽을 아무 이유 없이 툭툭 2대 때린 사안이다.

    A 학생은 더이상 참지 않고 학교 폭력으로 신고를 하였지만, 그 당시 복도에 목격 학생도 없었고, 복도에 설치된 CCTV는 해당 장면을 찍지 못하는 사각지대에 있었습니다. 가해 관련 B 학생은 철저하게 그런 적이 없다고 오리발을 내민 상태였고, B 학생의 보호자도 자녀의 주장을 뒷받침하는 보호자 역할만 할 뿐입니다.

    피해 관련 학생과 보호자는 학폭으로 신고하였으나, 해당 학교의 사안조사에서는 양측 주장이 다르고, 증거나 물증이 없습니다. 그렇기 때문에 학교 폭력 전담기구에서 학교장 자체해결 4가지 요건은 충족하지만, 피해 관련 보호자가 동의하지 않아서 교육지원청 심의요청을 해야

하는 상황입니다. 피해 관련 보호자들은 자녀의 피해를 인정받을 수 있는 증빙이 없는 것을 충분히 알고 있지만, 괴롭힘에 대한 억울함이 학폭 신고로 이어졌고, 심의요청까지 가야 할 상황임에도 불구하고 명확한 근거가 없어서 속을 태우고 있는 형국입니다.

피해자의 피해를 입증할 만한 증거나 물증이 불충분한 경우, 이러지도 저러지도 못하게 됩니다. 해당 학교의 학교 폭력 책임교사는 최선을 다해 사안 조사에 임하지만, 양측의 입장 차이만 확인할 수 있을 따름입니다. 피해를 입은 학생은 존재하지만 이를 입증할 근거가 없는 것입니다. 학교장 자체해결로 종결하고 싶어도 가해 관련 학생 및 보호자의 태도가 맘에 들지 않고, 그렇다고 교육지원청에 심의요청을 하여도 뾰족한 수가 없다는 것이 맹점입니다.

증거가 부족한 사안의 경우에는 교육지원청의 학교 폭력 대책 심의위원회에서도 학교 폭력으로 인정받기 어려운 구조입니다. 심의 시 진술과 주장을 충분히 들어보고 결정하지만, 양측의 주장이 다르고 증거나 물증이 전혀 없는 경우는 '학교 폭력 아님'으로 결정됩니다.

현재 학교 폭력 전담기구에서 자체해결 요건을 심의하지만, 증거 불충분한 사안을 학교장이 '학교 폭력 아님'으로 종결처리할 수는 없습니다. 대부분은 보호자가 동의하지 않아서 교육지원청 심의요청까지 진행됩니다.

이런 경우, 피해 관련 학생 및 보호자가 상대 학생으로부터 자신의 잘못을 인정하고 진심 어린 사과, 재발 방지를 약속받을 수 있는 장치를 마련해야 합니다. 우선 해당 학교에 추후 이런 일이 발생하지 않도록 노력할 것을 주문해야 하며, 행위에 대한 목격자 진술, CCTV 녹화 등 상대방이 인정할 수 있는 물증을 확보하도록 해야 합니다. 해당 학교는 같은 학급의 학생이라면, 자리배치, 모둠구성, 움직이는 동선 관리, 상급학년 반 배정 등에 세심한 배려를 해야 합니다. 그리고 무엇보다 중요한 것은 잘못을 인정하지 않는 학생에 대한 지도일 것입니다.

## 잘못을 인정하지 않는 학생에게

성급하게 사건을 판단하고 혼내기만 할 경우, 가해 학생은 잘못을 인정하지 않을 수 있습니다. 이런 경우에는 상황에 대해서 천천히 물어보고 들어줌으로써 공감해주면 아이의 억울함이 풀리게 되며, 자신의 잘못을 인정할 수 있습니다. 친구를 밀치거나 살짝 때린 행위가 자신에게는 장난이지만, 상대방에게 상처를 준다는 것을 모를 수도 있기 때문입니다.

더구나 평상시에 늘 그런 장난을 받아줬던 친구라면 더욱 그럴 것이므로 나의 장난, 실수, 오해가 누군가에게 상처와 고통을 줄 수 있음을 알려줘야 합니다. 세상의 모든 것들이 내 위주로 움직이지 않는다는 것을 아는 것이 중요합니다. 다른 사람들과 관계를 맺기 위해서는 배려가 필요하고 서로 협력해야 하는데, 그 시작은 가정입니다. 가정에서 자녀에게 일정한 역할을 부여함으로써 문제를 스스로 해결할 수 있도록 이끌어 줄 필요가 있습니다.

## 학폭 사안과 관련해서 비밀을 누설해도 되나요?

1. 학교 폭력 관련 업무를 수행하거나 수행하였던 자는 그 직무로 인하여 알게 된 비밀 또는 가해 학생, 피해 학생 및 신고자, 고발자와 관련된 자료를 누설해서는 안 됩니다. 이는「학교 폭력 예방법」제21조 제1항에 따라 부여된 의무입니다.

2. 다만, 해당 학교 전담기구 구성원 중 사안조사를 하는 책임교사 등은 해당 학생 및 보호자에게 사안 개요(육하원칙)에 대해 알려 줄 수 있습니다. 사안 개요는 사안접수 보고서, 사안조사 보고서, 심의참석 요청서에도 기재되는 내용이며, 해당 학생 및 보호자도 명확히 알 필요가 있기 때문입니다.

3.「학교 폭력 예방법」시행령 제33조에 따르면, '비밀'에 해당하는 사항에는 피해 학생과 가해 학생 및 가족의 성명 등 개인 정보에 관한 사항, 피해 학생과 가해 학생에 대한 심의 및 의결과 관련된 개인별 발언 내용, 분쟁 당사자 간에 논란을 일으킬 우려가 있음이 명백한 사항이 있습니다.

이와 같은 비밀 또는 피해 학생과 가해 학생 및 신고자, 고발자와 관련된 자료를 누설하는 경우에 「학교 폭력 예방법」제22조에 따라 1년 이하의 징역 또는 1천만 원 이하의 벌금에 처해질 수 있습니다.

4. 「학교 폭력 예방법」상 비밀누설 금지 의무는 심의위원회 위원, 전담기구나 소속교원, 교육지원청 업무 담당자 등 학교 폭력 관련 업무를 수행하거나 수행하였던 자에게 적용됩니다. 다만, 관련 학생 및 그 보호자가 비밀에 해당하는 사항을 누설하여 특정인의 명예를 훼손하게 되면 관계법령(형법, 정보통신망 이용촉진 및 정보보호 등에 관한 법률 등)에 따라 처벌을 받을 수 있습니다.

5. 보호자가 정보공개 청구를 통해 받은 심의위원회 회의록을 행정심판 위원회, 법원에 제출하는 것은 법적으로 문제가 없습니다. 다만, 언론이나 SNS 등을 통하여 공개하면 관계법령(형법, 정보통신망 이용촉진 및 정보보호 등에 관한 법률 등)에 의하여 명예 훼손 등으로 처벌받을 수 있습니다.

# 합의금 조율 등의 분쟁조정은 어떻게 할까요?

1. 「학교 폭력 예방법」 제18조(분쟁조정)가 존재합니다. 학교 폭력으로 교육지원청에 심의요청된 사안에 대해서 심의위원회는 학교 폭력과 관련하여 분쟁이 있는 경우에는 그 분쟁을 조정할 수 있습니다. 조정기간은 1개월을 넘지 못합니다.

2. 제18조에 의하면, 학교 폭력과 관련된 분쟁조정을 진행할 수 있습니다. 하지만 현실적으로 교육지원청 심의요청된 사안에 대해 분쟁조정을 요청한 사례는 거의 없다고 보시면 됩니다.

   「학교 폭력 예방법」 시행령 제25조(분쟁조정의 신청)에 따르면, 피해 학생, 가해 학생 또는 보호자(이하 "분쟁 당사자"라 한다.) 중에서 어느 한쪽은 법 제18조에 따라 분쟁사건에 대한 조정권한이 있는 심의위원회 또는 교육감에게 다음 각 호의 사항을 적은 문서로 분쟁조정을 신청할 수 있습니다.

   - 분쟁조정 신청인의 성명 및 주소

   - 보호자의 성명 및 주소

   - 분쟁조정 신청의 사유

3. 분쟁조정이 성립되었다 하여, 심의위원회를 개최하지 않거나 가해 학생에 대한 조치를 하지 않는 것은 아닙니다. 그러나 조치별 적용기준(시행령 제19조 제4호)에 고려될 수는 있습니다.

4. 무엇보다 일선 학교 현장에서 학폭 사안이 접수되고 진행되면서 일개 책임교사가 당사자 간의 합의금(치료비 등)을 조율하는 경우가 발생합니다. 하지만 현실적으로 해당 학교나 책임교사 등이 합의금을 중재하기는 어려운 구조입니다.

5. 다만 피해 측 보호자와 가해 측 보호자가 합의금에 대해서 합의한다고 할 경우, 협조는 해야 합니다. 가령 당사자들이 학교 안에서 만날 경우에는 장소와 배석 등을 협조할 수 있습니다. 그리고 가해자와 피해자의 학교가 다른 경우, 보호자들 간에 연락처를 공유하고 소통하는 것이 좋습니다.

6. 통상적으로 해당 학교나 책임교사 등은 우리 사회에서 일반적으로 통용되는 범위 내에서의 협조는 가능합니다.

> ㉙ 피해 관련 보호자측에서 100만원에 합의하겠다고 하는 의견을 학교 측에 전달한 경우, 책임교사는 가해 관련 보호자 측에 피해 측의 의견을 전달할 수는 있습니다. 그리고 양측이 동의한 경우, 연락처 등 개인 정보를 공유하고 서로 만나거나 연락하여 해결할 수 있습니다.

# 12

## 학교 폭력 대책 심의위원회 회의록

1. 학교 폭력 대책 심의위원회의 회의록에는 회의의 일시, 장소, 출석위원, 토의내용, 의결사항 등이 기록되어 있습니다.

   이때 '의결사항'에는 기피 여부, 학교 폭력 해당 여부, 긴급조치 추인, 피해 학생 및 가해 학생에 대한 조치, 가해 학생 및 보호자에게 부가된 특별교육 등이 포함됩니다.

2. 심의위원회의 회의록은 참석자들이 내용의 전부가 아닌 발언 요지 기재로 충분합니다. 다만, 피해 학생 측, 그리고 가해 학생 측의 주요 진술이 통째로 누락되지 않도록 교육지원청에서는 특히 유의하게 됩니다.

3. 피해 학생이나 가해 학생 또는 그 보호자가 심의위원회 회의록 공개를 신청한 때에는 학생과 그 가족의 성명, 주민등록번호 및 주소, 위원의 성명 등 개인 정보에 관한 사항을 제외하고 공개하게 됩니다.

   이때 '개인 정보'의 범위는 「학교 폭력 예방법」 시행령 제33조에 명시되어 있는 '비밀'의 범위와 일치하지 않습니다. 그러므로 개인 정보 보호법상의 '개인 정보' 침해 여부를 판단하여 개인 정보가 침해되지 않는 범위 내에서 공개하면 됩니다.

4. 심의위원회 회의록은 전자문서 형태로 10년간 보관되며, 정보공개는 아무때나 가능합니다.

---

〈 TIP 〉

「학교 폭력 예방법」 제21조 제3항에 따르면, 심의위원회 업무 수행의 공정성 확보를 위해 심의위원회 회의는 비공개가 원칙입니다. 다만, 피해 학생이나 가해 학생 또는 그 보호자가 회의록의 열람·복사 등 회의록 공개를 신청한 경우에는 학생과 그 가족의 성명, 주민등록번호 및 주소, 위원의 성명 등 개인 정보에 관한 사항을 제외하면 공개가 가능합니다. 이는 개인의 알권리 보장, 심의위원회 운영의 투명성 확보를 위한 예외 조항인 것이지요.

만약 정보공개 신청 당사자의 개인 정보를 포함한 회의록 공개가 가능하다고 칩시다. 그렇다면 일부 공개된 개인 정보를 통해 다른 당사자의 개인 정보를 유추할 수 있을 테고, 제13조 제4항에 따라 심의위원회가 피해 학생을 상담·치료한 전문가 등의 의견을 청취한 경우에는 공개된 개인 정보를 통해 발언 대상이 특정되어 분쟁 당사자 간에 추가적인 논란이 발생할 우려가 있습니다. 따라서 설령 정보공개를 신청한 당사자가 원하더라도 개인 정보는 제외하고 회의록을 공개해야 하는 것입니다.

# 13

## 학폭 심의 중에 가해 학생이 미인정 유학을 간 경우

국내 고교에서 외국으로 유학을 가더라도, 가해자 조치결정을 받게 되면 국내 학적, 즉 학교생활기록부(이하 생기부)에는 기재됩니다. 유예 (정원 외 학적관리 포함) 또는 휴학 중인 학생의 학폭 사안 발생 시, 관련 조치사항을 생기부에 기재해야 합니다. 학폭 심의 중에 외국 유학을 가도 현행법으로 구속할 수는 없지만, 미인정 유학은 혼자 떠나는 경우가 많습니다. 그러니 학폭 심의가 개최되면 사전에 서면 진술서를 제출하거나, 보호자가 참석하여 진술을 할 것입니다.

〈 TIP 〉

미인정 유학이란 해외 어학연수, 부(父) 또는 모(母) 한 명과 동행하여 출국·체류하는 등 정당한 해외 출국이 아닌 경우를 의미합니다. 정당한 해외 출국이라 하더라도 해당 국가의 정규 교육기관에 재학하지 않거나, 수학 기간이 6개월 미만인 경우 미인정 유학에 해당합니다.

## 진정한 사과란 어떤 것인가요?

#장면

초등학교 3학년인 A양과 B양은 같은 학급 학생으로 평소에 친하게 지냈으나,

다른 친구와의 대화에서 B양이 A양을 뒷담화한 것에 대한 불편함을 호소하는

과정에서 사안이 증폭되어 A양이 B양을 언어폭력으로 신고한 사안이다. A양

은 B양이 진심으로 사과하면 학폭으로 신고하지 않고 좋게 마무리하려고 하였

지만, B양은 증거가 없다고 잘못을 인정하지 않았다.

### 사과는 사안 발생 초기에 해야

사안 발생 초기에 가해 관련 학생이 피해 관련 학생에게 자기 잘못을 뉘우치고 인정한다면 학교 폭력으로 진행되지 않는 경우가 많습니다. 해당 학교의 학교 폭력 책임교사나 담임교사는 가해 관련 학생에게 상대방 입장에서 생각할 수 있도록 성찰의 시간을 주어야 합니다. 무조건적인 사과나 화해를 종용하면 자칫 일을 그르칠 수 있기 때문입니다.

해당 학교 교사는 가해 관련 학생이 왜 그런 언행을 했는지 듣고 공

감하는 부분이 중요합니다. 충분한 공감과 경청은 해당 학생의 긍정적인 반응을 이끌어 낼 수 있습니다. 피해 관련 학생 측의 이야기도 귀담아 들어야 하는 것은 물론입니다.

그런 다음, 교사는 관련 학생들에게 물어봐야 합니다. "상대 학생과 만나서 이번 사안에 관해서 대화해 보겠니?"

쌍방이 동의한 경우, 대화의 장에 배석한 교사는 가해 관련 학생에게 "너의 잘못을 인정하고, 진심 어린 사과할 의향이 있니?"라고 질문합니다. 그리고 피해 관련 학생에게는 "가해 관련 학생의 사과를 받아주고, 용서해줄 생각이 있니?"라고 확인하는 절차를 진행하게 됩니다. 가해 관련 학생과 보호자는 사안 초기에 진심 어린 사과의 태도를 보여야 하지만, 형식적인 사과와 사과편지 등은 오히려 피해 관련 학생 측에서 괘씸하다고 생각할 수 있습니다.

### 확인서에 표현된 사과

가해 관련 학생 및 보호자는 확인서를 작성하지만, 종이에 적힌 반성하는 문구만으로는 반성의 정도를 측정하기 어렵습니다. 대부분의 가해 관련 학생은 자신이 행한 행위에 대해서 전부 부정하거나 일부만 인정하기도 하며, 반성이나 사과하는 문구를 아예 넣지 않기도 하고, 사과가 아닌 변명을 늘어놓는 경우도 있습니다.

해당 학교의 학교 폭력 책임교사는 전담기구에서 학교장 자체해결 요건을 심의하면서 학생과 보호자의 반성과 화해 정도를 기재하게 됩니다. 이때, 학생과 보호자의 확인서가 중요한 역할을 하게 되는 것입니다.

### 직접 만나서 사과

피해 관련 보호자로서는 내 자녀가 폭력을 당했는데, 사과 한마디에 용서한다는 것은 어렵습니다. 사과의 말 속에 담겨 있는 가해 학생의 진심을 느끼고 받아들여야 하는 것입니다. 그래야만 갈등조정이 되고, 관계회복을 도모할 수 있습니다.

무엇보다 진심으로 사과를 해도 피해자 측에서 받아들이지 않는 경우도 많습니다. 이럴 경우에는 교육지원청의 학교 폭력 심의위원회 심의를 하게 되며, 이때 가해 학생 조치결정의 판단 기준으로 삼는 중요한 요소가 바로 반성의 정도, 화해의 정도입니다.

### 진심 어린 사과란?

국어사전에는 '사과'란 자기의 잘못을 인정하고 용서를 비는 것으로 나와 있습니다. 피해자의 상처가 치유되어야 마음을 열 수 있습니다. 사과를 한다고 생각하지만, 피해 학생 측은 사과를 받아야 끝난다고 생각하는 것입니다.

이러한 차이는 사과를 하거나 받아들이는 방식에서 비롯됩니다. 모든 가해 관련 학생 및 보호자가 자신의 행위로 인해서 생긴 피해 관련 학생 및 보호자의 상처와 트라우마를 온전히 치유해 줄 수 있도록 진정한 사과의 의미를 깨우쳤으면 좋겠습니다.

# 최근 학폭이 빈번하게 발생하는 장소와
# 그 유형이 궁금해요.

### 학폭의 유형

최근 중학교, 고등학교에서 발생하는 폭력의 유형은 다양합니다. 언어폭력, 신체폭력, 성폭력, 사이버폭력, 집단따돌림 등입니다. 학교에서 생활하는 시간이 많기 때문에 교실, 급식실, 운동장, 체육관, 복도 등에서 폭력이 발생하고 있습니다. 단순한 생활속에서의 장난, 갈등, 오해 등이 증폭되어 신고되는 경우도 있습니다.

### 1. 언어폭력

대부분의 학생들은 대화에서 욕이나 욕설을 많이 사용합니다. 듣기 싫은 별명이나 부모에 대한 패드립 등으로 욱하는 경우도 많아, 언어폭력이 신체폭력으로 전이되기도 합니다. 언어순화에 대한 교육이 필요합니다.

특정학생을 대상으로 욕설이 오가는 경우가 많습니다. 이를 인지한 피해자가 같이 대화를 나눴던 학생들을 신고하는 경우입니다. 사이버 공간에서도 뒷담화하는 경우가 많습니다. 통상적으로 무리에서 뒷담화한 경우, 무리에서 이탈한 학생이 무리밖에 있는 뒷담화를 당했던 학생에게 알리고, 증거를 제공하면서 불거지는 경우입니다. 이럴 경우, 대화를 나눴던 많은 학생들이 가해자로 신고됩니다. 불필요한 뒷담화(욕, 욕설, 패드립)는 하지 않도록 하는 교육이 필요합니다.

## 2. 신체폭력

대부분 언어폭력이 수반되며, 교실, 복도, 화장실, 운동장, 급식실, CCTV가 없는 공간, 학교 밖(학원, 놀이터, 공터, 정자, 친구집 등)의 장소에서 진행됩니다. 온전하게 피해를 받는 학생도 있지만, 쌍방 신체폭력이 많습니다.

물론 정도의 차이는 있습니다. 1대 1 폭력보다 2대 1, 3대 1 등의 집단 신체폭력도 많습니다. 신체폭력을 하는 학생도 문제이지만, 동조하거나 방관한 학생도 가해자로 처분되고 있습니다. 동조나 방관하는 경우에도 가해자 조치를 받을 수 있다는 점입니다.

## 3. 따돌림, 왕따

따돌림과 왕따는 여학생들 간에 발생하는 빈도가 높습니다. 피해를 호소하는 측에서는 '가해 학생 2명 이상이 나를 괴롭힌다, 나를 왕따시킨다, 급식을 같이 먹지 않는다' 등의 피해를 예로 들곤 합니다.

하지만 CCTV나 음성 녹음처럼 이를 입증해 줄 만한 명확한 물증이 없거나, 가해 관련 학생이 이러한 사실을 인정하지 않을 경우, 신고를 통해 학폭 사안으로 진행하기도 어렵다는 사실을 명심해야 합니다.

## 4. 사이버폭력

최근 급증하고 있습니다. 카카오톡, 페이스북 메신저, 익명 질문방 (에스크 등), 게임상 메신저, 카톡감옥, 강제초대, 강제태그 등의 방법으로 가해자들이 피해자들에게 폭력을 하는 경우입니다.

사이버폭력의 특징은 가해 행위가 고스란히 증거로 남는다는 점입니다. 피해자들은 가해자의 흔적을 캡처하여 신고합니다. 대부분의 가해자들이 에스크나 텔레그램 등으로 가해를 하면 추적할 수 없다고 생각하지만, 경찰에 신고된 경우에는 IP 추적 등을 통해서 늦게라도 가해자를 특정하게 됩니다. 이때 가해자는 더욱 큰 가중처벌을 받게 되므로 이에 대한 예방 교육이 필요합니다.


## 5. 데이트 폭력

남녀 학생들이 사귀다가 어느 정도 시간이 지나면 헤어지게 되지만, 한쪽에서 올바르지 못한 방법으로 해코지하는 경우입니다. 사진·동영상을 유포한다고 협박을 하거나, 다른 학생들에게 뒷담화 등을 하여 명예를 훼손하는 경우 등입니다. 데이트 폭력의 특징은 가해자와 피해자가 가까운 사이였다가 원수가 된다는 것입니다. 남학생이 가해자가 되는 경우가 많은데, 이에 대한 예방교육이 필요합니다.

학교 폭력의 대부분은 경미한 사안으로 학교장 자체해결이 되는 것들이지만, 보호자가 동의하지 못하여 감정싸움으로 변질되는 경우가 많습니다. 보호자 간의 만남도 거부하고, 교육지원청 심의요청까지 진행되며, 이후에도 분노를 참지 못하고 변호사를 선임하고 행정 소송, 민사 소송이라는 기나긴 싸움을 기어코 진행합니다. 양측의 상처와 트라우마는 지속되며, 법정싸움으로 진행되면서 들어가는 정신적·물질적 손해도 커집니다. 행정 소송에서 패소할 경우, 행정기관에 법률적인 비용 또한 부담해야 합니다.

### 학폭이 빈번하게 일어나는 장소

#### 1. 놀이터

놀이터에서의 학교 폭력은 맞벌이 등으로 자녀를 놀이터에 혼자 보내는 경우에 주로 발생합니다. 목격자가 없는 경우도 많고, 발생 장소가 학교 밖이므로 책임교사가 사안조사에 어려움을 겪곤 합니다. 놀이터 학폭 사안은 학부모들 간의 감정싸움으로 변질되는 경우가 많은 데다, 거주지도 같은 곳이라서 오가며 서로 얼굴을 봐야 하는 처지이기에 해결이 쉽지 않습니다. 그러니 초등학교에서는 가정통신문, 문자발송을 적극 활용하여, 놀이터에는 반드시 보호자를 동반해야 함을 강조할 필요가 있습니다.

#### 2. 교실이나 복도, 급식실(학교 안 폭력)

선생님이 입장지도가 되지 못하는 쉬는 시간, 점심시간에 교실, 복도, 화장실, 급식실, 운동장에서 학폭이 발생합니다. 선생님들이 순시순찰하는 것은 학폭을 미연에 방지하는 효율적인 방법입니다.

### 3. 사이버 공간(사이버폭력)

학생들이 각종 채팅방에 가입되어 있어 이 속에서 언어폭력, 괴롭힘, 왕따, 모욕, 협박, 성희롱 등이 발생합니다. 각종 채팅방 가입은 신중하게 해야 하고, 문제가 있다고 판단되면 신속하게 탈퇴해야 합니다. 대부분의 사이버폭력은 가입된 톡방이나 메신저방, 익명 질문방에서 발생하는 경우가 많습니다.

아예 단체방에 들어가지 않기, 누군가의 학폭을 목격한 경우, 캡처 후 하지 못하도록 하고 나오기 등의 예방 및 대처 교육이 필요합니다. 폭력에 대한 감수성이 떨어지는 학생들이 피해 학생을 초대하여 사이버폭력을 저질러서 신고되는 경우가 많습니다. 누군가 억지로 톡방 등에 초대하는 행위는 하지 않도록 해야 합니다.

* 익명 질문방에 들어가지 않기
* 개인에게 보내는 메시지인 DM(Direct Message)을 보내지 않기
* 가능하면 페이스북, 인스타그램 등에 가입하지 않기


### 4. 학원, 학원 근처 정자 등(학원 폭력)

학생들이 학원 수업 전후에 대기하는 로비, 빈 강의실, 학원 근처 공터, 정자 등에서 말싸움이 번져 주먹다짐으로 변질되곤 합니다. 학원에서 발생하는 폭력은 그야말로 '학원 폭력'이지만, 「학교 폭력 예방법」에 따라 진행 시, 해당 학교는 양측이 수집한 증거나 주장을 가지고 진행하는 부분밖에 없습니다. 학원의 책임을 묻기 위해서는 학원관리자, 학원강사 등에게 민사적으로 접근해야 합니다.

* 학원에 다니는 친구들과 불필요하게 시간 보내지 않기
* 학원 폭력의 증거 확보하기 (CCTV 등)
* 학원 수업 이후에 곧바로 집으로 귀가하기
* 학원 등에서 발생한 폭력은 학교 교사들의 사안조사가 어려운 부분이 많습니다. 보호자나 학생들끼리 갈등중재가 필요합니다.
* 공교육의 교사가 사안조사를 학교 밖에서 벌어진 부분을 경찰관처럼 조사하기에는 어려운 점이 상존합니다.

## 5. 신체폭력

신체폭력은 장소 구분 없이 일어나는 경향이 있지만, 현재 전면 등교수업을 하기 때문에 학교에서 많이 발생합니다. 전치 2주 이상의 진단서를 발급할 만한 사안이 아닌 경우가 대부분입니다.

가벼운 접촉, 어깨빵, 주먹, 발차기, 뺨때리기 등 다양한 방식이 신체폭력의 범주에 들어갑니다. 놀이를 하다가 피해 학생 쪽으로 넘어지는 경우에도 고의성이 있다면 신체폭력으로 처벌을 받게 됩니다.

* 책임교사, 학생부장, 교감선생님의 조금의 관심이 학폭 예방에 효과적입니다. 실천 가능한 방법부터 진행해 보실 것을 추천합니다.
- 쉬는 시간에 순번을 정하여 교실과 복도 순찰하기
- 놀이터에서는 반드시 보호자를 동반하기
- 사이버 채팅방에 가입하지 않거나 가능한 탈퇴하기, 초대받아 들어가지 않기

## 같은 학급 남학생들 간의 언어폭력 갈등조정

1. A 고교 1학년 5반에 재학 중인 남학생 B와 C가 같은 반 남학생 D로부터 수시로 욕설을 듣고 괴롭힘을 당하다가 학교 폭력으로 신고한 사안입니다.

2. 피해를 호소하는 남학생들은 신고 이후, 가해 학생의 진심 어린 사과의 자세가 보이지 않음을 알고 교육지원청 심의 요청까지 진행하고 있었습니다. 이들은 가해 학생이 평소 시비를 걸고, 욕설한 부분에 대해서 억울하고 용서해줄 마음이 없었다고 합니다. 남학생들 간의 언어폭력도 받아들이는 쪽에서 참기 힘든 경우, 누적하였다가 학폭으로 신고되는 경우가 많습니다.

3. 교육지원청으로 심의 요청한 사안 자료를 검토한 장학사는 관련 보호자들에게 연락을 진행하게 됩니다. 그리고 책임교사에게도 연락하여 사안에 대해서 심의를 요청한 부분을 집중적으로 살펴보게 됩니다.

4. 피해 측 보호자들에게 연락을 드렸고, 심의를 개최할 경우에는 어떤 조치가 나올 수 있음을 알렸습니다. 가해자 조치를 받아도 같은 학급에서 생활할 수밖에 없음을 고지하여, 보호자가 선택하도록 배려하였습니다.

5. 그럼에도 불구하고 피해 측 보호자들은 가해 학생과 보호자의 진심 어린 사과와 재발 방지가 부족함을 들어, 교육청 심의 개최를 고집하고 있는 상황이었습니다. 해당 학교의 책임교사 등이 양측 보호자들 간의 만남에 대해서 협조하여 갈등조정을 1회 진행

하였지만, 갈등조정이 되지 못하였습니다. 물론 이때는 해당 학교의 책임교사, 학생부장, 교감, 양측 보호자들이 배석한 자리였습니다.

6. 이후 교육청 장학사는 피해 측 보호자에게 1차 갈등조정 이후에 관한 논의를 진행하였고, 다시 한번 2차 갈등조정 모임이 있으면 장학사도 배석하겠다고 말씀드렸습니다. 이에 보호자가 동의하여 2차 갈등조정 모임이 진행되었습니다.

7. 갈등조정 모임에서 피해 측 보호자들은 앞으로 이런 일이 재발하지 않았으면 좋겠고, 가해 학생이 진심 어린 사과를 하였으면 좋겠다고 발언하였습니다.

8. 가해 측 보호자는 최초 모임보다는 진심 어린 사과의 자세가 느껴졌습니다. 양측 보호자, 학교 관계자, 교육청 장학사의 발언이 진행되었고, 모두가 공감하는 분위기였습니다.

9. 이번 갈등조정 사례는 무엇보다 학폭 '신고'가 중요하다는 것을 보여 주는 좋은 사례입니다. 신고하지 않았다면 피해 학생들의 상처가 더욱 깊어졌을 것입니다. 다행히 학폭 신고로 접수되어 해당 학교의 충분한 사안조사와 함께, 교육적으로 해결하고자 하는 양측 학생 및 보호자들의 입장이 맞아떨어진 결과이기도 합니다.

10. 신고를 통해서 교육지원청에 심의를 요청하였지만, 심의 개최 날짜까지도 충분한 시간이 주어집니다. 최대 4주 이내에 심의 개최날짜가 정해지기 때문입니다. 이때, 장학사들은 보호자들,

책임교사와 소통하면서 갈등조정 모임이나 관계회복 모임을 주선합니다. 양측 보호자들이 동의하여 대면할 수 있게 되었고, 양측이 충분히 입장을 표명하였습니다. 무엇보다 가해 학생과 보호자가 진심 어린 사과와 함께 재발 방지, 가정교육을 약속하였습니다.

11. 이처럼 학폭 사안의 갈등조정은 모든 관계자들의 노력하에 얼마든지 가능합니다. 이제 해당 학교의 담임교사, 전문상담교사, 학생부서, 관리자가 노력해야 하는 부분입니다. 모든 학생들이 온전하게 회복될 수는 없을 테지만, 서로 상대방의 입장을 이해하고 존중하는 생활태도를 지녔으면 하는 바람입니다.

# 16

# 학폭 예방과 사안처리, 폭력 감수성 교육

1. 학교 폭력 예방은 아무리 여러 번 강조하더라고 결코 지나치지 않습니다. 법령에 의하여, 학교는 학생, 교사, 학부모에 대한 학교 폭력 예방교육을 하고 있습니다. 다만 학생, 교직원에 대한 예방교육은 예전보다 강화되어 촘촘히 하고자 노력하는 부분이 많아졌습니다. 더구나 교육과정과 연계한 학교 폭력 예방교육이 강화되고 있습니다. (어울림 프로그램, 사이버어울림 프로그램 등)

2. 학부모에 대한 학교 폭력 예방교육(폭력 감수성)이 중요해지고 있습니다. 대부분의 학교에서 학부모총회, 상담주간, 공개수업 등을 통해서 대강당에 모여 집합교육을 진행하기도 하지만, 대체로 프린트물이나 가정통신문 등으로 대신하는 실정입니다.

3. 해당 학교에는 학교 폭력 예방교육 담당자가 있으며, 책임교사가 같이 하는 경우도 있습니다. 가능하면 학부모회 담당교사와 협력하여, 학부모 연간계획에 학교 폭력 예방교육이 반드시 1꼭지는 들어가도록 하면 좋겠습니다. 전문강사를 초빙하여 2시간 정도 진행하면 효과가 좋습니다. 초등학교의 경우, 오전 10~12시경에

진행하는 것을 추천드립니다.

4. 학교 폭력의 연령은 갈수록 낮아지는 추세입니다. 그리고 학폭 신고사안 중 교육청 심의 개최 요청 건수의 절반이 경미한 사안이지만, 보호자가 동의하지 못하여 교육지원청 심의까지 진행하는 경우입니다. 그런 만큼 학부모 대상으로 폭력 감수성을 함양하는 교육이 절실합니다. 중학교와 고등학교, 특수학교 역시 학교별 여건에 따라 적절한 학부모 예방 교육을 진행해야 합니다.

---

### 〈 TIP 〉

1. 학생 대상 예방 교육의 경우, 대강당 집합식의 일방적 전달은 지양하고 학급 단위로 외부 강사를 초빙하여 실시해야 합니다.

2. 책임교사나 학생부장 등이 주기적으로 학년 단위, 학급 단위로 5~10분 내외로 수업 시간이나 조종례 시간 등을 할애하여 학폭의 유형, 최근의 경향, 범죄 예방을 위한 팁 등을 알려주면 도움이 됩니다.

3. 교직원 회의 등에 원 페이퍼를 작성하여 배부하고 담임교사, 교과교사 등에게 알리면 효율적입니다. 가령 사이버폭력과 관련해서 익명 질문방, 불특정 다수가 많은 카톡방에 들어가지 말라고 주의를 주는 것입니다.

4. 학부모 대상 예방 교육의 경우도 충분한 시간을 갖고 1회에 2시간 정도로 외부 강사를 초빙하여 진행하길 추천드립니다.

# 17

## 여학생들 간의 폭력은 어떤 점이 다른가요?

1. 여학생은 남학생과 달리 서로 간의 관계를 중시합니다. 그래서 친하게 지내다가도 뒷담화 등으로 틀어진 경우, 원수가 되는 경우가 많습니다. 또한 사이버 공간(카톡 등)에서 친하게 지내면서 나눴던 대화(방에 없었던 여학생)가 밖으로 노출되어, 톡방에 있었던 다수의 여학생 모두를 톡방 밖에 있었던 다른 여학생이 학폭으로 신고하는 경우도 많습니다.

2. 피해 관련 여학생이 진심 어린 사과와 재발 방지를 요구해도 상대방 측에서 장난으로 치부하는 경우에는 당연히 학폭으로 진행이 됩니다. 피해 관련 여학생은 자신이 무리에서 제거된다고 생각하는 경향이 있습니다. 이를 감수하고 학폭을 진행하는 것은 정신적으로도 힘들고 어려울 테지요.

   학폭으로 신고하여도, 학폭 심의위의 개최를 요청해도 얻는 것이 별로 없고, 상처나 트라우마가 지속되는 경우가 많습니다. 피해 학생은 본인이 입은 피해, 다른 친구들의 시선, 앞으로 힘들게 학교 다닐 자신의 모습을 생각하면 심경이 복잡해집니다.

3. 남학생들 간의 학폭 사안과 달리, 여학생들의 사안은 서로 생각하고 받아들이는 태도에서부터 차이가 납니다. 가해 관련 여학생 측에서는 이 정도의 반성과 화해 시도면 충분하다고 생각하였지만, 피해 관련 여학생 측에서는 진심 어린 사과의 모습이 보이지 않는다고 생각합니다.

또한 여학생들은 신고된 사안뿐만 아니라 사실 전체를 신고하려는 경향이 있다 보니, 서로 주장하는 사실이 다르고 다툼의 여지가 많습니다. 인터넷 채팅 캡처본 등의 증거가 있으면 그나마 다행입니다.

증거 불충분인 경우, 무작정 학폭 신고하여 학교에서 사안조사를 실시해도 나올 것이 없는 경우가 많습니다. 명확한 증거나 물증이 없으면 학폭 심의를 진행하기 어렵다는 뜻입니다.

4. 여학생들은 사춘기, 질풍노도의 시기에 맞게 느낌이나 감정을 통제하는 부분에 있어서 다른 사람들의 조언에 따르는 것을 망설이는 경향이 큽니다. 특히 부모의 말이라도 자신의 주장과 다른 경우에는 수용하는 자세가 부족합니다.

반면에 학부모의 대다수는 딸의 생각이나 입장, 주장이 사실인 양 생각합니다. 하지만 현실은 혹독할 만큼 냉정합니다. 자녀가 주장하는 내용을 뒷받침하는 물증이나 근거가 충분한 경우, 상대방이 인정하는 경우는 그나마 다행입니다. 그렇지 못한 경우에는 학폭으로 진행하여도 소득이 없다는 점을 명심해야 합니다.

〈 TIP 〉

여학생 지도에서는 폭력예방 교육이 무척 중요합니다. 학부모는 딸이 불특정 다수가 가입된 채팅방 등에 초대되어 들어가지 않도록 해야 합니다. 필요에 따라, 주기적으로 휴대전화 교환 시 번호를 변경하는 것도 필요합니다. DM 등을 받지 않도록 페이스북, 인스타그램, 익명 질문방, 게임 메신저 등에서 사이버폭력에 노출되지 않도록 해야 합니다.

가해자가 같은 학급의 여학생인 경우, 담임교사의 역할도 중요합니다. 자리 배치를 비롯하여 모둠 구성, 급식, 불필요한 톡방 삭제 교육, 뒷담화하지 않기, 누군가에게 싫은 소리할 때 반드시 담임교사와 상담하기, 전문상담교사와 상담하기 등, 피해 학생에 대한 세심한 배려가 필요합니다.

# 18

# 선도 처분을 받은 사안은 재신고로
# 처분받기 어렵다?!

1. 다소 경미한 학폭 사안일 경우에는 학교 측이 가해 관련 학생의 상담 및 치료, 캠페인 등, 재발 방지를 위한 다양한 조치를 취하여 마무리하곤 합니다. 그런데 이후에 또다시 동일한 사안이 불거진다면 여러모로 난처할 수 있습니다.

2. 기존에 선도 처분을 받았던 사안을 다시 학폭 사안으로 접수해서는 안 됩니다. 해당 학교의 책임교사, 부장교사, 교감 선생님께서는 이 점을 유념해야 합니다. 학교 내부 결재로 처분되었던 사안을 다시 학폭으로 접수하는 순간, 모든 일이 꼬이게 되는 것입니다.

3. 교육지원청에 학교 폭력 대책 심의위원회(이하 학폭 심의위)의 개최를 요청한다 하더라도 동일 사안에 대한 이중 처벌은 불가능합니다. 이미 선도 처분이 내려졌던 사안에 관해 학폭 심의위에서 중복하여 가해 조치를 결정할 경우, 법적으로 하자가 발생하기 때문입니다.

해당 학교의 책임교사, 피해 관련 학생과 가해 관련 학생의 보호자들이 이 점을 명심하셔야 합니다. 그래야만 괜한 분란이 일어나는 것을 방지할 수 있습니다.

〈 TIP 〉

학교 폭력으로 볼 만하지만 다소 경미한 사안이라면, 양측 동의하에 학폭 접수를 하지 않고 선도위(생교위)에서 가해 관련 학생에게 조치를 내리는 것으로 마무리할 수 있습니다. 이 경우에는 학교 내부 결재를 득하고, 양측 보호자에게 추후 이 사안은 학폭으로 신고할 수 없다는 사실을 반드시 고지해야 합니다.

# 19

# 무리 지어 몰려다니는 학생들의 습성

1. 최근 들어 학생들이 무리를 지어 다니면서 학교 폭력을 저지르는 사안이 늘고 있습니다. 이와 관련하여 현장에서 이 상황을 지켜보던 학생이 가해 측 관련자로 신고되는 경우가 빈번하게 발생합니다. 또한 자신도 모르는 사이에 사이버폭력에 동조한 것처럼 의심받는 경우도 있습니다.

2. 문제는 학교 폭력의 동조자, 가담자, 목격자, 방관자 역시 가해 관련자로 신고되어 가해자 조치가 내려진다는 데 있습니다. 예를 들어, 모 고등학교의 학생들이 학원 수업이 끝난 후, 공터에서 A와 B의 싸움을 부추기거나 보고도 방관하는 일이 일어났습니다. 피해 측에서는 당시 현장에 있던 모든 학생을 가해 관련으로 신고하는 경우가 다반사입니다.

3. 이런 점에서 폭력 상황을 목격한 학생들이 억울하게 가해 관련자로 의심받지 않도록 해당 학교의 책임교사, 보호자들은 예방 교육을 실시해야 합니다. 학교 폭력이 발생하면 가해 관련 학생을 말리거나, 현장을 촬영해서 선생님 또는 경찰에 신고해야 가해자

로 처벌받지 않습니다. 또한 사이버 공간에서도 특정한 학생이 폭력을 저지른 경우에는 하지 말라고 말리고, 관련 대화 내용을 캡처해 두어야 안심할 수 있습니다.

〈TIP〉

청소년기에는 여럿이서 무리 지어 몰려다니는 경향이 있습니다. 게다가 무슨 일이 일어났다고 판단되면, 자기 눈으로 직접 확인하고 싶어 하는 심리도 강한데, 교사와 보호자들은 바로 이 점에 주목해야 합니다. 어떤 형태의 폭력이든 방관자와 목격자, 동조자는 그 책임으로부터 자유로울 수 없다는 사실을 가르쳐 주는 것 또한 청소년기에 반드시 필요한 교육이라 할 수 있습니다.

# 장학사, 변호사가 배석하여 진행한 갈등조정 모임 사례

1. 서로 친한 형, 동생 사이였던 A 초등학교 3학년 남학생, B 초등학교 5학년 남학생이 심한 장난과 욕설로 관계가 틀어져서 3학년생이 5학년생을 학교 폭력으로 신고한 사례입니다(가공한 사례임을 밝힙니다.).

   5학년생은 심한 장난으로 3학년생의 신체를 폭행했고, 이 과정에서 쌍방이 욕설을 했으며, 3학년생은 5학년생의 물건을 가지고 놀다가 파손했습니다. 3학년생의 보호자는 서로 같은 학교가 아니고, 상대방 자녀가 상급생이라서 보호자들끼리 만날 엄두를 내지 못하여 학폭으로 신고했고, 이에 5학년생의 보호자 역시 맞신고로 대응한 경우입니다.

2. A 학교와 B 학교는 사안조사를 진행하였고, 해당 학교에서는 전담기구에서 보호자 부동의로 교육지원청에 학폭 심의 개최 요청을 한 상황이었습니다. 학폭 심의 요청이 들어오면, 교육지원청 학폭 팀의 총괄 장학사나 담당자들이 책임교사, 보호자들에게 유선 연락을 취합니다. 그리고 사안 검토를 통해서 관계회복이나

갈등조정 가능성이 있는 경우, 해당 학교 책임교사에게 연락하여, 협조를 구하게 됩니다.

3. 다행히 이 사안은 양측 보호자가 동의하여, 해당 학교의 회의실에서 책임교사, 보호자, 관리자, 교육지원청의 장학사, 변호사가 배석하여 갈등조정 모임을 진행하였습니다. 역량 있는 교사(전문상담교사, 책임교사, 배석한 장학사 등)들이 갈등중재 모임이나 관계회복 모임의 진행을 담당하게 됩니다. 상호 참석자들을 소개하고, 발언 기회와 반론 기회를 제공합니다. 진행자는 양측 보호자들과 책임교사들에게 발언 기회를 부여하고 중간중간에 정리 멘트를 하기도 합니다.

4. 대부분의 보호자들은 자기 자녀의 주장과 입장을 옹호하는 내용 위주로 발언하기 때문에, 상대방의 입장을 경청하려는 자세가 부족합니다. 자녀가 가해한 행위에 대해서는 진심 어린 사과와 반성, 재발 방지를 위한 대책을 내놓아야 합니다. 하지만 자신의 자녀가 '이만저만해서 때릴 수밖에 없었다', '상대방이 원인을 제공했다'는 식으로 발언이 진행되어 갈등조정이 어려워지는 경우도 발생합니다.

5. 이 사안은 최초 신고인 측에서 상대방 보호자의 발언과 주장을 수용하면서도 우려되는 부분을 말씀해 주셨습니다. 비록 두 학생이 소속 학교는 서로 다르지만 거주하는 아파트가 같아서, 오가면서 동선이 겹칠 수 있다는 것입니다.

이에 대해 해당 학교에서는 하교 이후에 케어할 수 있는 부분에는 한계가 있다는 입장을 표명하였습니다. 그러자 양측 보호자들은 하교 이후 가정에서 좀 더 신경 쓰는 것으로 입장을 정리하였습니다. 그리고 해당 학교에서는 이 같은 사안이 발생하지 않도록 재발 방지 및 예방 교육에 힘쓰겠다고 다짐하였습니다.

6. 마지막으로 갈등조정 모임에서 양측이 학교장 자체해결 또는 학폭 심의 개최 신청 취소에 동의함으로써 양식에 서명하는 것으로 사안이 종결되었습니다.

〈TIP〉

최근 들어 학생들의 사소한 장난이나 오해, 갈등 등이 싸움으로 변질되어 학교 폭력으로 신고되는 건수가 급증하고 있습니다. 문제는 그중 절반 이상의 사안들이 보호자의 부동의로 인해 교육지원청의 심의 개최 신청에 이르게 된다는 점입니다. 학폭 예방의 근본적인 대책으로서 학생들의 감정 조절, 이와 더불어 보호자의 감정을 조절하는 예방 교육도 절실하게 필요한 시점이라고 하겠습니다.

# 21

## 객관적인 증거가 불충분하면 '학교 폭력 아님'

1. 자녀가 억울한 일을 당했다고 판단하여 학폭 사안으로 접수하였 지만, 피해를 입증해 줄 만한 증거나 물증이 전혀 없고, 자녀의 주장만 있는 경우가 종종 있습니다. 그나마 상대방 학생이 인정 할 경우에는 피해자 보호조치 및 가해자 선도 조치를 받을 수 있 습니다. 그러나 그렇지 않을 경우, 증거 불충분으로 '학교 폭력 아 님'으로 결정이 됩니다. 따라서 증거가 불충분한 사안은 학교 폭 력 전담기구에서 종결을 결정할 필요가 있습니다.

2. 교육지원청에 학교 폭력 대책 심의위원회(이하 학폭 심의위)의 개 최를 요청하는 순간, 그로부터 대략 4주 이후 개최되는 학폭 심 의위에서 가해 행위를 했다고 판단할 객관적인 증거가 부족하여 '증거 불충분'으로 결정됩니다.

   결국 학폭 접수부터 전담기구 심의까지 2~3주, 교육지원청 학폭 심의위 개최 요청부터 심의 결정까지 3~4주, 조치결정 통보까지 1~2주 소요됨으로써, 최소한 한 달 반에서 두 달여가 소요되는 셈입니다.

3. 피해를 호소하는 학생과 보호자, 해당 학교의 학교 폭력 담당자가 주의할 점은 증거나 물증이 명확하지 않고, 상대방이 인정하지 못한 경우, 학폭으로 몰고 가기 힘든 구조라는 것입니다. 피해 관련 학생과 보호자의 심정은 충분히 이해하지만, 학교와 교육청으로서는 학폭 처리 절차에서 증거를 수집하기란 현실적으로 어렵습니다.

4. 사소한 장난을 발단으로 오해와 갈등이 증폭되어 학폭 사안으로 처리되고 있지만, 이 과정에서 오히려 더 큰 상처와 트라우마가 생길 수 있습니다. 이 점을 유념하여 학폭 접수, 학폭 심의 요청에 신중을 기해야 합니다.

5. 해당 학교의 책임교사, 담임교사도 나름대로 최선을 다해서 사안 조사에 임하게 됩니다. 하지만 명확한 증거나 물증이 없는 상황에서 상대방 학생에게 무조건 잘못을 인정하고 사과할 것을 종용할 수는 없습니다.

6. 피해 관련 학생과 보호자들은 피해를 뒷받침할 수 있는 명확하고 객관적인 증거를 확보해야 합니다. 그렇지 못한 경우에는 학폭 심의 진행을 추천해 드릴 수 없습니다. 피해 학생과 보호자가 말하는 감정적인 부분에 대해서는 학교와 교육지원청이 받아 줄 수 없기 때문입니다.

# 학폭 처리 절차, 학폭 심의위 운영에 대한 안내

1. 학교 폭력이 발생하고 학폭 사안으로 신고한 경우, 어떤 절차로 어떻게 언제까지 처리되는지에 대해서 궁금해하는 보호자들이 많습니다. 하지만 해당 학교 측에서 학폭 사안처리 절차나 교육지원청의 학폭 심의위원회(이하 학폭 심의위) 운영에 관해서 제대로 설명하지 못하여, 민원이 발생하기도 합니다.

2. 해당 학교의 책임교사나 담임교사는 소통(전화 또는 대면)을 통해서 설명해야 합니다. 대부분의 보호자들은 학폭 진행에 대해서 잘 모른다고 생각하시면 됩니다. 양측 보호자들은 보호자 확인서를 작성할 때 학교를 직접 방문하게 됩니다. 그러니 그때 사안 처리 절차와 교육지원청의 학폭 심의위 운영에 관해 안내하실 것을 권합니다.

# 쉽고도 어려운 갈등조정

# 장면

2020년 12월 P시 공터에서 A 고등학교 1학년 학생 20명이 연루된 학교 폭력이 발생하였고, 쌍방 간의 뒷담화(언어폭력)로 사안이 학교에 접수되었다. 양측의 첨예한 갈등으로 학교 폭력 전담기구에서 학교장 자체해결로 종결할 수 있었지만, 최초 신고인(보호자)의 감정 격화로 교육지원청에 학교 폭력 대책 심의위원회의 개최를 요청하기에 이르렀다.

　　학교 폭력을 담당하는 교사나 학부모 대상으로 강연을 하게 되면 꼭 하는 이야기가 있습니다. 그것은 바로 학교 폭력이 발생하여 절차대로 진행되는 과정에서 보호자들이 해당 학교에서 한 번 이상 만날 것을 추천한다는 것입니다. 피해 관련 학생 및 보호자 대부분은 감정이나 느낌이 사안 초기에는 상당히 흥분되고 분노가 치밀어서 어떠한 갈등중재도 거부하는 경우가 대부분입니다.

　　하지만 학교 폭력 전담기구가 개최되는 날짜 전후로 감정선의 변화가 생기는데, 이 무렵 상대 보호자를 한 번쯤은 만나보고 싶은 생각이 들게 됩니다. 그렇다고 피해 관련 측에서 먼저 신호를 보내기란 어려우므로, 해당 학교 책임교사나 담임교사, 교감 등이 나서서 양측 보호자들이 만남을 원하는지 체크할 필요가 있습니다.

해당 학교에서는 학폭 사안조사를 결코 서두르지 않아야 합니다. 학폭 전담기구의 개최 날짜가 빠르면 갈등중재나 관계회복을 위한 모임을 주선하기가 곤란하므로, 가능하면 학폭 전담기구의 심의 날짜는 최대 3주를 꽉 채우는 편이 여러모로 유리합니다. 일부 학교에서는 피해 관련 보호자 측의 독촉으로 사안조사를 서두르다가 일을 그르치는 경우가 많습니다.

학폭 사안은 신속한 처리도 중요하지만, 매뉴얼과 시나리오에 따라 촘촘히 나아가야만 합니다. 현재 학교 폭력 예방법에 따라 신고인(피해 관련) 측이 만남에 동의하지 않으면 만날 수 없는 구조입니다. 억지로라도 만남이 있어야 하지만, 그것이 현실적으로 힘듭니다.

해당 학교 책임교사는 학폭 전담기구에서 학교장 자체해결 요건을 심의하기 전날까지 양측 보호자들이 대면하는 것을 원하는지 확인해 주어야 합니다. 만날 의향이 있는 경우, 해당 학교의 적당한 장소에 모임을 마련하고 배석해주면 됩니다.

신고인(피해 관련 보호자) 측은 학교 폭력 전담기구에서 회의(학교장 자체해결 요건 심의) 전에 피신고인(가해 관련 보호자)을 한 번 이상 만나는 것을 제안드립니다. 피해 관련 측에서 생각하는 것과 실제 만나서 이야기를 나누어 보는 것은 전혀 다르기 때문입니다.

관련 보호자들은 해당 학교 책임교사에게 연락하여 갈등중재를 주선하도록 협조하면 됩니다. 교육지원청 학폭 심의위 간사의 성향에 따라 그냥 심의하는 곳도 있고, 갈등중재, 관계회복 가능성 타진 등 조금이라도 노력하는 곳도 있을 수 있습니다. 보호자들은 담당 간사에게 연락이 오면 그나마 관심을 가지고 있다고 생각하면 좋습니다.

학교에서 3주, 교육지원청 학폭 심의 개최일까지 4주, 이렇게 총 7주 이상이 소요되기 때문에 감정의 변화가 찾아올 수 있습니다. 2주 이상의 진단서 제출 등이 없는 경우, 학폭 심의 개최 1일 전까지 심의 취소도 가능합니다. 피해 관련 측 보호자는 심의 개최일까지 사안 접수 이후 최대 7주 이내에 동의하면, 상대편 보호자를 만날 수 있습니다.

학교나 교육지원청은 사안으로 발생한 심리상담 및 조언 비용, 치료 및 치료를 위한 요양 비용 등에서 대해 심의 이전에 중재를 하지는 못합니다. 다만 양측 보호자들이 원만하게 합의하는 경우, 그것으로 갈음할 수 있습니다. 갈등중재 모임에서 보호자들끼리 오가는 대화에 비용 부분이 있는 경우, 교사나 장학사는 적극 개입하지 못합니다. 이렇듯 갈등조정은 쉬우면서도 어려운 부분입니다.

현재 교육청 학폭 장학사들은 학폭 심의위의 소위원회 간사 역할도 하고 있기 때문에 갈등조정이나 관계회복에 많은 시간을 투자하기 어려운 시스템입니다. 학교 현장의 다양한 갈등중재와 회복에 힘쓸 수 있는 기구가 생겼으면 하는 바람입니다.

# 24

# 학교 폭력 사안조사 보고서의 작성

1. 사안조사 보고서는 학생이나 보호자에게 공개되지 않는 비공개 문서입니다. 해당 학교의 책임교사 또는 학생부장이 작성하는 이 서류는 무척 중요합니다. 제대로 작성하지 못할 경우, 교육지원청 심의위원들이 사안 파악에 어려움을 겪기 때문입니다.

2. 대부분의 책임교사들은 사안조사 보고서를 꼼꼼하게 작성하지만, 몇몇은 성의가 없이 작성하기도 합니다. 이럴 경우, 교육청 전문상담사, 간사들이 연락하여 보고서의 재작성을 주문하기도 합니다. 조치결정 이후에 소송이 진행되면 법원에 관련 자료를 제출하는데, 이때 사안조사 보고서를 보면 책임교사가 사안조사를 잘했는지, 못했는지를 알 수 있습니다.

4. 교육지원청에 보고되고 간사에게 사안이 배정되면, 그때 간사가 검토를 거쳐 책임교사에게 다시 연락하기도 합니다. 그만큼 사안조사 보고서가 중요하다는 뜻입니다.

5. 책임교사는 양식의 빈칸을 자세하고 섬세하게 작성해야 합니다. 교육지원청 심의위원들이 제일 중요하게 생각하는 것은 해당학

교의 사안조사 자료이기 때문입니다.

- 사안의 개요는 반드시 육하원칙으로 작성해야 합니다.

- 학교 폭력의 심각성과 지속성, 고의성, 반성과 화해의 정도, 선
  도 가능성, 장애학생 여부 등을 구체적으로 작성해야 합니다.

- 고의성이 전혀 없는 경우는 학폭이 아닙니다.

6. 책임교사는 「학교 폭력 예방법」 제14조 제5항에 따라 전담기구에
   서 조사한 결과 등의 활동 결과를 보고해야 합니다.

7. 책임교사는 「학교 폭력 예방법」 시행령 제19조의 판단 요소 확인
   시의 참고사항을 고려하여 성실히 작성해야 합니다.

# 25

# 학폭 관련 학생들의 학적 변동 제한

1. 학교 폭력에 관련된 학생들의 학적은 학폭 사안이 마무리될 때까지 엄격히 제한됩니다. 피해 관련 학생 측에서 학폭으로 신고하였고 다른 학교로 전학을 원한다면, 학폭 신고 이후 학교장 자체해결이 되거나 교육지원청 심의를 요청하고 나서 심의가 취소된 이후 전학이 가능하며, 가해 관련 측도 마찬가지입니다.

2. 특별한 경우를 제외하고는 관련 학생들의 학적 변동은 엄격히 제한되는데, 그 이유는 다양합니다. 우선, 사안을 조사하는 학교가 존재하지만 갑작스런 학적 변동 시에 전입하는 학교에서는 해당 사안을 인지하지 못하는 상황이 됩니다. 또한 학폭 조치결정이 되어야 하지만, 학적 변동으로 인해 학폭 처리 절차에서 문제가 발생할 수도 있습니다.

3. 가해 관련 학생이 A 학교에서 B 학교로 전학을 가게 되는 경우, 문제는 이렇습니다. 심의 관련 자료를 받거나 사안조사를 하지 못한 전입교에서 사안을 검토하고, 조치결정을 이수해야 하는 부담이 존재하는 것입니다.

4. 따라서 해당 학교의 책임교사, 교감은 학폭 사안 관련 학생들의 학적 변동은 엄격히 통제해야 합니다. 사안이 진행되는 동안에는 학적 변동이 어렵다고 보면 됩니다. 이를 모르고 학적 변동(전학, 자퇴, 유학 등)을 할 경우, 절차적 하자에 직면할 수 있습니다.

〈TIP〉

학폭 사안에 관련된 학생들은 학교장 자체해결, 심의 요청, 심의 취소, 조치결정 통보 등의 모든 절차가 종료되어야만 학적 변동이 가능합니다. 학폭 관련 학생이 사안 접수 이후, 학적 변동을 동시에 원하는 경우에는 해당 학교의 책임교사, 학생부장, 교감, 담임교사 등이 학적 변동의 제한에 관해 소상히 설명해야 합니다. 대부분의 보호자들은 학폭 사안으로 인해 학적 변동이 어렵다고 설명드리면 충분히 감안합니다.

## 동의 없는 불필요한 신체 접촉, 신체 부위 촬영은 엄벌

1. 상대방의 동의 없이 진행한 신체 접촉으로 인해 학폭 가해자로 신고당하는 건수가 증가하고 있습니다. 불필요한 신체 접촉이 일어나지 않도록 예방 교육이 필요합니다.

2. 통상적으로 동의 없이 진행한 신체 접촉은 성추행이며, 학폭 심의에서도 중한 조치를 받게 됩니다. 사회봉사, 특별교육, 출석정지, 학급교체, 강제 전학 등의 조치를 받게 됩니다.

3. 발생하는 장소는 여러 곳이지만, 학교 안에서는 교실, 화장실, 탈의실, 이동수업 간 학교 내의 다양한 장소에서 불필요한 신체 접촉이 진행됩니다. 피해를 호소하는 학생은 충분히 인지하지만, 횟수가 적은 경우에는 신고하기를 망설이게 됩니다. 하지만 불쾌한 신체 접촉이 수차례 반복되는 경우, 가해 학생이 의도성을 가지고 하는 행위입니다.

4. 도촬(몰래촬영)로도 학폭 신고를 당하는 경우가 증가하고 있습니다. 신체 부위(얼굴, 가슴, 다리, 치마 속 등)를 촬영하는 것으로, 상대방에게 동의를 구하지 않고, 심각성, 지속성, 고의성 등을 지니

고 하는 행위입니다. 잘못된 행위이지만, 가해 학생은 이를 인지하지 못하다가 피해 학생이나 목격 학생에게 발각되어 학폭으로 신고됩니다.

도촬은 행위 그 자체도 잘못일 뿐만 아니라 다른 사람에게 이를 공유하고 유포할 가능성이 있기 때문에 죄질이 나쁜 행위입니다. 따라서 교육지원청 심의에서의 처분도 무겁게 내리는 추세입니다. 통상적으로 강제 전학, 출석정지, 학급교체, 특별교육 등이고, 제2호나 제5호가 병과됩니다.

5. 대부분의 가해 학생들은 범죄 인지성이 떨어지며, 호기심에 시작 시작했으나 적발되지 않을 경우 대범해지는 상황으로 변질됩니다. 그러므로 가정과 학교에서의 예방 교육이 무엇보다 중요합니다.

## 학폭 관련 학생 및 보호자의 갈등조정 요청

1. 학폭 사안에 관련된 학생 및 보호자는 해당 학교 측에 갈등조정
   을 요청할 수 있고, 상대방이 동의할 경우에는 보호자들끼리 만
   남을 가질 수 있으며 학생 동반도 가능합니다. 모임 배석자에는
   책임교사, 교감 등이 있습니다.

2. 피해 관련 측과 가해 관련 측이 갈등조정에 모두 동의한 경우,
   해당 학교에서 모임의 날짜와 시간을 잡게 됩니다. 만나는 자
   리에서 경험이 있는 책임교사, 전문상담교사, 교감 등이 사회를
   보며 모임을 주관합니다.

3. 갈등조정 모임에서 가해 관련 측이 진심 어린 사과와 함께 재발
   방지를 약속하고 피해 관련 측이 이를 수용한 경우, 해당 학교는
   학교장 자체해결 요건을 충족한 것으로 간주하여 사안을 종결하
   게 됩니다.

4. 해당 학교는 사안 종결 이후에 '학교장 자체해결 결과 보고서'를
   교육지원청에 공문으로 제출합니다.

〈 TIP 〉

학교 폭력이 신고되고 사안 조사가 진행되는 과정에서 양측 보호자들이 모두 동의할 경우, 갈등조정 모임 또는 관계회복 모임을 가질 수가 있습니다.

교육지원청에 학교 폭력 대책 심의위원회의 개최를 요청했다 하더라도, 심의 날짜 1일 전까지 심의 개최 요청을 취소하는 일도 가능합니다. 다만 피해 관련 측이 2주 이상의 진단서를 학교에 이미 제출한 경우에는 어떤 것도 불가능합니다.

# 교육지원청 학폭 심의위에 참석 못하는 경우

1. 학교 폭력으로 신고한 피해 관련 측의 학생이나 보호자가 교육지
   원청 학교 폭력 대책 심의위원회(이하 학폭 심의위)에 불참하는 경
   우가 종종 발생하는데, 가능하면 반드시 참석해야 합니다. 학폭
   신고 이후에 관련 자료를 충분히 제출하였지만, 학폭 심의위에
   소속된 위원들은 사안의 당사자인 학생들에게 사실 여부를 확인
   해야 하기 때문입니다.

2. 이때 보호자만 참석할 경우, 심의위원들이 피해 관련 사실관계
   확인을 서류만으로 진행해야 한다는 한계가 있습니다. 보호자는
   학생 보호자로서의 역할과 입장에서 진술하게 됩니다. 따라서
   심의위원들은 보호자에게 많은 시간을 할애하여 질문을 던지지
   않습니다.

3. 그러니 가급적 피해 관련 측의 학생은 반드시 참석할 것을 추천
   드립니다. 물론 보호자들의 참석이 어려운 경우, 서면 진술서를
   작성해서 심의 전에 제출하는 것은 가능합니다.

4. 피해 관련 측에서 학폭을 신고하였지만, 정작 중요한 학폭 심의

위에 참석하지 못하는 경우, 조치결정에 영향을 줄 수 있습니다. 초등 저학년생의 보호자들 중에서는 자녀가 너무 어리다는 이유로 불참시키려는 분들이 있습니다. 그러나 요즘은 초등학교 1학년생도 질문에 대답을 곧잘 합니다.

5. 학폭 심의위가 개최되는 당일, 피해 관련 측과 가해 관련 측의 진술 시간은 서로 다릅니다. 그리고 복도나 출입구 쪽에 직원, 공익요원 등을 배치하여 양측의 동선이 겹치지 않도록 배려합니다. 그러니 상대 학생이나 보호자와 마주칠까 봐 부담스러워하지 않아도 됩니다.

## 2주 이상의 진단서는 가급적 학폭 심의위에 제출

1. 쉽게 해결될 수 있는 경미한 사안임에도 불구하고, 피해 관련 측이 학교에 제출한 2주 이상의 진단서로 인해 도움을 드리지 못하는 경우가 있습니다. 진단서 발급 이후 담임교사, 책임교사 등에게 제출할 당시에 이런 내용을 전달받지 못했다고 하는 보호자들이 대부분이라서 민원의 소지가 있다는 것도 알려드립니다.

2. 보호자들은 2주 이상의 진단서를 발급받았다 하더라도 가능하면 학교에는 제출하지 말고 가지고 계시는 것을 추천드립니다. 「학교 폭력 예방법」에 따라 2주 이상의 진단서 제출은 학교장 자체해결 요건 충족이 되지 못하는 경우이며, 교육지원청 심의 요청이후 취소하려 해도 진단서 제출로 인해 심의까지 갈 수밖에 없기 때문입니다.

3. 교육지원청 심의를 요청한 경우, 심의위에 참석해서 2주 이상의 진단서를 제출하셔도 무방합니다. 조급하게 학교에 진단서를 제출하는 순간, 더 이상 갈등조정이나 관계회복을 위한 모임과 상담 등의 교육적인 해결은 진행할 수 없습니다.

〈 TIP 〉

2주 이상의 진단서 제출은 피해 관련 측에서 자신의 피해 상황을 구체적으로 입증하기 위해서 취하는 조치의 일부이기는 합니다. 그러나 아무리 화가 나더라도 2주 이상의 진단서는 교육지원청 심의까지 가는 경우에 제출할 것을 권합니다. 진단서 제출이 발목을 잡아서 교육지원청 심의까지 어쩔 수 없이 진행해야 하는 경우를 자주 보게 됩니다. 다만, 1주에 해당하는 의사 소견서와 진단서는 학교에 미리 제출하여도 무방합니다.

# 30

# 늘어나는 경계성 아이, 계속되는 학폭

# 장면(사례)

2022년 전북 익산의 한 초등학교에서 발생한 사안으로 세상이 시끌시끌했다. 강제 전학 처분으로 이 학교에 온 A군은 등교 첫날부터 교사에게 욕설을 하고 학생들에게 폭행을 행사했으며, 학급에서 키우던 햄스터를 익사시키기도 했다. 교장에겐 칼로 찌르겠다고 협박하는 한편 이를 제지하기 위해 출동한 경찰도 고소하는 등 문제를 일으켰다. 결국 언론 보도에 따르면 해당 학생은 출석정지 14일, 특별교육 33일의 처분을 받았다.

교육청에서 학교 폭력 대책 심의위원회(이하 학폭 심의위) 간사로 활동하는 필자의 입장에서 보면, 해당 조치결정은 초등 5학년에게 중한 선도조치로 보입니다. 이전 학교에서 강제 전학으로 넘어온 상황을 심의위원들이 너무나도 잘 아는 상황, 언론에 보도되어 이슈가 된 점, 해당 학생으로 인한 피해 학생이 다수라는 점, 선생님의 지도가 어렵다는 점 등을 고려한 조치라고 판단됩니다.

며칠 동안, 이 사안에 대해서 곰곰이 생각해 보았습니다. 과연 무엇이 중요할까요? 비단 전북 익산의 한 초등학교의 문제로만 치부하기에는 교육현장에 이런 유형의 학생들이 너무나 많습니다. 교육청에 전화해서 울먹이면서 하소연하는 선생님, 교감선생님들의 실제 사례이기도 합니다.

"장학사님, 우리 학교 특정 학급의 학생으로 인해서 학급 운영이 너무 어려워요."

"이 학생으로 인해서 학폭으로 신고도 했지만, 학교 측에서 학교장의 권한으로 학급 교체가 이루어진다면 신고 취하할 생각이 있어요."

최근 들어 분노를 참지 못하는 아이, 특정한 행동을 반복하는 아이, 약물의 부작용으로 조증이나 울증이 찾아오는 아이 등으로 학교현장은 너무나 어려운 구조 속에서 버텨내고 있습니다. 한마디로, 특수교육 대상일 수도 있는 경계성 지능 장애가 의심되는 아이들이 부쩍 늘어난 것이 사실입니다.

현재 시점으로 봤을 때, A군은 한 달 반 정도에 해당하는 기간에 대한 조치를 받았습니다. 여름방학 기간이 한 달 이내라는 점을 고려하면, A군은 2학기에 해당 학교 등교가 가능할 것으로 보입니다. 등교 이후가 더 문제이기에 그동안 세심한 준비가 필요합니다.

해당 학교는 피해 관련 학생 및 보호자들에게 심신의 안정을 찾아주는 심리치료를 교육청의 Wee센터와 협력하여 진행해야 합니다. 그동안 관련 아이들이 공포에 떨면서 학교생활을 한 상황을 고려해 볼 때, 신속하게 진행해야 합니다.

무엇보다 가해 학생 및 보호자의 케어를 위한 종합적인 대책이 마련되어야 합니다. 가해 학생에게 부여된 특별교육 이수가 의미 있는 이수가 되어야 하기 때문입니다. 평범한 특별교육 이수기관에서 시간 때우기식으로 전락하면 곤란합니다. 심도 있는 심리치료와 약물 치료 등도 병행해야 할 것으로 보입니다.

또한 보호자의 처신이 무엇보다 중요한데, 가정에서 자녀에 대한 관리가 어려웠을 것으로 추측됩니다. 지자체와 협력하여 가해 학생과 보호자가 가정 속에서 올바른 가정교육이 되도록 뒷받침해야 합니다.

필자의 판단으로는 A군은 분노 조절이 어려운 상황, 왜곡된 폭력성 등으로 지능검사, 정서행동 특성검사 등을 진행하여, 특수교육 대상자인지도 확인해야만 합니다. 아무리 좋은 심리치료와 특별교육을 받아도 해결되지 못하는 부분이 존재하기 때문입니다.


이제는 현실적으로 학교 선생님들이 마음 편하게 학생들을 생활교육 또는 생활지도할 수 있는 제도적인 장치가 마련되어야 합니다. 막무가내로 행동하는 학생을 제지할 수 있는 방편이 별로 없는 까닭입니다.

교사들은 교권침해를 당해도 몇 번에 한해서는 곧바로 신고하지 않고 넘어가는 것이 부지기수이기도 합니다. 해당 학교 선생님이 얼마나 힘들고 어려웠으면, 언론을 통해서 세상에 알렸을까요? 바로 이것이 이 사안과 관련하여 고민되는 지점입니다.

학교현장에서 다양한 사안들이 발생하고 있으며, 코로나바이러스감염증-19 사태 이후 학생들은 원활한 대인관계를 영위하지 못하였고, 원격수업의 휴유증으로 자신의 언행에 대한 책임감이 점점 부족해지는 실정입니다. 이런 상황에서 A군이 2학기에 학교로 복귀하여도 학교생활에 적응을 잘해 나간다는 보장이 없습니다.

일반 학교의 정형화된 공교육에 숨 막혀 하는 학생을 위해서 공립형 대안초등학교의 설립을 고려해야 합니다. 너무나 많은 학교에서 한 명의 학생을 관리하게 위해서 다수의 학생들이 보듬고 힘들어도 같이 가야 하는 상황이 계속 벌어질 것이기 때문입니다.

이제 경계선 상의 아이들을 위해 특수교육 대상자의 지정 기준을 낮추어야 합니다. 외국 사례를 보면, 경계성 지능 장애로 의심되는 아이들은 특수교육을 받을 수 있도록 제도적 장치가 마련되어 있습니다.

우리나라도 중재 반응 모델(Responsiveness To Intervention: RTI)을 도입했으면 합니다.

RTI는 학업을 따라가기 힘든 학습장애 위험군 학생을 조기에 선별하여 조기 중재를 실시하고, 중재에 대한 학생의 반응에 따라 학습장애 적격성 여부를 결정하는 중재 기법입니다.

RTI는 상황에 따라 세 단계의 교육 모델을 적용합니다. 1단계는 교실에서 모든 학생에게 사용 가능한 보편적 학습설계를 적용한 교육을 진행하게 됩니다. 1단계에서 적합한 성취도를 보이지 않는 학생들은 2단계, 3단계 모델을 순차적으로 적용받게 되며, 단계가 올라갈수록 필요에 따라 교사 외의 관련 전문가들도 교육에 참여할 수 있습니다.

〈 TIP 〉

중재 반응 모델(RTI)의 장점은 조기 판별 및 중재, 실패를 기다리지 않으며, 진단보다는 교육을 강조한다는 것입니다. 학습장애 위험군 학생에게 먼저 중재를 제공하고 그에 대한 반응에 따라 학습장애의 적격성을 결정하기 때문에 교육경험의 결핍, 가정환경 등의 '외적 요인'에 의한 학습부진과 '내적 요인'에 의한 학습장애의 변별이 가능합니다. 그런가 하면 학습장애 위험군 학생을 최대한 빨리 선별하여 그에 맞는 교육적 지원을 해 줌으로써 개인의 학업 성취도를 극대화할 수 있습니다.

# 31

# 학폭 심의위 참석 요청서의 '사안 개요'가
# 자녀의 주장과 다르다면?

1. 학교에서는 학교 폭력 책임교사가 사안을 조사하여 교육지원청에 제출하는 사안조사 보고서를 작성하게 됩니다. 이때 양측의 입장을 중립적인 시각에서 작성하지만, 그럼에도 불구하고 사안 개요가 자녀의 주장과 다를 수도 있습니다.

2. 교육지원청의 학교 폭력 대책 심의위원회(이하 학폭 심의위) 참석 요청서를 등기우편으로 받은 해당 학생 보호자들 중에는 당장 이의를 제기하는 경우가 있습니다. '사안 개요'는 해당 학교에서 사안에 관해 짧게 작성하는 요약문입니다. 양측이 생각하는 결이 다르다고 학교나 교육지원청에 연락하여 담당자를 괴롭히는 것은 옳지 않습니다. 사안 개요는 말 그대로 개요일 따름입니다.

3. 교육지원청 학폭 심의위에 참석하면 해당 학생 및 보호자가 진술하는 시간대에 심의위 위원장이나 간사가 '사안 개요 발표 이후 다른 부분이 있다면 말씀해 주세요.' 라고 물어봅니다. 사안 개요가 사실과 다르다고 생각되는 경우, 이때 진술해 주시면 됩니다.

또한 추가 자료가 있다면, 학폭 심의 당일뿐만 아니라 그전이라도 학교나 교육청에 제출해 주시면 됩니다.

〈 TIP 〉

- 학생 및 학부모의 추가 자료 제출 시, 학교는 이를 교육지원청에 공문 형태로 발송합니다. 교육지원청으로 바로 제출할 경우에는 참석 요청서에 기재된 주소로 등기우편을 보내시면 됩니다.
- 사안 개요가 보호자의 생각과 다르다고 해서, 교육지원청 학폭 심의위의 결정에 큰 영향을 미치지는 않습니다. 심의위원들은 보호자의 감정은 배제한 채, 객관적인 자료와 학생들만 보고 심의하기 때문입니다.
- 보호자의 과한 어필은 학교나 교육지원청 담당자들에게 상처를 주므로 절대 금물입니다. 학폭 사안 담당자들은 학교나 교육지원청에서 다들 기피하는 업무를 맡고 있는 전문가들입니다. 애쓴다고 격려해 주지는 못할망정 심리적 부담을 주지는 마십시오.

# 피해 학생 보호자가 만나 주지를 않아요

1. 학폭 사안이 신고되고 나면 해당 학교에서는 최대 3주 동안 사안 조사를 진행하고, 전담기구에서 학교장 자체해결 요건을 심의하게 됩니다. 해당 학교 학폭 전담기구의 심의 전까지 가해 관련 측에서는 피해 관련 측에 화해 시도와 반성의 태도를 보여야 합니다.

2. 하지만 피해 관련 측에서 만나는 것을 거부할 수도 있습니다. 물론 사안이 진행됨에 따라 격앙되어 있던 감정이 차츰 누그러져서 뒤늦게 만남을 원하는 경우도 있습니다.

3. 가해 관련 측에서는 진심 어린 반성과 화해의 노력을 지속적으로 보이는 것이 무엇보다 중요합니다. 피해 관련 측에서 대면 만남을 거부한다 하더라도 책임교사, 담임교사 등에게 자신들의 노력을 전달해야만 합니다.

4. 해당 학생 및 보호자가 작성한 사과문 내용을 피해 관련 측에서 받아들이지 않을 수도 있습니다. 하지만 그 자체만으로도 교육지원청 학폭 심의위 판정의 고려사항에 들어갑니다.

5. 해당 학교 전담기구에서 학교장 자체해결이 되지 못하고, 교육 지원청으로 심의 요청을 하게 되는 경우, 그날을 기준으로 최대 4~5주 이내에 심의 날짜를 잡게 됩니다.

심의 개최 1일 전까지는 취소도 가능하므로, 학폭 신고 이후 학교에서 최대 3주, 교육청에서 최대 4~5주, 이렇게 대략 7~8주 남짓 소요됩니다.

6. 7~8주 이내에 양측이 서로 만남을 원할 경우, 해당 학교 책임교사는 해당 학교에 장소를 마련해 주고 배석도 해주셔야 합니다.

피해 관련 측이나 가해 관련 측에서 서로 만나길 원하는데도 불구하고 정작 학교에서 만남에 협조하지 않아서 교육지원청 심의 개최까지 진행되는 경우, 해당 학교 책임교사 등이 곤란해질 수 있습니다. 그러니 1주 간격으로 만남을 원하는지 여부를 유선전화 등으로 물어보아야만 합니다.

# 가해 학생 조치인 제5호 특별교육

1. 제5호 조치인 특별교육은 학생부에 기재되며, 부가된 특별교육은 기재하지 않습니다.

2. 특별교육 이수기관은 모든 학교도 가능하며, 외부 기관도 가능합니다. 매년 교육지원청에서는 특별교육 이수기관 명단을 지역 학교에 공문으로 알립니다. 통상적으로 특별교육은 교내 Wee클래스, 교외 기관 모두 가능하지만, 부가된 특별교육은 교내에서 소화하는 경우가 많습니다.

3. 교육지원청 심의위에서 제5호 심리치료만 단독으로 내린 경우, 해당학생 보호자에게 부가된 특별교육은 없습니다.

4. 해당 학생에게 제8호 전학이 부여된 경우, 부가된 특별교육은 전출교 또는 전입교 상관없이 이수 가능합니다. 다만 사전 조율이 필요한데, 대부분 전학(학적 변경) 전의 해당 학교에서 이수하게 됩니다.

5. 제5호 특별교육으로 인한 미등교는 출석으로 인정됩니다. 증빙 서류는 이수증, 기관 공문, 교육 신청서 등입니다. 가해 학생에게

본 조치로 출석정지가 내려진 경우, 출석정지 기간 중에도 특별교육을 이수할 수 있습니다. 자세한 것은 해당 학교의 담당자와 논의하시면 되겠습니다.

6. 해당 기관의 부실과 강압적인 교육 태도, 이수자와의 마찰 등, 이수 기관의 문제로 인해 특별교육을 미이수한 학생 및 보호자의 경우, 학교 측은 다른 기관에서 이수할 수 있도록 협조해야 합니다. 여건이 어렵다면 해당 학교에서 진행하는 것도 가능합니다.

7. 해당 학교의 특별교육 프로그램 운영 계획은 사전에 내부 결재를 득하고 진행하시면 되겠습니다. 통상적으로 전문상담교사에 의한 상담, 학생부 교사에 의한 상담, 교감·교장에 의한 상담 등이 포함됩니다. 학교장 자체해결로 종결된 학폭 사안에 대해, 학교 측은 가해 관련 학생에게 사과문 작성을 비롯한 여러 조치(상담, 캠페인, 특별교육)를 시행할 수 있습니다. 물론 해당 학생과 보호자의 동의를 얻는다면 더욱 좋을 것입니다.

〈 TIP 〉

학교 밖 특별교육 이수기관은 시·도 교육청에서 지정하며, 기관 모집 공고는 교육지원청에서 진행합니다. 선정된 특별교육 이수기관 목록은 시·도 교육청이나 교육지원청 공지사항란, 홈페이지 자료실에 탑재되어 있으니 참고하시기 바랍니다.

## 보호자의 감정은 학폭 심의의 참고사항일 뿐,
## 고려 요소는 아니다

1. 학교 폭력 가해 학생 조치별 적용 세부 기준은 다음과 같습니다. 학교 폭력의 심각성, 지속성, 고의성, 반성 정도, 화해 정도 이렇게 5가지가 기본적인 판단 요소에 해당하는데, 각각 0점부터 4점까지 점수를 매기게 됩니다. 해당 조치로 인한 가해 학생의 선도 가능성, 피해 학생이 장애학생인지 여부는 부가적인 판단 요소에 해당합니다.

2. 그럼에도 불구하고 양측 학생 및 보호자는 관련 자료를 억지로라도 만들어서 교육지원청 학폭 심의위에 추가로 제출하고자 하는 경향이 있습니다. 물론 자료 제출 그 자체가 문제는 아닙니다. 다만 무리하게 비용을 들여가면서까지 변론서, 녹취록 등을 제출하여 사실관계를 확인하고자 하는데, 본인의 주장을 뒷받침하려는 이러한 시도는 무의미한 경우가 대부분입니다.

3. 학폭 심의위에서는 학생과 보호자 모두 진술을 할 수 있지만, 심의위원들은 가급적 당사자인 학생의 의견에 더 큰 비중을 두고

청취합니다. 보호자의 감정은 심의위의 진술 대상으로 심의위원들이 판정에서 참고할 수는 있지만, 반드시 고려해야 하는 요소는 아니라는 말씀입니다.

〈TIP〉

교육청 학폭 심의위는 학교 폭력 예방법에 따라 설치된 심의기구이지, 사법기관이 아닙니다. 그러니 해당 학교 선생님들께서는 학교나 교육지원청이 보호자의 감정을 고려하여 판단해야 할 의무는 없다는 사실을 반드시 명심하셔야 합니다.

# 학업 중단 숙려제가 무엇인가요?

1. 학교생활을 유지하는 데 어려움을 겪고 있거나 학업 중단 징후 또는 그럴 의사를 밝힌 학생에게 적정기간 동안 숙려의 기회를 부여하는 제도입니다. 학업 중단 숙려제에 참여하는 학생은 관련 운영 기관에서 상담, 학습지도, 진로개발, 문화체험, 예체능 프로그램 등을 통해, 신중한 고민 없이 학업을 중단하게 되는 사태를 예방할 수 있습니다.

2. 기간은 공휴일 포함 최소 2주(14일) 이상에서 최대 7주(49일) 이하로 학교장이 부여합니다.

3. 신청 대상은 학업 중단 의사를 밝힌 재학생, 학교생활 관찰과 상담 등으로 학업 중단 위기에 처해 있다고 판단되는 학생(담임교사, 부장교사, 전문상담교사 등 관련 교사가 협업을 통해 진단), 무단 결석 연속 7일 이상 또는 분기별 합산 10일 이상인 학생입니다.

4. 운영기관으로는 학교 상담실 Wee클래스, 교육지원청 Wee센터, 청소년상담복지센터, 기타 학교장이 인정하는 외부기관(병의원, 상담센터 등 기관 협의 후 인정)이 있습니다.

5. 학업 중단 숙려제 참여는 학기당 1회에 한합니다. 연간 학업 중단 숙려제 참여 기간은 49일을 초과할 수 없습니다. 중학교 3학년생의 경우, 2학기 기말고사 시험일 이후에는 신청할 수 없습니다. 학교장은 시험 기간을 피하여 숙려 기간을 부여할 수 있습니다.

〈 TIP 〉

학업 중단 숙려제를 신청할 수 있는 대상에는 검정고시를 희망하는 초·중·고 연령의 청소년도 포함됩니다. 그런가 하면 적용 제외 대상은 다음과 같습니다.

- 연락 두절, 행방불명 등으로 제도 운영이 불가능한 경우
- 질병 치료, 발육 부진, 사고, 해외 출국(유학) 등으로 부득이하게 학교를 떠나는 경우
- 학교 폭력, 교칙 위반을 이유로 퇴학당하는 경우

## 보호조치로 피해 학생을 전학 보낼 수 있나요?

Q. 피해 학생을 위한 보호조치에 전학도 포함되나요?

A. 그렇지 않습니다. 「학교 폭력 예방법」에 따르면 전학은 피해 학생에 대한 보호조치에 해당하지 않습니다.

그러나 「초·중등교육법」 시행령 제21조 제6항과 제73조 제6항, 제89조 제5항에 따른 학교장의 교육환경 변경 전학(학교 폭력 피해 학생의 전학)을 고려해 볼 수는 있습니다. 이에 따르면, 학교 폭력 피해 학생의 전학이 필요한 경우, 학교장은 의견서를 작성하여 관할 교육장에게 송부하고, 관할 교육장은 동(同) 의견서를 검토한 후 전학 여부를 결정하게 됩니다.

다만 성폭력을 당한 학생 및 보호자가 전학을 원한다면, 학교장은 반드시 교육장에게 전학을 추천해야 합니다. 그리고 교육장이 학교를 지정하여 배정한 경우, 배정된 학교의 장은 피해 학생의 전학을 거부할 수 없습니다.

# 교육지원청 학폭 심의 시, 변호사 참석이 가능한가요?

1. 참석이 당연하게 보장되는 것은 아닙니다. 대부분의 교육지원청에서는 변호사 의견서를 사전에 받는 것으로 갈음합니다.

   학폭 대책 심의위원회(이하 학폭 심의위)의 회의 내용은 공개하지 아니하고, 학교 폭력 가해 학생은 피의자, 피고인이 아니라서 헌법상에 보장된 '변호인의 조력을 받을 권리'를 그대로 적용하기는 어렵기 때문입니다.

2. 다만 변호인 선임서 또는 위임장 등을 통해 법률 대리인으로 확인된 변호사의 참석 여부를 학폭 심의위에서 결정할 수는 있습니다. 참석이 허락된 경우에도 '해당 학생에 대한 사실확인, 의견 진술 및 질의응답 시간'에만 참석이 가능합니다.

3. 심의 당일에는 신분 확인을 하도록 합니다. 관련 학생 및 보호자의 진술 시간대에 변호사에게 발언 시간이 주어져 있을 경우, 2~3분 내외의 발언 직후 퇴장하게 됩니다.

〈 TIP 〉

변호사법 제29조에 따르면 변호인 선임서 또는 위임장 등을 공공기관에 제출할 시, 사전에 소속 지방 변호사회를 경유해야 합니다. 그러므로 경유 증표가 부착되어 있는지 확인할 필요가 있습니다. 다만, 급박한 사정으로 경유 증표를 미부착한 경우에는 변호인 선임서나 위임장 등을 제출한 직후, 지체없이 소속 지방 변호사회의 경유 확인서를 추가로 제출하게 할 수 있습니다.

# 학폭 가해자가 교육지원청 심의 조치 전에
# 전학 가고자 할 경우

Q. 학폭 가해 학생의 보호자입니다. 학폭 신고 이후, 사안조사가 진
행되고 있습니다. 피해 학생이 같은 학교, 같은 학급이라서 우리
아이가 자발적으로 전학을 간다면, 학교장 자체해결로 사안 종
결이 가능하다던데, 정말 그런가요?

A. 학폭 신고 접수 이후에 관련 절차가 진행 중이라면, 가해자 측에
서 자발적으로 전학을 간다는 조건에서 학폭 전담기구에서 학교
장 자체해결로 사안 종결도 가능합니다. 교육청 심의 날짜는 심
의 요청 시점, 즉 학교에서 교육청으로 공문을 발송한 날짜로부
터 최대 4주 이내에 정해집니다. 따라서 그전에 심의 취소 신청
을 한다면 가능할 수 있습니다.

다만 가해 관련 측에서 해당 학교나 피해 관련 측에 일정 기간 이
내에 자발적으로 전학을 가겠다는 약속을 명문화하는 것이 필요
합니다. 통상적으로는 각서, 서약서 등을 작성합니다.

이 경우 대부분은 전학 약속을 지키는데, 약속을 지키지 않았다

고 해서 다시 학폭 신고로 이어질 수는 없습니다. 한번 학폭 신고가 접수되어 학교장 자체해결로 종결된 사안을 다시 심의할 수는 없기 때문입니다.

단, 교육지원청 학폭 심의 요청 이후에 이루어지는 경우에는 심의 취소 또는 심의 가능성도 있기 때문에 가해 학생 보호자 측에서 전학 문제를 신속하게 진행해야 합니다. 그리고 전학 약속을 이행하지 않았을 경우, 피해 관련 측은 학교나 교육지원청이 아니라 경찰 측에 고소·신고·고발 등을 통해서 또 다른 조치를 내리게 할 수는 있습니다.

〈 TIP 〉

자발적인 전학을 결정한 경우, 거주지 이전 등을 통해서 신속한 전학이 요구됩니다. 전학 조치 전까지 해당 학교나 가해 관련 보호자는 피해 학생을 보호하기 위해서 자발적인 미인정 결석, 학교장 인정 결석(체험학습, 가정학습 등)으로 학교에 출석하지 않을 수 있습니다.

# 학폭 사안 발생 시, 보호자들 간 만남의 자리 만들어야

1. 학폭 사안이 접수되고 해당 학교 학폭 전담기구가 자체해결 요건
   을 심의하기 전까지, 학교 측에서는 피해 학생 보호자와 가해 학
   생 보호자가 동의할 경우, 양측 보호자들끼리 만나는 자리를 마
   련해야 합니다. 반드시 1회 이상은 보호자들이 만날 수 있도록
   하되, 책임교사와 교감 등이 배석하면 좋습니다.

2. 교육지원청 심의 요청 이후에도 심의 개최 날짜까지 최대 4주까
   지는 시간이 존재합니다. 이때 교육청에서 양측 보호자들에게
   유선 연락을 드려서, 해당 학교에서 만남의 자리가 있었는지 등
   을 물어보게 됩니다.

3. 학교장 자체해결이 되지 않아 교육지원청에 학폭 심의 요청까지
   한 이후에 보호자들의 생각이 바뀌어 만남을 원하는 경우가 부쩍
   늘고 있습니다. 이런 경우 담당 장학사들은 해당 학교 책임교사
   에게 연락하여 보호자들끼리 만나고 싶다는 의사를 전달하라고
   조언합니다.

4. 해당 학교 책임교사는 양측 보호자들에게 연락하여, 다시금 대면 만남을 확인하고, 만남의 날짜와 시간 등을 조율하여 배석하면 됩니다. 해당 학교는 교육지원청에 심의 요청을 했다고 해서 모든 일이 마무리되지 않음을 알고 있을 것입니다. 보호자의 부동의로 학폭 심의 요청까지 갔을지라도 사람의 감정은 언제든지 변하기 마련이기 때문입니다.

---

〈 TIP 〉

학교 측은 「학교 폭력 예방법」의 절차에 따라 관련 절차를 진행합니다. 이 과정에서 피해 관련 측과 가해 관련 측의 보호자들이 만남을 원할 경우, 반드시 만남의 자리를 만들어 주어야 한다고 시행령 제14조3에 명시되어 있습니다. 그리고 관련 학생들 간의 관계회복과 관련하여 교내에서 관계회복 프로그램을 운영할 수 있으며, 교육지원청의 갈등조정 자문단에 도움을 요청할 수도 있습니다.

# CCTV 영상 정보의 학부모 공개 여부

**Q.** 아이가 학교 폭력 사안에 연루되었는데, 현장에 폐회로 티브이 (CCTV)가 있습니다. CCTV 영상을 열람할 수 있을까요?

**A.** 할 수 있습니다. 양측 학생과 보호자가 CCTV 영상 열람을 요청할 경우, 학교 측에서는 먼저 학폭 장면을 담은 CCTV 영상의 존재 여부를 확인하고, 자녀 외에 다른 사람들이 촬영된 부분의 개인 정보 보호 문제를 판단하는 절차가 있으며, 이를 통해서 공개·비공개 여부가 결정된다는 것을 설명합니다.

그런 다음 행정실에 비치되어 있는 정보공개 청구서를 작성하도록 안내합니다. 이때 정보공개 청구서의 '청구 내용' 부분에는 요청하는 CCTV의 설치 장소, 확인하고 싶은 시간이나 상황, 요청하는 사유 등을 작성하도록 합니다.

정보공개 청구서가 접수되면 학교는 청구받은 날부터 10일 이내에 정보공개 관련 위원회를 개최하여 공개 여부(열람 여부)를 결정하여야 하는데, 부득이한 경우에는 10일 범위에서 연장이 가능합니다.

심의 결과 공개하기로 결정했다면 그로부터 10일 이내에 공개 일시, 공개 장소 등을 명시하여 통지하면 됩니다. 만일 비공개로 결정한 때에는 비공개 사유 등을 구체적으로 명시하여 통지해야 합니다.

CCTV는 학폭 사안조사에서 중요한 역할을 합니다. 대부분의 학교에는 복도, 사각지대 등에 CCTV가 설치되어 있고, 녹화된 영상정보를 한 달간 보관하게 되어 있기 때문입니다. 음성은 녹음되지 않기 때문에 당사자 간에 이야기한 정황을 알 수 없고, 행위의 강도까지 판별하기는 어렵지만, 가해자가 누구인지는 특정할 수 있습니다.

다만 CCTV 공개가 결정되었더라도, 학교 측은 파일 사본 교부에는 신중해야 합니다. 사본이 제공된다면 본래의 목적 이외의 용도로 사용될 우려가 있고, 이를 이용하여 추가적인 학폭 등의 분쟁으로 이어질 수 있기 때문입니다. 따라서 일시와 장소를 정해서 해당 영상을 함께 확인하면서 열람하는 방식을 권합니다.

〈 TIP 〉

2023년 4월, 정부는 '학교 폭력 근절 종합 대책'을 발표하면서 교내 사각지대에서 발생하는 학교 폭력 사건을 신속하게 감지하기 인공지능을 활용한 CCTV 확대를 추진하겠다고 밝힌 바 있습니다. 따라서 CCTV에 의한 초상권 및 사생활 침해 등의 숱한 논란에도 불구하고, 학교 내 CCTV는 더욱더 늘어날 전망입니다.

간혹 CCTV 공개가 분쟁을 심화시키기도 하는데, 이러한 상황이 예상된다면 학교는 영상을 비공개할 수 있습니다. 「학교 폭력 예방법」 제21조에 따르면, 학폭 사안에 관하여 외부로 누설될 경우 분쟁 당사자 간에 논란을 일으킬 우려가 있음이 명백한 사항은 비밀로 정하고 있습니다.

그런가 하면 「정보 공개법」 제9조 제1항 제6호에 의거하여, 정보공개 청구자 이외에 다른 사람도 영상에 등장한다는 점에서 이들의 개인 정보를 제3자에게 제공하는 것이 자칫하면 그들의 사생활을 침해할 수 있기에 공개를 거부할 수도 있습니다.

# 41

# 학교 폭력 실태조사에 대한 결과 분석

학교에서는 학교 폭력 실태조사가 종료되면, 그 결과에 대한 분석을 진행하게 됩니다.

### 1. 객관식 문항

객관식 문항은 별도의 후속 조치는 필요하지 않습니다. 바로 결과 분석에 활용하시면 됩니다.

### 2. 서술형 신고 문항

필터링 결과 후속 조치가 필요한 사안이 존재하는 경우, 학폭 전담 기구 구성 및 사안조사를 실시합니다. 이때, 학교장 자체해결 또는 교육 지원청의 학교 폭력 대책 심의위원회 개최를 통해서 사안을 처리합니다.

### 3. 후속 조치가 불필요한 사안

후속 조치가 불필요한 사안이 있으면, 사안 접수는 하지 않습니다. 예를 들면, 다음과 같은 경우들입니다.

- 단순한 장난 기재

- 조사 범위 이전의 과거 사안 기재

- 이미 교육지원청 학폭 심의위 개최 등으로 종결된 사안 기재

- 가해나 피해 정보 및 폭력 경험 내용이 불명확하여 확인이 불가한
  기재

- 학교 폭력에 관계된 내용이 아닌 경우 기재

## 4. 후속 조치가 필요한 사안

가해 학생과 피해 학생의 정보 및 폭력 경험 내용이 명확히 기재된
경우입니다. 이럴 경우, 학교에서는 학교 폭력 신고 접수 대장에 등재합
니다. 학폭 전담기구에서 사안조사를 실시하고, 학교장 자체해결 또는
교육지원청 심의 개최 요청 또는 오인신고로 처리합니다.

# 42

## 오래전 학폭과 관련해서 해줄 수 있는 부분이 있나요?

1. 학교나 교육청에 학생이 아닌 성인이 전화를 하는 일이 종종 있습니다. 오래전 학창 시절에 겪은 학교 폭력과 관련해서 힘들다고 호소하는 경우입니다. 그분들은 과거의 학폭 자료를 요구하시거나, 뒤늦게나마 학폭 절차를 진행할 수 있는지를 물어보시곤 합니다.

2. 성인이 과거의 학교 폭력을 신고하여 절차대로 진행하기란 불가능합니다. 관련 기록이 있을 경우, 해당 학교나 교육청에 자료를 요청할 수는 있는데, 이것이 '정보공개 청구'라는 제도입니다. 필요한 부분이 있다면 정보공개를 통해서 해당 자료가 남아있는지, 정보공개가 가능한지 여부를 확인할 수는 있습니다.

3. 하지만 과거 학폭으로 입은 정신적 상처에 대해 학교나 교육청에서 해줄 수 있는 실질적인 조치는 없습니다. 유명인에 대한 '학폭 미투'처럼 SNS나 언론을 통해 세상에 알리는 방법도 있겠지만, 대부분의 경우는 당시 가해 학생이 일반인이므로 이 방법도 여의치 않습니다.

4. 경찰 등 사법기관에 고소, 고발하는 방법 역시 명확한 물증이나 근거가 있어야 하기 때문에 현실적으로 어렵습니다. 그러므로 학폭 피해와 관련하여 트라우마를 호소하는 성인이라면, 심리상담 및 치료 등을 받는 것도 생각해야 합니다.

학교 폭력 정보공개와 관련해서 참고할 법 조항은 다음 두 가지입니다.

• 「학교 폭력 예방법」 제21조(비밀누설금지 등)

- 학교 폭력의 예방 및 대책과 관련된 업무를 수행하거나 수행하였던 자는 그 직무로 인하여 알게 된 비밀 또는 가해 학생·피해 학생 및 신고자·고발자와 관련된 자료를 누설하여서는 아니된다.

- 자치위원회의 회의는 공개하지 아니한다. 다만, 피해 학생·가해 학생 또는 그 보호자가 회의록의 열람·복사 등 회의록 공개를 신청한 때에는 학생과 그 가족의 성명, 주민등록번호 및 주소, 위원의 성명 등 개인 정보에 관한 사항을 제외하고 공개하여야 한다.

• 「공공기관의 정보공개에 관한 법률」 제9조(비공개 대상 정보)

공공기관이 보유·관리하는 정보는 공개 대상이 된다. 다만, 다음 각호의 어느 하나에 해당하는 정보는 공개하지 아니할 수 있다.(중략)

- 해당 정보에 포함되어 있는 성명·주민등록번호 등 개인에 관한 사항으로서 공개될 경우 사생활의 비밀 또는 자유를 침해할 우려가 있다고 인정되는 정보.

다만, 다음 각 목에 열거한 개인에 관한 정보는 제외한다.

· 법령에서 정하는 바에 따라 열람할 수 있는 정보
· 공공기관이 공표를 목적으로 작성하거나 취득한 정보로서 사
  생활의 비밀 또는 자유를 부당하게 침해하지 아니하는 정보
· 공공기관이 작성하거나 취득한 정보로서 공개하는 것이 공익
  이나 개인의 권리 구제를 위하여 필요하다고 인정되는 정보

# 사안 개요는 당사자들에게 반드시 알려줘야

1. 학폭 사안이 발생하면, 관련 학생 및 보호자에게 확인서를 받게
됩니다. 일부 학교에서는 학생 확인서, 보호자 확인서를 담임교
사 협조하에 받고, 책임교사와 학생 및 보호자가 대면하는 사안
조사가 진행되지 못하는 경우가 발생하곤 합니다.
책임교사는 사안과 관련하여 민원이나 조치결정 불복 등이 발생
시 책임을 지게 될 가능성이 있습니다. 학폭 사안 처리는 말 그대
로 책임교사에게 부여된 업무이기 때문입니다.

2. 이 부분에 대해 현장의 책임교사들이 잘 모르는 경우가 많습니
다. 담임교사는 학폭 사안조사에 협조만 할 뿐, 모든 진행은 전담
기구 구성원과 책임교사, 학생부장 교사의 몫입니다.

3. 갈등조정 모임이나 관계회복 모임, 학교장 자체해결이 가능하려
면, 책임교사가 적극적으로 움직여야 합니다. 물론 학폭 사안 발
생 시, 관리자가 신경을 써야 해결이 잘 되는 경우도 있습니다.
교감, 교장 등의 관리자가 사안의 원만한 해결을 위해 노력하는
모습은 보호자에게 감동을 주게 됩니다.

4. 책임교사, 학생부장 교사, 교감 등은 사안 당사자인 학생과 보호자에게 사안 개요에 관해 반드시 알려줄 의무가 있습니다. 보호자가 자신의 자녀가 어떤 사건에 연루되었는지도 모른 채 보호자 확인서를 작성하는 경우에는 문제의 소지가 있기 때문입니다. 가급적이면 관련 학생과 보호자가 사안에 대해서 올바르게 인지할 수 있도록 최대한 도움을 주어야 합니다.

〈 TIP 〉

학생 확인서와 보호자 확인서를 담임교사의 협조하에 받고 있는 학교들이 많습니다. 그렇다 하더라도 서류 작성 시에는 해당 학교의 학교 폭력 책임교사가 학생과 보호자 옆에 배석할 것을 권합니다. 안락한 공간에서 서류를 작성할 수 있도록 배려하고, 당사자의 심리적 안정을 돕는 노력이 필요합니다.

## 책임교사의 학폭 사안처리 접수 보고서 정리

1. 접수 보고서는 신고인, 즉 피해 관련 측의 입장에서 기재합니다. 학폭 신고가 들어오면, 피해 관련 측과 가해 관련 측 보호자는 학교 안에서 만남의 자리를 가지는 것이 좋습니다.

2. 보호자 확인서 작성 시에도 학교에 내방하여 작성하도록 해야 합니다. 문서상 학생 이름 옆의 비고란에 '피해(관련)/가해(관련)' 또는 '신고인/피신고인'을 명확히 기입해야 합니다. 사안이 쌍방인 경우에는 비고란에 '쌍방/피해 및 가해' 또는 '가해 및 피해'로 표기합니다.

3. 사안 개요는 반드시 육하원칙에 의거하여 작성해야 합니다.

　　⑩ 행복 중학교 2학년 2반 김가해는(누가) 2022년 5월 6일 17시경(언제), 같은 학교, 같은 반인 정피해가 평소에 자신에 대한 험담을 한다는 이유로(왜) 동네 인근 공원으로(어디서) 불러내어 3명의 친구와 함께 정피해의 얼굴을(무엇을) 3대 때리고 쓰러지자 방치하였다.(어떻게) 이와 관련하여 정피해(신고인)이 김가해(피신고인)를 학교 폭력(신체폭력)으로 신고한 사안임.

# 교육지원청 심의 시, 가해 학생 선도를 위한 긴급조치

# 장면(사례)

A가 피해자이고, B가 가해자로 B가 A를 몇 대 때린 사안(신체폭력)이다. 학교에

서는 두 사람이 같은 학급이라서 가해 학생 긴급조치로 제2호(접촉, 협박, 보복

행위의 금지)와 제6호(출석정지 4일)을 부여하였다. 이럴 경우, 교육지원청 학폭

심의위에서는 가해 학생 긴급조치를 취하는데, '전부 추인', '일부 추인', '추인

하지 않음' 중에서 하나를 선택하게 된다.

1. 학교 측에서는 사안이 중하다고 판단하여 가해 학생 긴급조치를
   취했지만, 교육청 학폭 심의위에서 이를 추인하지 않을 수도 있
   습니다. 제6호 출석정지를 내렸어도 심의위원회에서 추인하지
   않은 경우, 기타 부득이한 사유로 학교장의 허가를 받아 결석하
   는 경우로 보아 출석으로 인정할 수 있습니다.
2. 가해 학생 긴급 선도조치에 대해 심의위원회가 추인하는 경우,
   심의위원회의 조치에 해당합니다. 따라서 해당 학생의 학교생활
   기록부에 조치 사항을 기재해야 합니다.

3. 가해 학생 긴급조치로 출석정지를 내린 후에 학교장 자체해결로 사안이 종결되었을 경우, 학교장은 긴급조치를 직권으로 취소하고 긴급조치로 인한 결석기간을 '기타 부득이한 사유로 학교장의 허가를 받아 결석하는 경우'로 보아 결석기간을 출석기간으로 인정할 수 있습니다.

4. 학교장이 긴급조치를 취한 시점(내부 결재 시행)에는 가해 학생과 보호자에게 이를 반드시 통지하여야 합니다. 혹시라도 가해 학생이 이를 거부하거나 회피하는 때에는 「초·중등교육법」 제18조에 따라 징계도 가능합니다.

〈 TIP 〉

가해 학생 우선 출석 정지 시의 조치사항은 다음과 같습니다.

– 출석정지 기간은 학교 실정에 맞게 기준을 정해야 합니다.

– 우선 출석정지 시, 가해 학생과 보호자에게 의견을 제시할 기회를 주어야 합니다. 사전에 의견 제시 기회를 주지 못했을 경우, 사후에라도 반드시 알려야 합니다.

– 출석정지 기간 중 학습꾸러미 제작을 통한 학생 학습권 보장, Wee클래스 상담, 자율학습 등의 적절한 교육적 조치를 취해야 합니다.

# 서면사과 조치 이행은 책임교사 등이 필히 검토

1. 교육지원청의 학교 폭력 대책 심의위원회에서 가해 학생에게 내리는 선도조치 제1호가 바로 '서면사과'입니다. 이러한 서면사과는 책임교사가 가해 학생 측으로부터 받아서 검토를 거친 후, 피해 학생 측에 전달해야 합니다. 가해 학생이 작성한 서면사과를 피해 학생에게 곧바로 전달하거나, 충분한 검토를 거치지 않고 전달할 경우 민원이 발생할 수 있습니다.

2. 서면사과는 책임교사가 검토하고 필요한 경우에는 수정을 거친 후에 전달할 것을 권합니다. 서면사과에는 가해 학생 조치결정 통보서에 가해 행위로 인정된 폭력에 대해 용서를 구하는 내용이 담겨 있으면 됩니다. 혹시라도 서면사과 내용이 자신의 잘못을 반성하고 피해 학생 측의 용서를 바라는 것이 아닐 경우 문제가 될 수 있기 때문입니다.

3. 서면사과는 이행해야 하는 날짜가 명시되어 있습니다. 정해진 날짜까지 서면사과를 이행할 수 있도록 학교 측은 최선을 다해야 합니다.

실제로 서면사과를 이행하지 못하는 경우는 1년에 1건 있을까 말까 합니다. 가급적 이행하는 방향으로 모두의 지혜를 모아야 겠습니다.

〈 TIP 〉

가해 학생 측이 서면사과를 이행하지 못한 경우, 학교에서는 교육지원청의 학폭 심의위에 공문을 보내어 불이행 결과 보고를 해야 합니다. 교육지원 청의 학폭 심의위에서는 해당 학생에 대한 심의를 개최하여 가중된 가해자 조치결정을 추가로 의결할 수 있습니다.

# 방과후 교실, 돌봄교실의 학폭 사안

Q. 방과후 교실, 돌봄교실에서 일어나는 학교 폭력은 어떤 점에 주
목해야 할까요?

A. 학교에서 운영하는 방과후 교실, 돌봄교실에서 폭력이 발생하는
사례가 늘고 있습니다. 초등학교 저학년 학생들의 경우, 자기주
장이 강하다 보니, 집에 가서 부모에게 "쟤가 나를 때렸어.", "선
생님이 다른 일 하느라 우리가 싸우는 모습을 못 봤어."라고 말
하게 됩니다. 목격자도 없고, 진술도 부족한 상황에서 부모는 어
린 자녀의 말만 듣고 부모는 분노하기 마련입니다. 그리하여 학
교 측에 신고하고 학폭 사안으로 처리되길 원하지요.

문제는 저학년 아이들의 주장이 서로 다르고 다툼의 여지가 있
으며 목격자가 없는 경우, 사안 발생 당시 방과후 강사, 돌봄교사
가 교실에 있었지만 상황을 직접 목격하지 못한 경우입니다. 사
안을 처리하는 학교 폭력 책임교사도 물증이나 근거가 없어서
양측 학생들의 주장과 관련하여 사실관계 확인이 어려운 경우,
사안조사 이후 학폭 전담기구에서 심의하기 어려워집니다.

이럴 경우 학교도 힘들고, 방과후 교실 및 돌봄교실 담당 부서 및 담당자도 도의적인 책임에서 자유롭지 못합니다. 특히 방과후 강사, 돌봄교사의 입장에서는 학폭 사안이 발생하여 갈등조정이나 관계회복으로 처리되지 못한 경우 스트레스를 받게 됩니다.

학교 측은 방과후 교실, 돌봄교실에서 학폭 사안이 발생하지 않도록 각별한 주의와 예방조치가 필요합니다. 서로 불필요한 접촉을 하지 않기, 욕설하지 않기 등의 기본 수칙을 학생들이 꼭 지킬 수 있도록 지도해주셔야 합니다.

## 학폭 사안 관련 보호자가 처벌받는 경우도 있다?!

대부분의 학폭 사안은 학생들 간의 다툼이 발단이 되어 발생합니다. 자녀의 입장을 인지한 보호자는 가해 관련 학생의 연락처를 알아내고, 연락을 통해 접촉, 협박, 보복행위 금지 등을 요청하기도 합니다.

하지만 이러한 대응은 가해 관련 학생 입장에서는 협박, 모욕 등의 아동 학대로 여겨질 수 있습니다. 실제로 이런 행위를 한 보호자는 경찰에 신고되어 처벌받을 수 있습니다.

학폭 사안이 발생하면 학교 선생님이나 보호자는 어디까지나 해당 학생을 보호하는 역할까지만 하셔야 합니다. 보호자가 법에 저촉되는 행위를 함으로써 피해 관련 측이 가해 관련 측으로 뒤바뀔 수도 있습니다. 조치가 필요한 경우, 보호자는 해당 학교의 책임교사에게 요구하는 것이 바람직합니다.

# 학폭 심의의 '조치 유보', '조치 없음' 결정

1. 「학교 폭력 예방법」 개정에 따라서 해당 학교의 교감, 학생부장 교사, 책임교사는 학교장 자체해결이 힘들 경우 무조건 교육지원청에 학폭 심의를 요청하였습니다. 그 결과 학폭 사안이 민원으로, 정보공개 청구로, 조치결정에 대한 불복으로 이어지면서 해결이 오히려 힘들어졌습니다. 그래서 차라리 교육지원청에 심의를 요청하지 말고, 좀 더 사안을 조사하여 양측이 갈등조정이나 관계회복의 기회를 가질 걸 그랬다고 후회하는 경우도 자주 보게 됩니다.

2. 학폭으로 인한 교육지원청 심의 요청의 절반이 학교장 자체해결로도 충분히 가능하지만 보호자가 동의하지 않은 경우에 해당합니다. 보호자의 감정 때문에 결국 심의까지 진행하게 된 사안이니, 한마디로 '심의가 불필요한 사안, 심의해서는 안 되는 사안'이라 하겠습니다.

3. 교육지원청 심의 요청에서도 사안이 쌍방인 경우, 일방이라도 애매한 경우가 있습니다. 서로의 주장이 다르고, 다툼의 여지가 있

는 경우에는 조치결정을 내릴 수 없습니다.

예전에는 정황만 가지고도 피해 관련 학생 측의 입장에서 피해자 보호조치, 가해자 선도 조치를 내렸습니다. 하지만 지금은 정황만으로 학교 폭력 사안으로 몰고 가기에는 무리가 따릅니다.

4. 정황 증거만 있는 사안은 교육지원청 학폭 심의위에서도 대부분 '조치 유보', 또는 학교 폭력이 아니라는 의미로 '조치 없음' 결정을 내리고 있습니다. 이는 교육지원청 심의까지 오더라도 해결할 길이 거의 없다는 뜻입니다. 심의 요청이 오히려 학교와 당사자인 학생 및 보호자를 더욱 힘들게 할 수 있습니다.

5. 정황 증거만 있는 사안의 경우에는 당사자 간에 다툼의 여지가 있고, 주장이 상반되기 마련입니다. 이럴 때는 교육지원청 심의로 가지 말고 학교에서 자체해결하는 것이 바람직합니다. 학교가 양측 보호자들이 교내에서 대면 기회를 가질 수 있도록 배려하고, 보호자들 역시 심의까지 가기 전에 문제 해결에 적극적으로 나서야 하는 근본적인 이유는 지금 학교를 다니고 있고, 앞으로도 다녀야 할 당사자는 보호자가 아니라 '자녀', 즉 학생들이기 때문입니다.

# 특정 장난을 반복하는 행위도 폭력이 될 수 있어

1. 학폭의 당사자인 학생들은 사안 발생 이전에는 친한 친구나 선후배였을 가능성이 큽니다. 하지만 이후 관계가 소원해지고 싸움이 도가 지나치다고 보아서 학폭 신고를 하게 됩니다. 사소한 오해나 갈등의 경우도 마찬가지입니다.

2. 학교에서 수업 및 생활지도를 하다 보면, 흔히 말하는 '나쁜 행동'을 반복하는 학생들이 있습니다. 그 예는 다음과 같습니다.

    - 누군가를 툭툭 치는 행위
    - 욕을 밥 먹듯이 하는 행위
    - 복도를 지나갈 때 이유 없이 어깨로 치고 가는 행위
    - 누군가를 째려보는 행위
    - 특정 장난을 반복하는 행위

3. 특정 행위를 반복적으로 할 경우, 아무리 친한 친구라 하더라도 힘들어하게 됩니다. 그 결과 학폭으로 신고되는데, 가장 큰 문제는 무엇보다 지속성이 있는 폭력으로 처리될 가능성이 높다는 점입니다. 물론 가해자는 단순한 장난이었다고 변명하겠지만,

학폭 전담기구나 교육지원청의 학폭 심의위에서는 이를 들어주지 않습니다.

4. 학교 선생님과 학부모는 평소에 학생이나 자녀가 다른 사람에게 해로운 행위를 하는지 확인이 필요합니다. 누군가를 툭툭 잘 건드리는지, 욕을 잘 하는지 등등. 이런 학생들은 장난, 오해, 갈등이 지속되어 폭력으로 신고된 경우, 처벌 이후에는 그런 행위를 하지는 않습니다. 가급적이면 다른 사람들이 자신의 행위를 싫어한다는 것을 알고, 앞으로는 그런 행위를 하지 않는 것이 최선의 방법입니다.

# 51

## 사이버 공간에서 벌어지는 험담, 명예 훼손, 뒷담화

1. 최근 들어 사이버 공간에서 일어나는 험담, 명예 훼손, 뒷담화 등
에 관한 학폭 사안, 이른바 '사이버폭력'이 급증하고 있습니다. 이
는 10대들이 페이스북, 인스타그램, 페이스북 메신저, 카카오톡,
익명 질문방 등의 SNS를 즐겨 사용하는 것과 밀접한 연관이 있
습니다.

   문제는 단체 대화방에서 다른 친구들에게 특정인에 대한 험담을
하거나 그 내용을 사이버 공간에 공유하고 유포한다는 데 있습
니다.

2. 사이버폭력은 SNS의 특성상 관련 학생들의 수가 상당히 많습니
다. 단체 대화방에서 내용을 퍼나르는 학생, 대화방에 들어간 학생
(방관자, 동조자), 험담을 늘어놓는 학생(주동자), 험담한 내용을 여
기저기 공유하는 학생(유포자, 공유자) 등이 존재합니다.

3. 소수가 시작한 뒷담화나 험담이 단체 대화방에서 언어폭력으로
진행되면서 연루된 사람은 점점 늘어납니다. 그 결과 많은 학생
이 학폭 가해 관련 학생으로 신고되는 것이지요.

사이버폭력은 가해 학생이 한 행위 자체가 물증이나 근거로 남습니다. 대화방에서 나눈 이야기는 캡처되어 증거로 쓰입니다. 결국 가해 학생은 확실한 물증으로 인해 가해자 조치를 받게 되며, 여기에 동조하거나 가담한 학생들도 경미하나마 조치를 받을 수밖에 없습니다.

4. 가장 안전한 방법은 SNS를 아예 하지 않거나, 불필요한 대화방에서는 신속히 탈퇴하는 것입니다. 이러한 점은 교사나 보호자가 예방교육 및 상담 시에 분명히 인지시켜야 합니다.

5. 사이버폭력은 대부분 일방적인 가해자, 피해자가 아니라 쌍방인 경우가 많습니다. 신고하더라도 양측 모두 가해자, 피해자 조치를 받게 된다는 뜻입니다.

6. 사이버폭력이 발생하면 즉시 학교 측에 알리고 재발 방지를 약속해야 하며, 학교 측도 학교장 자체해결로 사안이 종결될 수 있도록 힘써야 합니다. 학교나 교육지원청은 「학교 폭력 예방법」에 따라 교육적인 선도 조치를 하는 기관입니다. 보다 세밀한 수사가 필요한 경우에는 경찰 등의 사법 기관을 통해서 관련 절차를 진행하는 것이 옳습니다.

# 52

# 동상이몽, 극성 학부모의 자녀가 걱정되는 경우

1. 교육지원청에 학폭 심의를 요청한 사안들을 찬찬히 들여다보면, '진짜 경미한 사안인데 이런 것도 심의를 하나?', '증거도 없는데 왜 심의를 요청하지?' 싶은 사례들이 상당수입니다. 한마디로 학교장 자체해결로 종결했어야 할 사안이 많다는 뜻입니다. 보호자가 사안의 자체해결에 동의하지 않아서 교육청 심의를 요청하는 경우가 무려 전체의 50%를 차지합니다.

2. 보호자의 부정적인 감정에서 교육지원청 심의를 요청하는 경우, 다음과 같은 점들을 감안하지 않아서 자녀의 상황을 더욱 힘들게 만들 수 있습니다. 자녀를 위한다면 이런 점들을 충분히 감안해야 하는데, 그렇지 못한 경우가 많으니 참으로 안타깝습니다.

   - 심의 이후 조치결정이 내려질 때까지 끝난 게 아니라는 점
   - 가해자 조치, 피해자 조치를 받더라도 양측 학생이 서로 같은 학교, 같은 학급인 경우, 같은 공간에서 생활해야 한다는 점
   - 자녀가 상대 학생과 사이가 나쁘지 않은데, 보호자는 그런 것을 고려하지 않는다는 점

- 자녀가 신체폭력으로 맞은 부분을 복구할 수는 없다는 점
- 진심 어린 사과와 재발 방지가 선행된다면 굳이 교육지원청 심의까지 진행할 필요가 없다는 점

5. 학폭 사안을 조사하고, 학폭 전담기구가 심의하며, 이후 교육지원청 심의가 개최되어 조치결정 통보서를 수령하고, 조치 이행이 완료되는 시점까지 해당 학생의 상처와 트라우마는 지속됩니다. 게다가 그 이후로도 계속해서 머릿속에 떠오르는 등, 쉽게 잊히지 않습니다.

6. 조치 결정에 불복하여 행정 심판, 행정 소송, 민사 소송 등을 아무리 진행하더라도 결국 승리자는 없다는 것이 문제입니다. 오랜 시간을 기다려서 심판과 소송에서 이긴다 해도 진정한 승리라고 할 수 없다는 말입니다.

〈 TIP 〉

학교에서 교육 활동을 해야 하는 당사자는 바로 '자녀'입니다. 학폭 사안의 보호자들 중 상당수는 마치 자신이 학교 다니는 것으로 착각하고 행동하곤 합니다. 보호자라면 마땅히 자녀의 입장을 최우선으로 고려하는 데 그쳐야지, 그 이상을 생각하고 요구할 경우 자녀에게 오히려 좋지 않은 영향을 주는 사례도 많이 보게 됩니다.

## 결국 상처받는 사람은 자녀

1. 학폭 사안과 관련해서 절차를 진행할 때, 보호자도 상처를 받지
만 가장 큰 상처를 받고 고통도 오래 지속되는 것은 결국 해당 학
생인 자녀입니다. 통상적으로 학교에서는 사안 조사에 최대 3주
가 걸리고, 교육청 심의 요청 시 요청 날짜를 기준으로 빨리 잡혀
도 4주가 소요됩니다.

여기에 교육청 심의에서 조치결정이 내려지면 등기우편이 도달
하기까지는 최대 2주라는 시간이 더 걸립니다. 결국 모든 절차가
마무리되기까지는 9주, 즉 두 달 남짓한 시간이 흘러야 하고, 그
동안 자녀의 상처는 아물지 못합니다.

2. 교육지원청 심의의 조치결정에 따라 가해 학생은 가해자 선도조
치, 피해 학생은 피해자 보호조치를 받으면서 선도와 치유가 진
행되지만, 이 과정에서도 상처는 지속될 수밖에 없습니다.

3. 그럼에도 불구하고 학부모는 자녀가 억울하다고 판단하여, 행정
심판 등을 진행합니다. 행정 심판이라는 불복 제도를 통해서 사
안을 접수하고 진행 시 최소 3개월에서 최대 6개월 이상이 소요

됩니다. 결국 사안에 대한 불복 처리까지 진행 시에는 거의 1년이 소요되는 셈입니다. 얻는 것보다는 잃는 것이 더 많으니, 행정심판이나 행정 소송, 민사 소송에서 이기더라도 이긴 것이 아니라고 하는 것입니다.

4. 보호자는 어떻게 하면 소중한 자녀가 앞으로 학교생활을 잘 해나가도록 도울 수 있는지를 고민해야 합니다. 일시적인 분노나 격한 감정에 휘둘리지 말고, 교육지원청의 심의 요청이나 불복 절차 진행 여부와 관련하여 이성적으로 판단해야 할 것입니다. 결국 학교에 다녀야 하는 사람은 자신(부모)이 아니라 자녀(학생)라는 점을 간과해서는 안 됩니다.

## 교육청 장학사들에게 걸려오는 전화

1. 학교 폭력을 비롯하여 위기 학생, 아동 학대, 성 사안, 학업 중단 숙려제, Wee클래스 등, 다양한 사안을 담당하고 있는 교육청 장학사들에게는 하루에도 수십 통의 전화가 걸려옵니다. 교사와 학부모가 대부분이지만, 때에 따라서는 학생도 있습니다.

2. 이들의 질문은 그야말로 천차만별입니다. 이들 대부분은 담당 장학사 또는 주무관의 답변 중에서 자신에게 유리한 해석을 골라서 이를 토대로 사안을 처리하고자 합니다.

   하지만 장학사의 답변은 적절한 방법을 제안하는 것일 뿐, 해당 사안에 대해서 가장 잘 알고 있는 사람은 전화를 건 민원인입니다. 그럼에도 민원인은 나중에 문제가 생기면 '담당 장학사가 이렇게 하라고 했다'며 둘러대곤 합니다.

3. 교육청 담당 장학사도 인공지능 AI가 아닌 이상, 답변이 질문을 벗어날 수 있습니다. 그리고 감정적으로 질문하는 민원인에게 친절하게 응대하지 못하는 경우도 있습니다.

   담당 장학사에게 문의하는 경우, 그의 답변이 정답은 아님을 알아야 합니다. 사안에 대한 적절한 해법을 찾아야 하는 주체는 결국 당사자인 민원인입니다.

4. 대부분의 담당 장학사 또는 주무관들은 전화 문의에 대해서는 되도록 친절하게 안내하려고 노력합니다. 하지만 민감한 사안에 대해서는 답변을 회피하게 되는데, 이를 가지고 문제삼아서 장학사나 주무관을 곤란하게 만드는 태도는 지양해야 합니다. 또한 다른 장학사, 주무관에게 똑같은 질문을 하여 이들의 답변을 비교한 후, 이를 가지고 '왜 답변이 다르냐'며 따지는 경우도 있는데 이 역시 올바른 태도라 할 수 없습니다.

〈 TIP 〉

대부분의 교육청 담당 장학사 또는 주무관에게는 녹음 기능이 딸린 전화기가 있습니다. 혹시라도 민원인이 감정이 북받쳐서 언어적 희롱, 성적 희롱을 할 경우 녹음 내용을 바탕으로 형사 처벌을 받을 수 있습니다. 예전에는 민원인이 본인에게 유리한 해석을 얻어 내기 위해 녹음을 했지만, 오늘날에는 교육청 전화기에도 녹음 기능이 있기에 그런 생각은 접어야 합니다.

# 오프라인에서의 뒷담화

1. 오프라인에서 일어나는 뒷담화는 사이버 공간에서의 뒷담화와 달리 명확한 증거나 물증이 없습니다. 가해 관련 학생들이 뒷담화하는 것을 제3자가 듣고 해당 학생에게 알려줌으로써 이를 학폭으로 신고하는 경우가 여기에 해당하지요.

2. 문제는 피해 관련 측이 직접 듣고 신고한 것이 아니라는 점입니다. 가해 관련 학생들이 자기들이 뒷담화의 장본인임을 인정하지 않는 경우가 대부분이라서, 학폭 사안조사를 맡은 교사들이 힘들어하곤 합니다.

3. 가해 관련 학생들의 자백이 없이, 뒷담화를 엿들은 목격자의 확인서만 이를 뒷받침하는 경우, 책임교사는 사안조사 단계에서부터 어려움을 겪습니다. 쌍방의 주장이 달라서 다툼이 생기면, 그 자체가 쟁점이 되기 때문입니다.

4. 학생들 간의 뒷담화는 옳지 못한 행위입니다. 뜻하지 않게 뒷담화의 대상이 된 학생에게 말이 전해진 경우, 가해 관련 학생들과 아무리 친하다고 해도 분노하기 마련입니다.

특히 여학생을 두고 남학생이 성희롱을 담은 언어폭력을 가한 경우, 사안은 해결의 실마리를 찾기 전부터 꼬이게 됩니다.

〈TIP〉

다른 사람에 대한 뒷담화는 되도록이면 하지 않는 편이 좋습니다. 자신에 대한 뒷담화 내용을 알게 된 경우, 학교 폭력 사안으로 접수하기보다는 보호자들끼리의 만남, 양측의 갈등조정 및 관계회복을 위한 상담을 통해 학교장 자체해결로 종결하는 것을 권합니다. 학폭 사안으로 신고되어 사안 조사에 들어가게 되면, 가해 관련 측이 인정하지 않는 한, 목격자 진술에만 의존해야 하므로 사실관계 입증이 쉽지 않기 때문입니다.

# 56

## 진심 어린 사과와 재발 방지 약속으로 학교장 자체해결

양측 학생의 소속 학교가 다른 경우, 학교 폭력 사안을 절차대로 처리하는 데 어려움이 따릅니다. 같은 학교인 경우에는 사안조사가 수월하지만, 그렇지 않다면 학교별로 사안조사를 실시해야 하기 때문입니다.

1. 피해 관련 학생의 학교(이하 피해교)에서 사안조사 및 전담기구 심의결과 보고서 등을 가해 관련 학교 측에 공문으로 발송합니다. 그러면 가해 관련 학생의 학교(이하 가해교)에서는 이 자료들을 토대로 전담기구 심의를 진행합니다. 피해교에서 결론을 내린 내용, 즉 '학교장 자체해결' 또는 '교육청 심의 요청' 중 하나를 그대로 인용한 전담기구 심의를 진행하면 됩니다.

2. 학교별로 사안조사가 진행될 때, 피해교나 가해교에서 상대 학교 책임교사에게 연락하여 관련 학생 및 보호자의 연락처를 확보하는 것이 좋습니다. 그래야만 필요한 경우에 대면으로 조율하기가 용이합니다.

3. 가해 관련 학생이 사실관계를 인정하지 않거나 반성의 기색이 없

는 경우, 사안을 불필요하게 증폭시켜서 교육지원청 심의 요청까지 진행되는 경우를 자주 봅니다. 하지만 가해 관련 학생이 자신의 과오를 인정하고 보호자와 함께 진심 어린 사과를 하는 동시에 재발 방지를 약속한다면, 피해 관련 학생 및 보호자는 사안 종결을 원하게 될 가능성이 높습니다.

〈 TIP 〉

학폭 사안이 학교 밖에서 발생했고 이를 뒷받침하는 물증이나 근거가 명확하지 않으며 정황이나 목격자 진술만 존재하는 경우, 교육지원청에 심의 요청을 하더라도 증거 불충분으로 '조치 유보'나 '조치 없음' 결정이 내려집니다. 조치 유보 결정이 내려지면, 해당 학교는 사안조사를 충분히 진행한 후에 다시 심의를 요청하거나 학교장 자체해결로 종결해야 합니다.

# 57

# 학교 폭력의 인지, 상담, 신고

1. 학교 폭력 신고나 인지 시에는 학폭 접수 대장에 접수하고, 사안으로 진행하셔야 합니다. 해당 학생이 상담 도중에 학폭 피해를 호소하는 경우 신고로 진행됩니다. 신고가 접수되면 사안조사, 학폭 전담기구의 심의를 통한 학교장 자체해결 여부 결정을 거쳐, 사안 종결 또는 교육지원청 심의 요청으로 진행하게 됩니다.

2. 하지만 학생이나 보호자가 강력히 원하지 않으면, 학폭으로 신고하지 않기도 합니다. 학폭을 인지한 상담교사가 신고까지는 필요없다고 판단할 수도 있기 때문입니다. 그런가 하면 피해 관련 학생 및 보호자 쪽에서 학폭 신고를 원하지 않을 수도 있습니다.

3. 학폭 사안과 관련하여 인지, 상담, 신고로 구분하는 것이 참으로 어렵습니다. 법률에서는 인지 즉시 신고하는 프로세스입니다. 그럼에도 불구하고 신고하지 않을 수 있는 여지가 있습니다. 물론 이러한 판단은 어디까지나 상담교사, 학생과 통화한 교사, 학생을 통해 알게 된 교사 또는 책임교사의 몫입니다.

# 확인서 작성 시, 1명씩 한 공간에서 해야

일부 학교에서는 상황이 급박하여 여러 명이 한 공간에서 확인서를 작성하기도 합니다. 그러나 이는 여러 학생이 관련되어 있는 사안에서는 지양해야 할 방식입니다. 이런 경우에 확인서 받는 방법으로 추천할 만한 것은 다음과 같습니다.

1. 절대 다수의 학생은 한 공간에 머물게 하여 확인서를 받으면 힘들어집니다. 사실관계가 왜곡되거나 진술이 변질될 우려가 있고, 친구들끼리 사실관계에 대해 서로 말을 맞출 가능성이 있기 때문입니다.
   - 1명씩 한 공간에서 확인서를 받아야 합니다.
   - 학교에서는 필요시, 담임교사, 학폭 전담기구 교원 구성원의 협조를 얻어, 동(同) 시간대에 다른 공간에서 확인서를 받아야 합니다.
   - 「학교 폭력 예방법」 매뉴얼에도 담임교사 등의 교직원은 전담기구 사안조사에 적극 협조해야 한다고 명시되어 있습니다.

2. 초등 저학년생, 특수아동 등 확인서 작성이 어려운 학생은 담당 교사가 녹음하고, 이를 받아 적는 방법도 있습니다.

3. 학생 확인서 등의 작성 시, 보호자에게 사전 안내를 해주어야만 합니다.

  - 보호자 확인서 작성 시에는 보호자가 반드시 학교를 방문해야 합니다. 학교 방문 없이 확인서를 작성하면 내용이 불충분할 수 있습니다.

  - 학교에서는 모든 확인서 작성 시에 '대면 상담 및 작성'을 원칙으로 해야 합니다.

〈TIP〉

학교 측은 사안 발생 시에 진술이 왜곡되지 않도록 48시간 이내에 확인서를 받아야 합니다. 확인서 작성 이후에 학교 관리자는 가급적 해당 사안에 대해서 공감하고 경청해야 하고, 학부모는 사안이 어떻게 처리되는 것이 자녀에게 유리한지 고민해야 합니다.

# 학교장 자체해결 시, 고려할 사항에는 어떤 것이 있나요?

1. 「학교 폭력 예방법」제13조의2에 따른 '학교의 장의 자체해결'을 '학교장 자체해결'이라고 합니다. 학교 측은 가해 학생을 대상으로 담당교사(상담교사, 교감 등)의 상담, 캠페인 활동 등 다양한 별도 교육 프로그램을 운영할 수 있습니다. 관련 학생들 간의 관계 개선 의지와 동의 여부에 따라 사안 처리의 전 과정에서 관계회복 프로그램을 운영할 수 있고, 양측 학생 및 보호자에게 이를 안내할 수 있습니다.

2. 학교는 신고 접수 등 사건 인지 후 14일(2주) 이내에 '사안조사 → 학폭 전담기구 심의 → 학교장 자체해결 여부 결정 및 시행 → 학교장 자체해결 사안이 아닐 때, 교육지원청 심의위 개최 요청'까지 완료하여야 합니다. 다만 필요한 경우 학교장은 해당 절차의 완료를 7일 이내에서 연기할 수 있습니다.

3. 대부분의 교육청은 최대 21일(3주) 이내에서 전담기구 심의 개최일을 정하게 됩니다. 이때 고려할 사항은 충분한 사안조사의 필요성, 관련 학생이나 보호자의 감정지수 하락, 갈등조정 및 관계

회복의 가능성 등입니다.

4. 전담기구의 심의 개최를 서두를 경우, 문제가 발생할 가능성이 높은데 그 부작용은 다음과 같습니다.

- 관리자(교감, 교장)로서 심의 개최를 서두르고자 하는 것은 매우 위험한 발상입니다. 학폭 사안조사 및 전담기구 심의 개최는 책임교사 등이 주관하는 부분입니다. 행정적인 이유로 서두르면 일을 그르치는 경우가 발생합니다.

- 사안조사 시간이 충분하지 않으면 추후 절차상의 하자가 발생하거나 보호자 응대 불친절 등으로 민원에 시달릴 수 있습니다. 그리고 사실관계의 은폐나 축소 의혹으로부터도 자유로울 수 없지요.

- 사안 발생 초기에는 양측 학생과 보호자의 감정이 격해져 있다가 이후 서서히 다운되므로, 심의 개최를 서두르면 갈등조정 및 관계회복에 부정적인 영향을 미칠 수 있습니다.

5. 「학교 폭력 예방법」 제13조2의 제1항 각 호의 요건을 모두 충족하였으나, 피해 학생과 보호자가 학교장 자체해결에 동의하지 않으면 교육지원청 심의 개최를 요청하게 됩니다. 다만 피해 학생과 보호자가 심의 개최 이전까지 개최 취소 의사를 서면으로 표명할 경우, 심의 개최 요청을 철회한 것으로 간주합니다.

〈 TIP 〉

해당 학교는 사안 접수 이후 2주가 경과한 시점에, 내부 결재를 통해서 전담기구 심의 개최일을 7일까지 연기 가능합니다. 따라서 신고일로부터 최대 21일 이후에 심의 날짜를 잡을 수 있는 것입니다. 이때 내부 결재 서류에는 전담기구 심의 개최일의 연기 사유를 간단히 기재하면 되는데, 예를 들면 다음과 같습니다.

– 사안조사의 필요성

– 관련 학생 또는 보호자의 코로나 확진 등으로 연기

– 천재지변 등으로 연기

– 원격수업 등으로 인한 사안조사의 어려움 등으로 연기

## 목격자 확인서는 공개가 가능한가요?

1. 학교 폭력 전담기구의 사안조사를 담당하는 책임교사는 사안이 발생하면, 관련 학생에 대한 확인서를 받게 됩니다. 확인서의 작성 대상은 피해 관련 학생, 가해 관련 학생, 목격 관련 학생 모두입니다.

2. 관련 학생에 대한 확인서를 작성할 때, 보호자에게까지 동의를 얻을 필요는 없습니다. 다만 대부분의 경우 관련 보호자에게 유선 연락을 취합니다.

3. 학폭 사안들 중에는 목격자 진술이 중요한 경우가 많습니다. 양측이 특정했다고 하더라도 책임교사가 목격자의 신원을 알려주어서는 안 됩니다. 목격자의 개인 정보는 비밀 유지 사항이기 때문입니다.

4. 목격자 확인서는 어떠한 경우에라도, 설령 정보공개 청구가 들어오더라도 공개할 수 없습니다. 이 점을 반드시 유념하셔야 합니다. 양측이 목격자를 특정하거나 짐작할 수도 있겠지만, 학교 측이 나서서 목격자를 알려줄 수는 없습니다.

5. 사안에 따라서는 목격자도 동조자, 방관자가 될 수 있고, 교육지원청 심의에서 목격자가 가해자로 바뀔 수 있습니다. 여러 명이 둘러싸인 상황에서 신체폭력이 발생했을 경우, 신고 등의 조치를 취하지 않았다면 목격자도 얼마든지 가해자가 될 수 있지요.

〈 TIP 〉

학교 측의 책임교사는 사안 관련 학생에 대한 확인서를 작성하거나 받을 때, 보호자의 동의까지 받을 의무는 없습니다. 다만 사후에라도 학생 확인서를 작성하였다고 알릴 필요는 있습니다. 가능하면 사전에 알리면서 동시에 진행하는 절차상 운영의 묘(妙)가 필요합니다. 보호자들은 자신의 허락 없이 자녀로부터 진술을 받았느냐고 따질 수 있지만, 절차상의 하자는 없습니다. 사안 발생 이후, 되도록 신속하게 진술을 받는 것이 더 중요합니다.

# 빌린 돈을 안 갚아서 생긴 다툼이
# 학폭으로 처리되는 경우

1. 친구 간에 빌린 돈을 갚지 않은 것이 누적되어 다툼이 생기고 학교 폭력으로 번진 사안으로, 학폭의 여러 유형 중에서 '금품 갈취'에 해당합니다. 돈을 잘 빌려주는 친구는 금액이 높아져도 빌려주다가, 여러 번 누적되고 나면 돈을 갚으라고 실랑이를 벌이게 됩니다.

2. 빌린 돈의 액수는 당사자 간에 말이 다를 수밖에 없습니다. 돈을 빌린 날짜와 시간을 특정하기 어렵기 때문입니다. 특히 빌린 돈뿐만 아니라 영화비, 식비 등을 대신 지불하도록 한 경우도 합산 대상에 포함될 수 있습니다.

3. 돈을 빌려준 학생은 스트레스를 받으면서도 친구가 빌려 달라고 할 경우 수중의 돈까지 내어주는 갑을 관계가 되기도 합니다. 이런 상황이 되면 서로 다투는 과정에서 감정이 폭발하고 학폭 신고로 이어지는데, 사안 접수된 경우에는 갈취한 금액을 변상하면 종결될 수 있습니다.

4. 학교 측에서는 친구들끼리 돈을 주고받지 않도록 예방 교육을 진행해야 하고, 학부모는 자녀의 용돈이 적당한지 확인할 필요가 있습니다.

학폭 유형 중에서 다른 학생의 돈을 빼앗는 '금품 갈취'는 형법상의 처벌과 학폭위 징계, 민사상의 손해배상 이렇게 세 측면에서 그 결과를 생각해볼 수 있습니다.

- 형법상으로는 공갈, 강도로 이어질 수도 있는 문제입니다. '공갈'은 10년 이하의 징역, '강도'의 경우 무기징역도 가능한 중범죄라 할 수 있습니다. 관련 학생들이 만 14세 이상 형사 성년자일 경우, 성인과 똑같은 처벌을 받게 됩니다.

- 교육지원청 학폭위의 가해자 조치 중에서는 사안의 중대한 정도나 심각성에 따라 출석정지, 전학, 퇴학 처분까지도 가능합니다.

- 피해자 측에서 민사상 손해배상 청구를 할 수도 있습니다. 피해 학생이 승소한다면, 가해 학생은 실제로 피해 학생에게서 빼앗은 돈과 위자료를 합한 금액을 배상해 주어야 합니다. 그리고 만 14세 미만인 경우에도 소년보호 처분을 받을 수 있고, 소년보호 처분 제8호부터 제10호까지 받는다면 소년원에도 갈 수 있다는 사실을 명심해야 할 것입니다.

# 행정 심판은 어떻게 청구하고 진행되나요?

**Q.** 교육지원청 심의 결과에 승복할 수 없어서 행정 심판을 고려 중입니다. 행정 심판의 청구와 진행 절차가 궁금합니다.

**A.** 행정 심판은 자녀의 학교가 속해 있는 시·도 교육청에 청구하는데, 온라인 행정 심판 사이트(www.simpan.go.kr)를 이용하면 됩니다. 행정 심판이 청구되면 시·도 교육청에서는 관할 교육지원청에 공문을 보내 행정 심판 청구 사실을 알리고, 학폭 심의위 간사(장학사 또는 주무관)가 해당 청구에 대한 답변서를 작성하게 됩니다. 여기에는 교육지원청 심의 결과 의결된 조치결정, 조치결정 이유의 타당성이 서술되어 있습니다. 이 답변서는 온라인 행정 심판 사이트에 탑재되고, 청구인에게 송달 처리됩니다.

행정 심판 위원회의 심의 결과는 대부분 청구인의 입장을 인용하지 않습니다. 교육청 또는 교육지원청의 학폭 심의위에서 내린 조치결정이 옳다고 보기 때문입니다. 행정 심판 위원회의 답변서를 확인한 청구인이 추가로 보충 청구(보충 서면 진술)를 할 수는 있지만, 그다지 큰 의미는 없습니다.

교육지원청 학폭 심의위는 교장과 교감, 학생부장, 변호사, 검사, 판사, 상담사 등의 전문가로 구성되어 있습니다. 이들은 수많은 심의와 연수 등을 통해서 전문적 역량을 더욱 강화하고 있습니다. 또한 사건의 심각성, 지속성, 고의성, 합의나 화해 정도, 처벌의 형평성, 피해 학생의 처지 등, 제반 사항을 두루 감안하여 처분 수준을 결정합니다. 그래서 행정심판위원회 심의에서도 '학폭 심의위가 전문적인 판단을 기초로 재량권을 행사했다'고 보는 것입니다.

여기에는 사실 인정의 오류가 있다거나, 판단의 기준과 절차, 방법, 내용 등에서 객관적으로 불합리하거나 부당하다고 볼 만한 사정이 발견되지 않습니다. 따라서 행정 심판을 진행하더라도 청구인의 사건 청구는 '이유 없음'으로 기각되는 경우가 대부분입니다.

〈 TIP 〉

불복 수단인 행정 심판, 행정 소송으로 넘어갔을 때, 피청구인(교육청 또는 교육지원청의 교육장)을 상대로 이기기란 거의 불가능합니다. 전문성으로 무장한 집단과 법률적으로 싸워서 승소할 수는 없는 노릇이지요. 따라서 행정 심판 청구는 현명한 선택이라 할 수 없습니다.

청구인(보호자)들은 교육지원청 학폭 심의위가 사법기관이 아님을 분명하게 인식해야 합니다. 사법기관의 도움이 필요한 경우에는 경찰, 검찰, 법원 쪽으로 고소, 고발을 진행하는 것이 옳습니다.

# 63

## 교육지원청 학폭 심의 회의록에 대해
## 정보공개를 청구할 수 있을까요?

교육지원청 학폭 심의 회의록은 개인 정보를 제외하고 공개됩니다. 학폭 심의위는 객관적이고 보편적이며 공정한 기준을 토대로 심의 의결을 합니다. 그리고 처벌이 목적인 사법기관과 달리, 교육적인 조치를 취하는 것이 목적입니다.

1. 관련: 정보공개 청구 접수번호-1111111(2022. 3. 10.)

2. 위 호와 관련하여 다음과 같이 답변 처리하고자 합니다.

**청구내용**

행복-2022-001 학교 폭력 대책 심의위원회 회의록

**답변내용**

귀하께서 청구하신 내용에 대하여 아래와 같이 알려드립니다.

**[청구내용]**

행복-2022-001 학교 폭력 대책 심의위원회 회의록

**[부분 공개내용]** 행복-2022-001 학교 폭력 대책 심의위원회 회의록

**[부분공개(전부 또는 일부) 사유]**

1. 내용: 행복-2022-001학교 폭력 대책 심의위원회 회의록

2. 근거: 학교 폭력 예방 및 대책에 관한 법률 제21조(비밀누설 금지 등)

3. 사유:

① 이 법에 따라 학교 폭력의 예방 및 대책과 관련된 업무를 수행하거나 수행하였던 자는 그 직무로 인하여 알게 된 비밀 또는 가해 학생, 피해 학생 및 제20조에 따른 신고자, 고발자와 관련된 자료를 누설하여서는 아니 된다.

② 제1항에 따른 비밀의 구체적인 범위는 대통령령으로 정한다.

③ 제16조, 제16조의2, 제17조, 제17조의2, 제18조에 따른 심의위원회의 회의는 공개하지 아니한다. 다만, 피해 학생·가해 학생 또는 그 보호자가 회의록의 열람·복사 등 회의록 공개를 신청한 때에는 학생과 그 가족의 성명, 주민등록번호 및 주소, 위원의 성명 등 개인정보에 관한 사항을 제외하고 공개하여야 한다.〈개정 2011. 5. 19., 2012. 3. 21., 2019. 8. 20.〉

위 법률에 근거하여 부분공개합니다.

# 64

# 학폭 예방을 위한 꿀팁

학교 폭력 책임교사는 학폭 발생률을 낮추기 위해 적극적으로 노력해야 합니다. 예컨대 가정통신문, 문자 발송, 교직원 연수, 교직원회의, 학부모 총회, 학부모 연수 등이 그 예라고 할 수 있습니다. 일단 학폭으로 신고되어 사안조사가 진행되면 책임교사, 학생부장 교사, 교감이 처리하는 데 힘든 부분이 존재하므로 사전 예방이 중요합니다.

- 정기적인 단체 문자 발송이 효과적입니다.

　　㉝ 최근 개학으로 인해, 사소한 갈등, 장난, 오해 등이 폭력으로 변질 중입니다. 귀댁의 자녀가 가해자가 되지 않도록 가정에서 자녀와 소통이 필요합니다.

　　㉝ 최근 사이버 메신저방, 카톡방, 익명 질문방 등에서 언어폭력, 성희롱이 빈번하게 발생하고 있으니, 주의가 필요합니다.

- 최근 발생하는 폭력 유형이나, 사안 진행 절차 등을 안내할 필요가 있습니다. 담임교사의 조종례 훈화, 수업 시간의 당부 등이 예방에 도움이 됩니다.

- 초등 학폭 사안의 발생 장소로 놀이터의 비중이 높아지고 있습니다. 자녀 혼자 놀이터에 내보내지 않도록 학부모에게 안내가 필요합니다. 놀이터는 학교 밖이며, 책임교사가 목격자도 아니므로 사안 발생 시 조사에 어려움이 많습니다.
- 중고생의 경우, 학교 밖 장소에서 폭력이 발생하는 경우가 많습니다. 학원 수업 이후 바로 귀가하도록 지도해야 합니다. 성추행, 성매매, 신체폭력이 자주 발생하는 모텔을 비롯하여 중심 상가, 거주지 주변의 정자 등에 출입을 금지하는 교육도 효과가 있습니다.
- 해당 학교에서 발생했던 학폭 사안을 조회하여 그와 유사한 사안이 발생하지 않도록 노력하는 것도 효과가 있습니다. 교내의 학폭 발생 장소는 수시로 순찰이 필요합니다.

　　예 쉬는 시간 복도나 교실 순찰, 급식실, 매점, 운동장, 체육관 등
- 학생들이 체육복으로 환복하는 과정에서 동성끼리 성희롱, 성추행에 연루되는 비율이 높습니다. 해당 학교의 체육 교사를 통해 동성끼리 불필요한 신체접촉 등을 하지 않도록 하는 것이 예방에 효과적입니다.

# 65

## 전문가 의견 청취 제도란 무엇인가요?

1. 학교 폭력 사안과 관련하여 Wee클래스의 전문상담교사, 전문
   상담사로부터 상담을 받은 경우에는 전문상담교사, 전문상담사
   로부터의 의견 청취가 가능합니다.

2. 학폭 피해 관련 학생이 Wee클래스 전문상담(교)사로부터 상담을
   진행한 후, 해당 전문상담(교)사에게 의견서 작성이나 교육지원
   청 학폭 대책 심의위원회 출석 등을 요청할 수 있습니다. 피해 관
   련 학생이 전문상담(교)사가 작성한 의견서를 심의위에 제출하는
   경우 역시 「학교 폭력 예방법」제13조 제4항에 따른 의견 청취를
   한 것으로 간주합니다.

3. 학폭 심의위는 해당 전문상담(교)사를 심의위원회에 출석하게 하
   여 의견을 청취할 수도 있습니다. 대부분의 시·도 교육청에서 해
   당 학교 전문상담(교)사에게 의견 청취를 받도록 권장하고 있습
   니다. 피해 관련 학생이 받기를 원하는 경우에는 그대로 진행하
   면 됩니다.

4. 대부분의 피해 관련 학생들은 의견 청취를 진행하지 않습니다.

진행하더라도 해당 학교 전문상담(교)사를 통해서 하고, 서면 의
견 청취가 주를 이룹니다.

〈 TIP 〉

교육지원청 심의 참석 요청서를 등기우편으로 수령한 경우, 피해 관련 학
생은 우편물 속에 전문가 의견 청취 제도(무료/유료 선택)가 있음을 확인할
수 있습니다. 의견 청취를 원하는 경우, 해당 학교 Wee클래스 전문상담
(교)사에게 요청하면 무료입니다. 다만 사설 기관에서 진행하는 의견 청취
는 유료이며 자비 부담입니다.

## 피해 관련 학생과 보호자가 놓치기 쉬운 것은
## 무엇인가요?

1. 학교 폭력 신고가 접수되면, 해당 학교의 학폭 책임교사 및 전담
   기구 구성원들이 사안조사를 진행하게 됩니다. 하지만 별다른
   증거나 물증이 없는 정서적인 폭력인 경우, 학폭 사안의 절차대
   로 처리하기 어렵습니다. 가해 관련 학생이 자신의 가해 사실을
   인정하지 않을 뿐만 아니라, 설령 인정한다고 하더라도 가해자
   선도 조치도 약하게 내려지기 때문입니다.

2. 피해 관련 보호자인 학부모는 '힘들다'는 자녀의 하소연만 믿고,
   학교에 섣불리 학폭 신고부터 하게 됩니다. 그러나 가해 관련 학
   생이 괴롭혔다는 정황만으로 무리하게 진행할 경우, 학폭 사안으
   로 인정받기 어렵습니다.

3. 피해 사실을 입증할 수 있는 증거와 물증 확보가 무엇보다 중요
   한데, 이는 피해 관련 측의 몫입니다. 괴롭힘, 따돌림, 왕따 등은
   정황만 있는 경우가 대부분이라서, 무턱대고 학폭으로 신고하면
   또 다른 상처를 받기 쉽습니다.

4. 피해 학생과 보호자는 바로 이런 점을 간과하기 쉽습니다. 학교에 학폭으로 신고하면 알아서 다 처리해 줄 거라는 착각은 금물입니다. 학폭 사안에서도 모든 것은 증거 싸움입니다. 정황만 가지고 신고했다가는 오히려 해결을 어렵게 만들 수 있습니다.

# 가해 학생이 조치결정을 이행하지 않으면 어떻게 되나요?

1. 가해 학생의 대부분은 조치결정을 충실하게 이행하지만, 그렇지 못한 학생도 있습니다. 조치를 통보받고도 상당한 기간이 경과했음에도 미이행한 경우, 학교장은 그 명단을 교육장(심의위원회)에게 공문으로 보고합니다. 보고의 방법 및 시기는 교육청 또는 교육지원청의 자체 계획에 따릅니다.

2. 교육장은 학교장으로부터 보고를 받은 21일(3주) 이내에, 해당 가해 학생 및 보호자에게 조치를 1개월 이내에 이행할 것, 미이행 시에는 거부·기피에 따른 추가 조치가 있을 수 있다는 것을 서면으로 안내합니다.

---

⟨ TIP ⟩

대부분의 학생은 가해자 조치를 이행하고자 노력합니다. 조치 미이행자는 교육청 또는 교육지원청별로 1년에 1~2명 정도 나옵니다. 이 경우에는 해당 학교의 책임교사, 학생부장 교사, 교감이 해당 학생 및 보호자와 상담을 통해서 반드시 이행하도록 독려하는 것이 효과적입니다.

---

# 피해 학생이 자퇴, 졸업해도 사안처리가 가능한가요?

**Q.** 학폭 피해 관련 학생입니다. 신고 당시에는 학생 신분이었는데, 자퇴·졸업한 이후라도 사안처리가 가능한가요?

**A.** 사안처리가 가능하기는 해도 추천하지는 않습니다. 자퇴, 졸업 등의 이유로 학생 신분이 아니라서 피해 학생을 위한 조치를 받을 수 없기 때문입니다. 교육지원청 학폭 심의위에서는 심의가 개최된다 해도 조치결정을 내릴 당시 피해자가 학생이 아니라면, 보호조치는 내릴 수 없습니다.

가능한 것은 가해 학생에 대한 선도조치밖에 없습니다. 그러나 가해자도 자퇴, 졸업 등의 이유로 학생이 아니라면 이 또한 불가능합니다.

결국 한마디로 정리하면 이렇습니다. 피해자가 학생이 아니라면 피해자 조치를 받을 수 없고, 가해자 역시 학생이 아니라면 가해자 조치를 받을 수 없습니다.

## 추후의 휴유증을 이유로 과도한 합의를 요구할 경우

**Q.** 증거나 물증이 없는 학폭 사안입니다. 피해 관련 측이 추후에 발생할지 모르는 휴유증을 이유로 과도한 합의를 요구해 오는데, 어떻게 해야 할까요?

**A.** 학교 폭력으로 신고가 접수되어 사안을 조사한 결과, 물증이나 근거 등이 없고 정황만 있는 경우가 종종 있습니다. 이런 경우 학교 폭력 전담기구, 교육청 학폭 대책 심의위원회에서는 증거 불충분으로 인해 '조치 없음(학교 폭력 아님)', '조치 유보' 등의 결정을 내리게 됩니다. 학교나 교육청 심의에서는 객관적인 증빙 자료를 통해서 심의 의결을 하기 때문입니다.

또한 학교나 교육청 심의에서는 당사자 간의 금전적인 보상이나 합의에 개입하지 않습니다. 따라서 과도한 합의를 요구하는 경우에는 합의에 이르지 못합니다. 학교 폭력으로 진행하여도 쟁점이 첨예하게 대립하는 경우, 피해자 보호조치를 쉽게 내릴 수 없습니다. 이럴 때는 가급적이면 경찰에 고소하거나 고발하는 등, 사법기관을 통한 해결을 모색하셔야 합니다.

# 학교 폭력 예방, 결코 어렵지 않습니다

# 장면

2022년 1월 5일, 서울시 자치경찰위원회는 시민 1,000명을 대상으로 '시민에게 다가가는 서울형 자치경찰상 확립'을 위한 여론 조사 결과를 발표하였다. 조사 결과에 따르면, 서울 시민 10명 중 7명이 청소년 학교 폭력 문제 해결을 시급한 과제로 뽑았다.

조사 결과 시민 69.3%가 '청소년 간의 학교 폭력' 문제가 심각하다고 느끼고 있는 것으로 나타났다. '보통'은 25.7%였으며, 심각하지 않다고 느끼는 비율은 5.0%에 불과하였다.

2021년 9월 22일 이탄희 의원(더불어민주당)이 경찰청으로부터 제출받은 '학교 폭력 유형별 검거 현황'에 따르면 가장 전형적인 '폭행·상해'는 2016년 9,396건에서 지난해 5,863건으로 크게 줄었다. 그리고 학교 폭력 전체 건수에서 폭행·상해가 차지하는 비중도 2016년 73%에서 지난해 51%로 줄어들었다.

반면에 비물리적 방법을 동원하는 학교 폭력은 같은 기간 두 배가량의 규모로 늘었다. 성폭력은 2016년 1,364건에서 지난해 2,462건으로 급증하였다.

학교 폭력이 발생하면 피해 학생이나 목격 학생은 해당 학교에 신고를 하고, 「학교 폭력 예방법」에 따라 학폭 전담기구에서 최대 3주 동안 사안조사를 진행하게 됩니다. 전담기구 심의를 통해 학교장 자체해결로 종결하거나, 교육지원청에 심의를 요청하게 되지요.

학교 폭력 신고 이후 절차가 진행되면, 피해 학생뿐만 아니라 해당 학급, 학교, 가족에게 좋지 영향을 미칠 수 있습니다. 학교 폭력 예방이 제대로 이루어지지 못한다면, 초기 대응에 실패하여 피해 학생의 마음의 상처는 점점 커집니다. 이에 따라 양측의 갈등조정이나 관계회복은 점점 요원해지고, 또 다른 갈등으로 비화되기도 하지요.

학교 폭력 예방교육은 어떠한 경우에도 폭력은 절대 허용되어서는 안 된다는 경각심을 심어줘야 합니다. 하지만 한 곳에 여러 학생을 모아 놓고 강의하는 일방적인 교육은 의미가 없습니다. 일상 속에서 '폭력'이라는 실제 상황에 직면했을 때 현명하게 대처할 수 있는 능력, 평소에 갈등을 조절할 수 있는 능력 등을 키워줄 수 있어야 합니다.

학교 폭력 예방교육의 바람직한 모습은 교사가 아니라 학생이 주체가 되어, 학생이 기획하고, 학생이 주도적으로 만들어 가는 교육입니다. 그래야만 학생들도 관심을 갖고 참여에 대한 자긍심도 생깁니다. 앉아서 듣기만 하는 예방 교육은 오히려 폭력에 대한 감수성을 무디게 만드는 요인이 될 수 있습니다.

오늘날 학교 폭력은 점점 더 교묘하고 대담해지고 있기 때문에, 학교에서의 노력만으로는 한계에 봉착할 수밖에 없습니다. 가정에서도 폭력 예방을 위해 노력을 아끼지 않아야 합니다. 이를 위해서는 학부모가 자녀의 모든 것을 옳다고 생각하는 편견부터 버려야 합니다. 대부분의 보호자는 자녀가 학교 폭력으로 연루가 되면, 자녀의 말을 그대로 믿는 습성이 있습니다. 상대방의 입장을 고스란히 받아들이는 태도가 부족하기 때문에, 갈등조정이나 관계회복보다는 감정만 앞세워서 학폭 처리 절차에서 일을 그르치기 쉽습니다. 가능하면 학교 측의 사안조사와 교육지원청의 학폭 심의 결과를 믿어 줄 필요가 있습니다.

현재 「학교 폭력 예방법」에서는 학교 폭력 당사자들 간의 의무적인 갈등조정은 법률 안에 존재하지 않고, '갈등조정이나 관계회복 프로그램을 권장한다'고 명시하고 있습니다. 학폭 신고가 접수되면 정해진 절차에 따라 진행되며, 학교장 자체해결로 충분히 종결될 수 있는 경미한 사안도 피해 학생이나 보호자의 부동의로 인해 교육지원청 심의로 넘어가기 일쑤입니다. 절차 진행에 오랜 시간이 소요되다 보니, 피해 측과 가해 측 모두 상처를 받고 고통이 지속되곤 합니다.

이제 학교 폭력이 발생하면, 무조건 해당 학교 측에 '갈등조정 모임을 열어 주세요.'라고 요청할 것을 권합니다. 양측 관련 학생 및 보호자들이 참여할 수 있는 갈등조정 모임을 최소한 한 차례 이상 가진 후에, 학교장 자체해결로 종결하거나 교육지원청 심의 개최를 요청해도 늦지 않습니다.

## 경찰 신고는 별개로 처리

**Q.** 학폭으로 학교에 신고했고, 학폭 전담기구의 심의 결과 교육지
원청에 심의를 요청할 예정입니다. 이럴 경우, 경찰 신고와는 별
개인가요?

**A.** 학폭이 발생하면 피해 관련 학생과 보호자는 학교에 신고할 수
있습니다. 이후 학폭 전담기구에서 자체해결 여부를 심의하여
종결되지 못하면, 교육청 심의 개최를 요청하게 됩니다.

물론 피해 학생과 보호자는 경찰에 학폭을 신고할 수도 있습니
다. 경찰 신고 건과 학교 및 교육청의 학폭 처리는 별개로 진행
됩니다.

학폭 발생 이후, 관련 학생과 보호자가 선택할 수 있는 방법은 다
음과 같습니다.

- 학교에만 신고하는 방법

- 경찰에만 신고하는 방법

- 학교와 경찰에 모두 신고하는 방법

- 양측 당사자들끼리 만나서 화해하는 방법

# 경미한 신체폭력

1. 경미한 신체폭력에서 비롯된 학폭 사안에서 당사자가 화해를 원할 경우, 선도 차원에서 종결하는 경우가 많습니다. 대부분은 단순한 장난이라고 보기 때문입니다.

2. 학폭 사안으로 신고가 접수된 경우, 해당 피해 관련 학생과 가해 관련 학생으로부터 책임교사는 학생 확인서를 받고, 양측 보호자들에게 확인서 작성을 위해 학교에 직접 방문해 달라고 안내합니다. 그리하여 충분한 상담을 거쳐 진심 어린 사과와 화해가 이루어지게 하면, 학교장 자체해결로 종결할 가능성이 높습니다.

3. 교육지원청 심의 개최를 요청하여 심의를 진행하는 경우, 경미한 신체폭력은 제1호 서면사과, 제2호 접촉·협박·보복행위의 금지, 제3호 교내봉사 등의 처분을 받게 됩니다.

〈 TIP 〉

가해자 처분보다는 재발 방지가 목적이라면, 되도록 학교 안에서 사안을 종결하는 것을 추천합니다. 양측이 합의하지 못하여 교육지원청 심의 개최까지 요청할 경우 심의 개최까지 한 달, 심의·의결된 조치결정 통보서 수령까지 10일 내외가 걸립니다. 최초로 학폭을 신고한 날로부터 대략 두세 달이 소요되고, 그 결과 피해 관련 학생은 계속 스트레스와 상처를 받게 됩니다.

# 쌍방 학교 폭력에서 고려할 점은 무엇인가요?

Q. 자녀의 말을 듣고 학폭으로 신고하였지만, 알고 보니 가해적인
요소가 있어서 학교 측에서 쌍방 학교 폭력으로 처리 중입니다.
어떤 점을 고려해야 할까요?

A. 학폭 전담기구에서는 쌍방 학교 폭력인 경우, 교육지원청 심의
개최를 요청해도 이득이 없다는 사실을 분명히 설명해 줍니다.
그럼에도 불구하고 자녀의 거짓말, 보호자의 고자세로 인해 학
폭 심의 요청까지 가는 경우가 자주 발생합니다.

학폭 심의위의 위원들은 해당 사안에 대한 양측의 진술을 충분
히 들어 봅니다. 그런 다음 학교에서 올라온 사안조사 보고서 등
의 관련 자료를 참고하여 심의하게 됩니다.

가해적인 요소의 양적·질적 차이는 있지만, 학폭 피해를 주장한
학생이 가해 관련 학생으로 판단될 경우 교육지원청 심의위에서
는 가해 학생 조치결정을 내리게 됩니다. 결국 피해를 호소하며
억지로 교육지원청 심의까지 끌고 가더라도 가해 학생 조치까지
덤으로 받게 되는 것입니다.

필자 역시 울며 겨자 먹기 식으로 교육지원청 심의까지 가는 그 심정을 충분히 이해합니다. 특히 고등학생의 경우, 생활기록부에 조치결정이 기재될 수도 있습니다. 조건부 기재 유보되는 제1호 서면사과, 제2호 접촉·협박·보복행위 금지, 제3호 교내봉사 조치를 받더라도, 졸업 전에 다른 사안으로 학폭에 연루된다면 조건부 기재 유보된 조치와 더불어 같이 기재되니, 이 점 명심하시기 바랍니다.

## 보호자 특별교육을 미이수하는 경우

Q. 보호자 특별교육을 이수하지 않으면 어떻게 될까요?

A. 자녀가 학교 폭력 가해자로 조치결정을 받게 되면, 제1호 서면 사과를 제외한 모든 조치에 대해서 보호자도 부가된 특별교육을 받게 됩니다. 보호자 특별교육은 조치결정 통보서를 통해 서면으로 통보됩니다.

대개는 교육청 또는 교육지원청에서 부가된 시간과 이수 기간을 정해 줍니다. 정해지지 않은 부가된 특별교육의 경우, 조치결정 통보서를 받은 날로부터 3개월 이내에 이수하도록 해야 합니다. 하지만 여러 이유로 특별교육을 이수하지 못하는 사례가 발생합니다. 이 경우 해당 학교의 학교장은 조치 후 3개월이 지난 다음 날, 시·도 교육감(교육청 또는 교육지원청 교육장)에게 해당 보호자 명단을 통보하게 됩니다. 그러면 14일(2주) 이내에 시·도 교육감은 보호자에게 특별교육을 1개월 이내에 이수할 것, 미이수 시에는 과태료가 부과된다는 것을 서면으로 안내합니다.

## 일상적인 대화 수준의 욕은 학폭일까요?

**Q.** 일상 대화에서 많이 사용하는 수준의 욕을 하는 것도 학교 폭력
에 해당하나요?

**A.** 그렇지 않을 가능성이 높습니다. 통상적으로 학교 폭력의 범주
에 속하는 '언어폭력'으로 신고된 사안에 대해서도 학교 측이 충
분히 사안조사를 진행합니다. 이 과정에서 일상생활에서 즐겨
사용하는 욕이나 비속어에 대해 심의를 요청하는 경우가 종종 있
습니다. 이 경우 당사자의 진술을 들어보고 판단하기는 하지만,
최근에는 이런 유형의 사안은 학교 폭력이 아닌 것으로 결정이
내려지고 있습니다. 서로 대화하면서 사용할 수 있는 언어로 보
기 때문입니다. 물론 피해 관련 학생의 입장에서는 불쾌감과 수
치심을 느껴 위협으로 여길 수도 있습니다. 하지만 교육청 심의
위에서는 주관적인 감정보다는 사안조사 보고서, 목격자 확인서,
양측 학생 및 보호자의 진술 등의 객관적인 자료를 토대로 사실
관계를 판단하게 됩니다. 그러므로 일상생활에서 쓰이는 정도의
욕은 '학교 폭력 아님'으로 결정이 날 가능성이 높은 것입니다.

## 초등 저학년생들의 학교 폭력

초등학교 저학년 학생들의 학교 폭력이 최근 증가하고 있습니다. 초등 저학년생은 본인의 잘잘못을 인지하지 못합니다. 아직 미성숙한 학생들의 문제에 학부모가 개입하여 사안의 본질을 왜곡시키는 경우가 빈번하게 발생하곤 합니다. 게다가 사실관계를 인정하지 않고 무조건 강한 처벌만을 요구하는 게 다반사입니다.

초등 저학년생 학부모들은 중고교생 학부모들과 달리, '초보 부모'로서 좌충우돌하는 모습을 보여줍니다. 자신의 자녀뿐만 아니라 상대방의 자녀도 똑같이 소중하다는 생각을 해야 합니다. 또한 자녀의 말만 믿고 학교와 교육청에 무리한 요구를 하는 태도는 옳지 않습니다.

학교와 교육청은 학교 폭력 예방법의 절차에 따라 사안을 처리합니다. 따라서 사안을 은폐하거나 엄폐하려는 의도가 없고, 특정한 학생 및 보호자에게 치우치는 행위도 하지 않습니다. 초등 저학년부터 학폭에 연루된다면, 앞으로 10년 이상 학교를 다녀야 하는 자녀의 입장에서는 앞으로 학폭에 연루되는 횟수가 증가할 가능성이 높습니다. 이를 지켜보는 것은 부모로서도 고통스러운 일이 아닐 수 없습니다.

그러니 가급적이면 신고하지 않고 쌍방 간의 관계 회복과 화해를 도모하는 방법을 모색해야 합니다. 이미 신고가 접수되었더라도 경미한 사안을 교육청 심의까지 가져가지 말고, 양측의 화해를 도모하거나 학교장 자체해결로 끝내야 합니다.

## 자녀와의 소통이 왜 중요한가요?

학교 폭력 사안에서 관련 학생들은 대부분 친한 친구 사이입니다. 그래서 학폭에 연루되었을 경우, 즉각적으로 주변 선생님이나 친구들 부모님에게 알리지 못합니다.

'이 정도는 참을 수 있겠지. 이 정도 가지고 부모에게 이야기하면 괜히 일을 더 크게 만들 수도 있을 거야.' 이렇게 생각하는 것입니다. 이는 부모가 사안에 즉각적으로 반응할 경우, 혹시 학교에서 문제가 되지나 않을까 우려되는 지점이 있기 때문입니다.

보호자와의 소통이 원활하지 않은 자녀는 자신이 학폭에 연루되었다는 사실을 더더욱 털어놓지 않습니다. 이들은 폭력의 강도가 더욱 세지고 나서야 비로소 부모를 찾습니다. 그렇다 보니 학생과 보호자의 분노는 극에 다다라서 상대방 입장을 이해하지 못합니다.

학교 폭력의 연루 여부를 떠나서, 자녀와 솔직하게 소통하는 것이야말로 부모로서 지녀야 할 가장 기본적이면서도 중요한 태도일 것입니다.

## 학폭 관련 서류 제출 시 유의할 사항은 무엇인가요?

　가해 관련 학생 및 보호자 입장에서는 방어권을 행사하는 차원에서 관련 서류들을 제출합니다. 학폭 관련 학생 및 보호자는 사안에 드러나는 사실 관계를 입증하는 데 도움이 되는 자료를 제출해야 합니다. 최근에는 가해 관련 측에서도 심리 치료 또는 정신과 진료 등으로 진단서 및 소견서까지 제출하는 등, 서류 제출이 과열된 양상을 보이고 있습니다. 제출하는 것까지 학교 전담 기구나 교육청 심의위원회에서 막지는 않습니다. 하지만 대부분의 경우에는 사실 관계를 확인하는 데 도움이 되지 못하는 자료들이 많습니다.

　전담기구 심의 또는 교육청 심의 위원회에서는 조치결정에 필요한 기본 판단 요소, 부가적인 판단 요소를 고려하여 조치결정을 내리게 됩니다. 따라서 많은 자료를 제출하였다고 피해 사실을 더 인정을 받거나 가해 관련 사실이 더 줄어들거나 하지는 않습니다.

　결국 관련 학생 및 보호자께서는 사실 관계 확인에 꼭 필요한 서류에 대해서만 제출하는 지혜가 필요합니다. 가급적 비용이 들어간 의견서 등은 제출하지 않는 편이 옳습니다.

학교 폭력은 학교에서는 학교장 자체해결로 끝내고, 그렇지 못한 경우에도 교육지원청 심의에서 끝내야 합니다. 더 이상 진행하는 것은 자녀나 보호자에게도 도움이 되지 않습니다. 일부 학부모는 보호자의 자존심 싸움으로 변질시키려고 하는데, 대단히 잘못된 부분입니다.

자녀가 부모로 인해서 사안에 대해서 지속적으로 생각하거나 트라우마가 생기지 않도록 종결을 해야 합니다. 「학교 폭력 예방법」은 교육 및 선도 목적으로 만들어진 것으로, 자동차 보험처럼 모든 것을 돈으로 합의하거나 보상해 주는 시스템이 아닙니다. 이 점 반드시 확인이 필요합니다.

# 79

## 학폭은 무조건 신고하고 교육지원청 심의까지 가라?!

맘카페 등에서는 '학폭은 무조건 교육지원청 심의로 가야 한다'며 강성으로 몰고 가는 경향이 있습니다. 실제 학교 폭력은 아주 작은 장난, 오해, 갈등 등이 학폭으로 신고되어 학교장 자체해결에 필요한 4가지 요건을 충분히 만족시킴에도 불구하고, 보호자의 부동의로 인해 결국 교육지원청 심의까지 올라오게 됩니다.

게다가 초등 1학년, 2학년, 3학년 아이들은 의사 표현도 서툴고, 본인이 생각하는 부분을 타인이나 부모에게 전달하는 부분에 있어서 본인이 생각하는 부분, 잘못된 내용을 사실로 오해하여 기억하는 부분, 자신이 피해입은 것만을 주장하는 부분 등으로 사실관계를 훼손하는 부분이 발생합니다. 특히 자녀는 자신의 왜곡된 주장도 올바른 것으로 인식하는 경향이 있습니다.

하지만 대부분의 보호자들은 자녀의 이야기만을 듣고, 판단하려고 합니다. 여기서 문제가 발생합니다. 그렇다 보니 학교를 믿지 못하고, 이성적인 판단을 못하고 감정적으로 대응하는 부분이 존재하게 됩니다. 결국 보호자인 부모들 간의 감정싸움으로 치닫게 됩니다. 최근에는 어머니와 아버지가 학교나 상대 보호자를 상대하는 결이 달라서 어려운 지경에 빠지는 경우도 종종 있습니다. 어머니는 좋게 해결하려는 반면, 아버지는 강성 모드로 전환하여 일이 꼬이게 만드는 것이지요.

요즘 학폭 사안은 국민들 중 어느 누가 보더라도 '이 정도 가지고 학폭으로 신고하느냐'고 반문할 부분이 상당수입니다. 특히 초등 저학년은 충분히 학교장 자체해결이 되는 사안으로 보이지만, 한쪽 보호자의 부정적인 감정이 증폭되어 결국 학폭 심의까지 가게 되는 것입니다.

---

〈 TIP 〉

1. 학폭 신고로 우리 자녀가 언제까지 이 사안에 대해서 생각하고 고통받을 것인지 고민해 보세요.
   - 학폭 신고부터 전담기구 사안조사 및 심의까지 최대 3주 소요
   - 학교에서 교육지원청 심의 요청까지 최대 4주 소요
   - 심의에서 조치결정 통보까지 최대 1~2주, 총 8~9주가 걸리므로 도합 2개월간이나 힘든 시간을 보내야 합니다. 그나마 조치결정이 나와서 인정받으면 다행이지만, '조치 없음(학폭 아님)', '조치유보' 등의 결정이 나올 경우에는 더욱 어려워집니다.
2. 무조건 학폭 신고하고, 자체해결하지 말고 교육지원청 심의까지 가라는 맘카페의 잘못된 정보로 정작 여러분의 자녀가 힘들어지게 됩니다.
   - 학폭 신고로 맞신고 가능성이 있습니다.

– 학폭은 무고죄가 없습니다. 그렇다고 남발하는 경우, 민사나 형사로 진행해야 하는 위험 부담이 존재합니다.

– 한 번의 신고로 2개월간 해당 사안을 계속 생각해야 합니다.

– 자녀의 학습에 지장을 줍니다. 초기에 갈등조정이나 관계회복에 실패한 경우, 초등 저학년 자녀들은 등교를 두려워합니다.

– 대화가 통하지 않는 상대방을 만나면 불복으로 괴로워집니다. 최근 피해 측에서 보편적인 상식 수준 이상을 요구하는 경우, 가해 측도 변호사를 선임하여 법률적으로 대응하게 됩니다. 이럴 경우 양측 모두 비용도 들고 힘들어집니다.

3. 가급적이면 학교를 믿고, 양측 보호자들끼리 만나서 교육적으로 해결하는 것이 가장 좋은 방법입니다.(화해, 진심 어린 사과 등)

– 관리자(학교)에게 재발 방지 약속 받기 (상급 학년 시 다른 학급 배정 요청, 반 자리배치 조정, 분리조치 등)

– 진심 어린 사과 받기

– 상대 학생의 보호자와 학교에서 만나서 화해하기

## 자녀를 학교에 안 보내도 될까요?

학교 폭력으로 인해 등교하지 못할 불가피한 사유가 발생한 경우, 가정에서 자녀를 보호할 수 있습니다. 하지만 자녀가 피해 관련 학생이라는 이유로 등교를 거부하는 학부모도 있는데, 이것은 상당히 잘못된 생각입니다.

자녀가 장기간 결석하게 되면, 교육과정에서 진행되는 과목별 수업의 진도를 따라가는 데 있어서 심각한 학습 격차가 발생합니다. 그리고 친구들과 상호 작용하는 부분에 있어서도 어려움을 겪게 됩니다.

무엇보다 사소한 장난이나 오해에서 비롯된 경미한 사인임에도 자녀를 등교시키지 않는 것은 비교육적인 처사라고 볼 수 있습니다. 그럼에도 불구하고 학교 측에 이것저것 요구하는 것은 자녀의 학교생활에 결코 도움이 되지 않지요.

누가 보더라도 충분히 학교장 자체해결이 될 만한 사안에 대해서 무리한 요구를 하는 것은 옳지 않습니다. 자녀는 가능하면 학교에 보내야 합니다. 자녀를 등교시키지 않는 행위는 과잉보호에 불과할 뿐, 교육적인 처사라고 할 수 없습니다.

## 교육지원청 심의가 개최되면 누가 진술하나요?

교내 전담기구에서 학교장 자체해결이 되지 못한 학교 폭력 사안은 교육지원청의 학폭 심의위로 넘어갑니다. 이 경우 해당 학생 및 보호자는 심의 당일에 출석하여 진술을 하게 되지요. 학교 측에서는 학폭 책임 교사 또는 학생부장 교사 등이 참석하여 진술합니다. 필요하면 목격자에게도 심의위원회 출석을 요청할 수 있습니다. 이 경우 사실에 근거하여 객관적으로 진술해야 합니다.

다음으로 피해 관련 학생 및 보호자가, 그 다음으로는 가해 관련 학생 및 보호자가 진술을 하게 됩니다. 이때 심의위원들은 관련 학생 및 보호자의 진술권을 충분히 보장해 줍니다.

또한 학교의 사안조사 과정에서 어떤 쟁점이 있었는지에 관해 책임교사에게 확인하는 과정을 거칩니다. 심의위원회에서는 관련 학생 및 보호자가 서로 증거나 물증 또는 목격자 진술에 의해서 인정하는 사실관계에 대해서만 심의를 합니다. 그리고 심의가 곤란할 경우에는 심의 유보 조치를 진행할 수 있는데, 이 경우에는 추후에 다시 심의를 진행하게 됩니다.

## 학생은 반드시 학교에서 조사해야

학교 폭력에 대한 사안조사 시, 학생은 반드시 학교에서 조사해야 하는데, 이는 사안조사의 공정성을 높이기 위한 조치입니다. 학폭 전담기구에서 관련 학생을 대상으로 사안조사를 할 때, 보호자의 동의는 필요하지 않습니다.

물론 해당 학생이 피치 못할 사정으로 등교하기 어려운 경우, 사전에 조율하여 책임교사 등이 학생이 있는 곳으로 찾아가서 조사를 진행할 수도 있습니다. 이조차 어려운 경우에는 서면 확인서(진술서)나 유선 통화를 통한 진술을 활용하게 됩니다.

관련 학생이 진술에 비협조적이거나 허위로 진술하면 자신에게 불리하게 작용할 수 있으니, 가능하면 학생이 학교에 방문하여 대면 조사가 진행되어야 하겠습니다. 보호자도 가능하면 학교 방문 날짜를 사전에 조율하여, 그날 보호자 확인서를 작성하고 전담기구 교사로부터 개략적인 사안에 대해 경청하며 향후 진행되는 절차에 관한 설명을 들을 수 있도록 합니다.

## 가해 학생의 '접촉 등 금지' 조치에는
## 어떤 의미가 담겨 있나요?

학교 폭력 가해 학생에게 내려지는 제1호~제9호 조치 중에서 '제2호'에 해당하는 조치로, 흔히 '접촉 등 금지'라고 표현합니다. 「학교 폭력 예방법」에서의 정확한 명칭은 '피해 학생 및 신고·고발 학생에 대한 접촉, 협박 및 보복행위의 금지'입니다. 가해 학생이 피해 학생이나 신고·고발 학생에게 접근하는 것을 금지함으로써 더 이상의 폭력이나 보복을 막기 위한 조치라고 할 수 있지요.

여기서 말하는 '접촉'이란 인터넷, 휴대전화 등 정보 통신망을 이용한 행위도 포함하고 있습니다. 따라서 전화나 문자, SNS 메시지 등을 통한 접촉도 당연히 금지됩니다.

이때 '의도성' 여부가 중요한데, 우연을 가장하여 빈번한 접촉이 이루어진다면 의도적인 접촉이라 볼 수 있습니다. 예컨대 가해 학생이 친구를 만나러 간다는 이유로 피해 학생의 학급에 쉬는 시간마다 계속 찾아간다면, 피해 학생은 불안과 공포를 느끼게 됩니다. 이 경우에는 정황을 고려하여 '접촉 금지 위반'이라는 판단을 내릴 수 있습니다.

눈여겨볼 것은 제1호부터 제9호에 이르는 9개의 조치들 중에서 '제2호'를 제외한 나머지 조치는 가해 학생이 혼자서 이행하면 되지만, 제2호 '접촉 등 금지' 조치를 위반한 경우는 다르다는 점입니다. 가해 학생의 행동이 피해 학생에게 신체적·정신적·경제적 피해를 주었다면, 이는 가해 학생이 피해 학생에게 새로운 폭력을 행사한 것과 다름없습니다. 「2023년도 학교 폭력 사안처리 가이드북」에서 제2호 조치를 위반한 경우 학교장이 새로운 학폭 사안으로 접수하여 사안을 처리하도록 규정한 것은 이러한 이유 때문입니다.

## 학생이 가정 폭력의 가해자인 경우

Q. 우리 반 남학생이 집에서 엄마를 자주 때리고 자기 방에서 나오
지 않는다고 합니다. 학교에서는 어떻게 해야 할까요?

A. 학생이 자신의 형제자매, 부모, 조부모에게 폭력을 가하는 가정
폭력 사안에 해당합니다. 가정 폭력의 정도가 심한 경우에는 유
관 기관과의 합동 조치가 필요합니다. 지속적인 폭력 행위를 계
속 방치하면, 가정 폭력으로 인해 가정이 붕괴됩니다. 이 경우 이
상황을 인지한 보호자가 경찰에 신고할 수 있습니다.

학교에서는 위기관리위원회를 개최하여 가정 폭력에 대해 어떤
도움을 줄 수 있는지 논의할 필요가 있습니다. 그리고 경찰에서
는 가정 폭력 신고에 관한 조사를 진행하게 됩니다.

결론적으로 학생이 가정 폭력의 가해자인 사안에서는 선제적인
초기 대처가 무엇보다 중요합니다. 폭력을 행사한 학생은 병원에
입원 치료도 가능합니다. 병원형 Wee센터가 전국적으로 있으므
로 문의 후에 입원하면 되겠습니다.

# 학폭 사안의 조사는 책임교사 외에
# 다른 사람도 가능한가요?

학폭 사안의 조사는 원칙적으로 전담기구 구성원 모두가 할 수 있습니다. 전담기구는 교감, 부장, 책임교사, 보건교사, 전문상담교사, 학부모 등으로 구성됩니다.

간혹 담임교사도 사안조사에 협조할 수 있는지, 담임교사가 책임교사도 아닌데 사안조사에 반드시 협조해야 하는지를 문의하는 경우도 있습니다. 답부터 말하자면 해당 학교에 소속된 교원, 즉 담임교사, 교과교사, 비교과교사도 사안조사를 할 수 있습니다.

물론 공정성과 객관성 보장을 위해 가급적 학폭 전담기구의 구성원이 사안조사를 하는 것이 바람직합니다. 하지만 그 밖의 교사도 사안조사에 적극적으로 협조해야 합니다.

사안이 발생한 학교의 관할 지역 교육청 또는 교육지원청에서는 심의 요청이 들어오면 심의 개최 일정을 정하고 사안을 담당 간사(장학사나 주무관)에게 배정합니다.

이들 담당 간사도 사안조사를 할 수 있는데, 해당 학교의 사안조사가 불충분하거나 미진한 경우, 추가 조사를 명할 수 있고, 경우에 따라서는 공문을 반송하여 다시 제출하도록 요구할 수도 있습니다.

　　한편 교육청 심의위원회에서 정상적인 심의 진행이 어려운 경우, 심의 유보 결정을 내릴 수 있습니다. 이때 사안조사의 필요성이 그 이유가 될 수 있습니다.

# 학교 폭력에 상대적으로 취약한 여학생, 이들을 구하려면?

## # 사례 1

페이스북의 익명 게시판에 "익산에서 되풀이되는 학교 폭력, 아직도 대처가 미흡합니다"라는 글이 올라왔다.

작성자는 "여중생 1명이 본인의 이름을 후배에게 알렸다고 동급생을 1시간 넘게 폭행하는 일이 있었다"고 적었다.

그러고 나서 "용서해 달라며 울부짖는 피해 학생을 넘어뜨리고 올라타서 손과 발을 이용해 무차별 폭행했다"고 적었다.

또한 "폭행도 모자라 소주를 피해학생에게 강제로 먹였고, 동행한 다른 학생에게 때리라고 종용하며 폭행 장면을 촬영하기도 했다"고 말했다.

익명의 작성자는 "불법 촬영 영상물에 피해 학생을 향한 성적 비하 발언, 공갈, 협박성 발안도 담겨 있었다"고 주장했다.

그러면서 "피해 학생은 폭행으로 인한 타박상을 비롯해 구토, 대인 기피, 정서 불안 등 후유증을 앓고 있다"고 밝혔다.

# 사례 2

서울의 한 중학교 학생들이 동급생의 반라 사진과 영상을 메신저로 유포한 사건이 발생해 일대 중학교들이 발칵 뒤집혔다.

신고를 접수한 교육당국과 경찰은 곧바로 수사에 착수했다. 서울 A중학교에서 발생한 여중생 반라 사진 및 영상들은 피해 학생이 다이어트를 전후해 자신의 신체를 촬영해 SNS에 비공개 게시물로 올렸던 것이다.

그런데, 피해 학생과 SNS 비밀번호를 공유하던 가해 학생이 말다툼 후 앙심을 품고 사진과 영상을 친구 5명에게 유포했다. 이후 2차, 3차 유포가 이어져서 A중학교뿐만 아니라 인근 다른 학교 학생에까지 유포됐다.

그러나 정착 가해 학생들에 대한 처벌은 미미할 것으로 전망된다. 가해 학생 대부분이 중학교 2학년생으로 만 14세 미만인 탓에 형사 처벌 대상이 아니며, 영상도 피해 학생이 스스로 촬영한 까닭에 음란물로 보기 어렵기 때문이다.


# 사례 3

2018년 9월 A군은 자신의 페이스북 계정에 전 여자친구인 B씨를 성적으로 비방하는 내용의 글과 댓글을 올린 혐의로 기소됐다. B양은 A군이 글을 올린 날 오후 8시쯤 고층 아파트 화단에서 숨진 채 발견됐다.

이에 대한 지난달 14일 인천지방법원 형사1단독 김은엽 판사는 "SNS에서 여학생에게 사이버폭력을 가한 남학생에게 벌금 500만 원을 선고한다"고 판결했다. 재판부는 "공포심을 일으키게 할 만큼의 행위는 없었다"며, 무죄 판단하고 명예 훼손 혐의만 유죄 판단했다.

「학교 폭력 예방법」의 일부 개정을 계기로, 학교 내에 존재하던 '학교 폭력 대책 자치위원회'는 '학교 폭력 대책 심의위원회'로 명칭이 변경되어 지역 교육청 또는 교육지원청으로 이관되었고, 학폭 사안에 대해 심의 및 의결을 하고 있습니다.

정부와 교육 당국의 학교 폭력 예방 및 근절에 대한 노력은 꾸준히 지속되어 왔습니다. 하지만 코로나바이러스감염증-19 사태의 여파로 인한 온라인 개학 및 순차적·학년별 등교로, 물리적 폭력보다 사이버 명예훼손, 사이버 성범죄와 더불어 '사이버 따돌림'이라고도 불리는 사이버불링(cyberbullying)이 급증하고 있습니다.

언어폭력, 악성 댓글, 따돌림, 괴롭힘 등 정서적인 폭력도 증가하는 추세이고, 여학생 학폭의 증가, 학폭의 연령 저하 등, 학폭의 유형과 양상은 보다 집요하고 복잡하게 전개되고 있는 실정입니다. 이전의 학폭이 학교 안팎에서 일어나는 물리적인 폭력이었다면, 요즘의 학폭은 비물리적 폭력 및 사이버 공간을 이용한 사이버폭력이 확대·재생산되어, 그로 인한 피해가 2차·3차 피해로 변질되고 있습니다.

교육부가 실시한 '2019년 1차 학교 폭력 실태 조사' 결과에 따르면, 학폭 피해를 입었다는 청소년의 비중은 매년 증가하고 있으며, 언어폭력, 사이버폭력과 같은 비물리적인 폭력이 늘어난 것이 눈에 띕니다. 피해 응답률(%)을 보면, 피해 응답자 수 기준 2017년 3만 7,000명(0.9%), 2018년 5만 명(1.3%), 2019년 6만 명(1.6%)으로 나타났습니다. 매년 피해 응답자 수가 1만 명씩 증가한 셈입니다.

이처럼 학교 폭력은 기성세대가 상상하는 수준을 넘어서 복잡하고 다양한 유형으로 나타나고 있습니다. 게다가 일회성 폭력이 아니라 여러 차례 반복적으로 괴롭히는 것으로 변모했지요. 현실과 가상 공간에서 동시다발적으로 발생하는 오늘날의 학폭은 피해 학생이 귀가하여도 마음놓고 지낼 수 없게 만들었습니다.

최근 학폭의 양상 중에서 눈에 띄는 것은 여학생 비중이 높아지고 있다는 점입니다. 피해자 1명 대 가해자 다수의 학폭이 증가하고 있지만, 여학생 관련 따돌림, 괴롭힘, 사이버 불링 등에 대한 예방 대책 마련은 아직까지 요원합니다.

여학생은 남학생과 달리 관계 지향적인 특성을 지니고 있기 때문에 저연령층에서부터 관계맺기, 관계형성, 관계회복에 대한 교육이 필요합니다. 하지만 제대로 된 교육이 이루어지지 않아서, 학폭 발생 시에도 관계회복이 남학생과 비교하여 상대적으로 어려운 편입니다. 여학생 관련 학폭 사안에 대한 더욱 치밀한 예방 및 근절 대책이 절실합니다.

흉악하고 대담하며 집요해지는 학폭에 대한 예방 및 근절 대책으로는 사이버 공간의 학교 폭력에 대한 예방교육과 교육과정의 연계를 들 수 있습니다. 학교 폭력의 유형별, 대상별 맞춤형 예방교육이 실시되어야 하는 것입니다. 그런가 하면 회복적 정의가 실현되도록 학교장 자체해결제가 정착되어야 합니다. 그리고 학생들이 안전하고 평화로운 학교생활을 할 수 있도록 여건을 보장해 주는 것이 무엇보다 중요합니다.

한국의 학생들은 성적과 입시를 비롯한 각종 스트레스로 몸과 마음이 피폐해져 있습니다. 더 이상 학생들이 지치지 않도록 마음 방역을 해줄 수 있는 학폭 예방 시스템 구축이 요구되는 시점입니다.

# 학교 폭력, 이것만은 꼭 알아야

「학교 폭력 예방법」 개정에 따라 소송의 주체가 '학교의 장'에서 '지역 교육청 또는 교육지원청의 교육장'으로 변경되었습니다. 그동안 일선 학교 교사들은 관련 법의 절차적 하자로 인해 각종 민원과 소송의 주체나 당사자가 되어 힘든 시간을 보내기도 했습니다.

이제 법 개정을 계기로 학폭 전담기구 소속인 학부모 위원도 단위 학교의 학교 운영위원회에서 정한 방법에 따라 선출할 수 있게 되었고, 학교의 장은 전담기구의 운영 방법, 위원의 임기 등을 정할 수 있게 되었습니다.

### 피해자·가해자 구분 말고 당사자로

학교 폭력이 발생하면 학교에 신고가 접수됩니다. 그 이후에는 관련 당사자와 보호자에게 연락하고, 사안 발생 48시간 이내(전담기구 회의 개최 14일 이내)에 간략한 보고서를 작성하여 지역 교육청 또는 교육지원청에 보고합니다.

교사들이 흔히 실수하는 부분은 관련 학생들을 피해자와 가해자로 단정짓는 것입니다. 이는 자칫하면 사안조사 및 처리에서 공정성 시비에 휘말릴 수도 있는 실수이므로, 각별히 유념해야 합니다.

또한 학생이나 보호자, 목격자 등의 사안 확인서 작성 시에도 객관적인 사실에 근거하여 작성하도록 안내해야 합니다. 없던 일을 지어내게 하거나 진술을 강요하는 행위는 절차적 하자로, 소송이나 민원의 빌미를 제공하기 때문입니다.

### 화해와 관계회복을 위한 교육적 노력 필요

사안 인지 후 학교는 가해자, 피해자, 목격자, 관련 학생, 보호자 등의 관계회복을 위해 노력해야 합니다. 관계회복은 특정한 시기에만 진행하는 것이 아니므로, 사안이 접수되는 순간부터 관련 당사자의 원만한 회복을 위해 노력하는 모습을 보여 줄 필요가 있습니다. 심의위원회로 넘어간 사안에 대해서도 분쟁조정이 가능한데, 조정 기간은 1개월을 넘지 못합니다.

책임교사가 사안처리 절차와 교육부의 가이드북 매뉴얼에 온통 신경을 쏟다 보면, 정작 중요한 관계회복에 소홀해집니다. 관계회복은 학폭 담당자만의 업무라는 고정관념도 버려야 합니다. 관계회복을 위해서는 교내외의 인적·물적 자원을 총동원해야 합니다.

교육부와 교육청은 학폭 당사자 간의 관계회복 대책을 마련해야 합니다. 지역 교육청은 갈등회복 조정을 위한 전담 팀을 구성하여, 일선 학교의 요구에 곧바로 응할 수 있도록 긴급 지원체제를 구성해야 합니다. 사안처리 절차와 방법에 매몰된 나머지, 소원해진 관계가 회복되지 못할 수도 있습니다. 하지만 관계회복을 전제로 하지 않으면 모든 것이 무용지물입니다.

학교에서는 학교의 장이 학폭 전담기구에서 학교 자체해결인지, 심의위원회 심의인지만 판별하면 됩니다. 모든 심의의 책임은 학교의 장에서 해당 교육지원청의 교육장으로 변경됩니다. 이에 따라 피해 학생 및 보호자는 행정 심판법에 따른 행정 심판을 교육장에게 청구해야 합니다.

현장의 교사들이 꺼리는 업무에 속하는 학교 폭력 업무는 유난히 학생, 보호자의 민원, 소송에서 자유롭지 못한 것이 현실입니다. 학교나 교사는 사안에 대해 공정하고 적극적인 처리로 해당 학생과 보호자 모두 일상생활로 복귀할 수 있도록 촘촘하게 신경을 써야 합니다.

### 원격수업이 불러온 부작용

그동안의 학교 폭력은 특정한 장소에서 발생하는 물리적 폭력, 언어적 폭력, 따돌림 등이 대부분을 차지했습니다. 하지만 코로나바이러스감염증-19 사태로 인한 원격수업의 장기화로 학생들의 인터넷 사용 시간이 부쩍 늘었고, 이에 따른 부작용으로 사이버폭력도 급증하고 있습니다.

## 시간·장소 제약 없고 교묘해져

문제는 사이버폭력이 24시간 내내 발생할 수 있다는 점입니다. 시간과 장소에 구애받지 않고  점점 교묘해지는 양상을 띱니다. 가해자는 장난이나 호기심에 접근하지만 피해자는 고통을 감내해야 하고, 이를 알 리 없는 가해자는 피해자에게 더욱 더 상처를 주게 됩니다.

사이버폭력 신고가 접수되었지만 피해 측에서 관련 증빙 자료를 확보하지 못한 경우, 가해 학생을 특정할 수 없는 경우, 사이버 공간에서 사안을 해결할 목격자가 없는 경우에는 적절한 조치를 취할 수 없다는 점도 문제입니다.

사이버 공간에서 학생들은 '익명' 뒤에 숨는 경향이 있습니다. 자신들만의 은밀한 공간, 익명 앱을 이용한 공간에서는 장난이나 호기심이 발동하여 자제력을 쉽게 잃어버립니다.

## 사이버 공간의 학폭에 대한 대책 마련해야

학생들이 사이버폭력의 당사자가 되지 않도록 교사와 학부모가 함께 노력해야 합니다. 학교에서는 학폭 예방 교육을 진행하되, 일회성으로 그쳐서는 무의미합니다. 가정에서도 자녀가 사이버폭력에 노출되지 않도록 하려면 부모의 역할이 중요합니다. 사이버폭력 사안은 보호자가 뒤늦게 인지하는 경우가 많습니다. 상황이 극으로 치달아 학폭으로 처리된 후에야 보호자 의견서를 작성하면서 상황을 인지하고 괴로워하는 경우를 자주 봅니다.

학교 폭력으로 신고되었다 하더라도 모든 사안이 교육청 심의를 거쳐 피해자 보호조치, 가해자 선도조치를 받는 것은 아닙니다. 개정된「학교 폭력 예방법」에 따라 학교장 자체해결로 갈등이 조정되고 관계회복이 이루어지는 비율이 높아지고 있는 것은 무척 고무적인 일입니다.

앞으로 사이버폭력은 다양한 양상으로 전개될 것입니다. 교육계는 사이버 공간에서 발생하는 학폭에 관한 연구, 예방 프로그램 개발에 힘써야 합니다. 또한 익명성을 가장해 기승을 부리는 학폭의 그늘로부터 학생들을 구출해야 합니다. 사이버폭력이 빈번하게 발생하는 공간에 대한 규제가 절실한 시점이라고 하겠습니다.

# 학교 폭력은 분노 조절 못하는 사회의 산물

#### # 사례

지난 2013년, 서울의 한 초등학교에서 일어난 일이다. A군은 친구와 사소한 말다툼을 하다가 갑자기 책상과 의자를 집어던졌다. 그러더니 이를 말리는 교사에게 덤벼들어 욕설을 퍼부었다.

이 사례에 등장하는 A군은 주의가 산만한 ADHD나 우울증과 달리, 화를 과도하게 표출하면서 폭력성이나 공격적인 증상을 보이는 경우입니다. 이는 아이들의 행동을 무조건 수용해 주고 아이의 문제를 대신 해결해 주는 부모의 양육 태도가 영향을 미친 것이라 볼 수 있습니다. 실제로 아동·청소년들의 지나친 인터넷 게임과 학업 성적 지상주의도 감정 조절을 힘들게 만듭니다.

일선 학교에서도 사소한 갈등이 해결되지 못하여 말다툼이 폭력으로 이어지고 결국 학폭 사안으로 처리되어 복잡하게 진행되는 경우를 흔히 볼 수 있습니다. 하물며 사회생활에서는 언어폭력이 발단이 되어 강력 범죄로 이어지기도 하지요. 최근 들어 언론을 통해 보도되는 대형 사건의 경우, 분노 조절에 실패하여 발생하는 범죄인 경우가 허다합니다.

이렇듯 우리 사회에서는 점점 '욱하는' 사람들이 늘어나고 있습니다. 분노 조절 장애는 '분하여 성을 내는 것'과 관련된 감정을 이성적으로 조절할 수 없는 상태로, 사회생활에서 곤란한 상황에 처하여 법적 문제를 야기할 수도 있습니다. 이에 따라 욱하는 사람을 '지뢰'나 '폭탄'에 비유하기도 하지요. 주로 청소년기에 시작하여 점점 만성적인 질환으로 이어지기도 하며, 주된 발병 연령은 14세로 여성보다 남성에게서 더 많이 발생합니다.

2015년 건강보험 심사평가원 보건의료 빅데이터에 따르면, '인격 장애(특정 인격 장애)' 진료 인원은 2015년 기준 4,455명이었습니다. 확실히 남성(60.9%)이 여성(39.1%)보다 많이 발생했음을 알 수 있지요.

연령대별로 보면 20대가 37.2%로 가장 큰 비중을 차지했고, 30대 (18.4%), 40대(12.4%), 20세 미만(9.7%)이 그 뒤를 이었습니다. 또한 최근 5년간 분노 조절 장애로 진료받은 환자는 2013년 4,934명, 2014년 4,968명, 2015년 5,390명, 2016년 5,920명, 2017년 5,986명으로 증가하는 추세를 보였습니다.

이러한 분노 조절 장애는 분노를 제때 조절하지 못하면 아예 이성을 잃고 블랙아웃 상태가 되어 버립니다. 그리고 상대편의 사회적 지위고하를 가리지 않고 마음대로 행동하므로 사회생활에 부적합니다.

2016년 경찰청이 발표한 '2015 통계연보'에 따르면, 2015년 상해나 폭행 등 폭력 범죄 37만 2,723건 범행 동기가 우발적이거나 현실에 불만을 품고 저지른 분노 조절 장애형 범죄는 41.3%(14만 8,035건)를 차지했습니다. 10건 중 4건이 분노 조절 장애로 저지른 충동 범죄였지요.

분노를 조절하는 능력은 개인마다 천차만별입니다. 화를 다스릴 수 있는 능력이 전무한 경우, 다른 사람들에게 엄청난 피해를 줄 수 있습니다. 자라나는 아동·청소년부터 자신의 감정 조절을 잘하는 사람으로 키우는 노력이 필요합니다.

가정에서 부모, 학교에서 교사 등의 어른부터 아동·청소년들이 자신의 감정을 숨기지 말고 솔직하게 표현할 줄 아는 자존감 높은 어른으로 자랄 수 있도록 이끌어 주어야 합니다. 아동·청소년기에는 자신의 감정을 잘 모르기도 하므로, 감정에 관한 다양한 사례를 알려주어 감정을 스스로 이해하도록 조력자 역할을 해야 하는 것이지요.

어린 자녀가 짜증을 내는 경우, 화부터 내면서 윽박지르는 어른들이 많습니다. 어른이 자라나는 새싹들에게 화를 내는 대신에 토닥토닥 격려해 주면서 원하는 바가 무엇인지 솔직하게 들어줄 때, 아이들도 자신의 감정을 솔직하게 이야기할 수 있습니다.

이제는 아동·청소년들에게 감정을 다스리는 방법을 교육해야 할 때입니다. 감정 표현에 자신감을 갖고, 다양한 상황에 적절히 대처할 줄 아는 능력을 구비한다면, 상대방에 대한 배려와 높은 자존감을 두루 갖춘 어른다운 어른으로 성장할 수 있기 때문입니다.

Foreign Copyright:
Joonwon Lee        Mobile: 82-10-4624-6629
Address: 3F, 127, Yanghwa-ro, Mapo-gu, Seoul, Republic of Korea
          3rd  Floor
Telephone: 82-2-3142-4151
E-mail: jwlee@cyber.co.kr

# 학교 폭력, 우리 아이를 지켜 주세요

2023.  9. 18.  초 판 1쇄 인쇄
**2023.  9. 27.  초 판 1쇄 발행**

지은이 │ 최우성
펴낸이 │ 이종춘
펴낸곳 │ **BM** (주)도서출판 **성안당**
주소 │ 04032 서울시 마포구 양화로 127 첨단빌딩 3층(출판기획 R&D 센터)
       10881 경기도 파주시 문발로 112 파주 출판 문화도시(제작 및 물류)
전화 │ 02) 3142-0036
       031) 950-6300
팩스 │ 031) 955-0510
등록 │ 1973. 2. 1. 제406-2005-000046호
출판사 홈페이지 │ **www.cyber.co.kr**
ISBN │ 978-89-315-8618-3 (03330)
**정가 │ 17,000원**

**이 책을 만든 사람들**
책임 │ 최옥현
진행 │ 오영미
교정·교열 │ 신현정
본문·표지 디자인 │ 강희연
홍보 │ 김계향, 유미나, 정단비, 김주승
국제부 │ 이선민, 조혜란
마케팅 │ 구본철, 차정욱, 오영일, 나진호, 강호묵
마케팅 지원 │ 장상범
제작 │ 김유석

■ **도서 A/S 안내**

성안당에서 발행하는 모든 도서는 저자와 출판사, 그리고 독자가 함께 만들어 나갑니다.
좋은 책을 펴내기 위해 많은 노력을 기울이고 있습니다. 혹시라도 내용상의 오류나 오탈자 등이
발견되면 "좋은 책은 나라의 보배"로서 우리 모두가 함께 만들어 간다는 마음으로 연락주시기
바랍니다. 수정 보완하여 더 나은 책이 되도록 최선을 다하겠습니다.
성안당은 늘 독자 여러분들의 소중한 의견을 기다리고 있습니다. 좋은 의견을 보내주시는 분께는
성안당 쇼핑몰의 포인트(3,000포인트)를 적립해 드립니다.
잘못 만들어진 책이나 부록 등이 파손된 경우에는 교환해 드립니다.